*Mu*

# Le maître
# et les magiciennes

Alexandro Jodorowsky

# *Mu*

# Le maître et les magiciennes

*Traduit de l'espagnol (Chili)*
*par Alex et Nelly Lhermillier*

Albin Michel

*Ouvrage publié sous la direction*
*de Marc de Smedt*

*Titre original :*
EL MAESTRO Y LAS MAGAS

*A Marianne Costa*
*magicienne parmi les magiciennes.*

*« Mu, mu, mu, mu, mu,*
*Mu, mu, mu, mu, mu,*
*Mu, mu, mu, mu, mu,*
*Mu, mu, mu, mu, mu. »*

(Wu-men Huikai, 1183-1260)

« Le bœuf a parlé et il a dit meuh. »

(Proverbe espagnol appliqué à ceux
qui restent habituellement silencieux et qui,
lorsqu'ils ouvrent la bouche, disent une sottise.)

# *Prologue*

Bien que j'aie écrit ces mémoires sur le ton du roman, tous les personnages, lieux, événements, livres et sages cités sont réels. Ayant été élevé par un père commerçant dont la seule sagesse consistait en ces deux maximes : « Acheter à bas prix et vendre cher », « Ne croire en rien », il m'a manqué un maître qui m'apprenne à m'aimer moi-même, à aimer les autres et la vie. Dès mon adolescence, avec une soif d'explorateur perdu dans le désert, je me suis mis en quête d'un guide qui donne un but à mon existence inutile. Lecteur vorace, je n'ai trouvé dans la littérature que des vagabondages nombrilistes et prétentieux. Une phrase très cynique de Marcel Duchamp m'a fait fuir un tel lot de descriptions stériles : « Il n'y a aucune finalité ; nous construisons de façon tautologique et n'arrivons à rien. » J'ai cherché une consolation dans des livres de philosophie orientale, m'accrochant au concept d'« illumination », ou d'« éveil », comme à une bouée de sauvetage... Bouddha Shakyamuni s'était éveillé en méditant sous un arbre. D'après ses disciples, le saint perçut la vérité authentique en cessant définitivement de se préoccuper de savoir s'il continuerait ou non à exister après sa mort... Vingt-huit générations plus tard, Bodhidharma, en Chine, garda le silence pendant neuf ans face à un mur, jusqu'à trouver dans son mental ce vide insondable semblable à un ciel immaculé dans lequel on ne distingue plus ni vérité ni illusion... Le désir de me libérer de l'angoisse de mourir, de n'être rien, de ne rien savoir m'a entraîné avec fanatisme dans la quête de cet éveil mythique : essayant d'atteindre le silence, j'ai cessé de m'attacher à mes idées ; à cette fin, j'ai écrit dans un cahier la liste de mes convictions et je l'ai brûlé. Puis, exigeant la paix dans mes relations sentimentales, j'ai refusé tout abandon, établissant toujours des liens précaires avec les femmes, protégeant mon individualisme entre des murs de glace. Lorsque j'ai rencontré Ejo Takata, mon premier maître véritable, j'ai voulu qu'il me conduise à l'illumination en éliminant de mon esprit les idées folles que je n'avais pas encore réussi à déraciner, mais en me sentant vainqueur sur le terrain du cœur. « Les sentiments ne me dominent plus : mental vide, cœur vide. » Lorsque j'ai prononcé cette phrase devant mon maître japonais, il m'a répondu par une cascade d'éclats de rire qui m'a déconcerté. Puis il m'a dit : « Mental vide, cœur vide : délire intellectuel... Mental vide, cœur plein : voilà comment ce doit être. »

Ce livre est le témoignage de deux pratiques : la première, avec le maître, a consisté à dompter l'intellect. La seconde, avec les magiciennes, à abattre les cuirasses émotionnelles, jusqu'à ce que j'arrive à prendre conscience que la vacuité tant recherchée est une fleur qui plonge ses racines dans l'amour.

Je parle ici de quatre magiciennes, mais il y en a trois autres dont je n'ai pas fait le portrait. Si la guérisseuse Pachita est absente, c'est que j'ai déjà amplement décrit dans deux de mes livres – *Le Théâtre de la Guérison* et *La Danse de la réalité* – l'expérience que j'ai vécue auprès d'elle et qui a changé ma vie. Il y a cependant un détail que, peut-être par pudeur, je n'ai pas raconté : assistant à l'une de ses opérations magiques où l'*hermanito* (le

« petit frère », Pachita en transe) devait ouvrir la poitrine d'un malade avec son couteau de chasse pour changer son cœur (un nouveau viscère attendait dans un flacon ; où la sorcière l'avait-elle trouvé ? Mystère. Et pourquoi nous, les témoins émerveillés, trouvions-nous parfaitement naturel que pour guérir un cœur malade, mais vivant, elle le remplaçât par un cœur mort ? Mystère), elle, en pleine opération (sang, odeur pestilentielle, pénombre, hurlements du patient), saisit l'annulaire de ma main gauche et, d'un seul geste, y glissa un anneau d'or. Cet anneau m'allait parfaitement, comme s'il avait été ciselé à ma mesure. Pachita, sans s'arrêter pour observer ma réaction, continua d'opérer : elle sortit une masse de chair palpitante (que son fils s'empressa d'envelopper dans du papier noir et de porter aux toilettes pour le brûler), plaça le cœur mort dans la blessure sanguinolente et, appuyant ses paumes dessus, la referma. Lorsque nous frottâmes la poitrine avec de l'alcool, nous vîmes qu'il n'y avait aucune cicatrice, juste un petit bleu en forme de triangle... Je suis rentré chez moi bouleversé. J'ai dormi profondément. Quand je me suis réveillé, l'anneau n'était plus à mon doigt. J'ai eu beau chercher pendant des heures je ne l'ai pas trouvé. Qu'avait voulu me dire Pachita ? M'avait-elle proposé un mariage spirituel ? C'est possible. Mon contact avec elle m'a permis, des années plus tard, de créer la psychomagie et le psychochamanisme. La guérisseuse savait-elle que cela allait arriver ou le désirait-elle et a-t-elle tout fait pour l'induire ? Mystère.

María Sabina, la prêtresse des champignons, est elle aussi absente. Lorsque je suis entré en contact onirique avec elle, quel âge pouvait-elle avoir ? Cent ans ? Peut-être plus... Je ne l'ai jamais vue en personne, pour cela j'aurais dû me rendre dans la sierra mazatèque, par une brèche étroite entourée de précipices, jusqu'à atteindre

Huautla au bout de dix heures de voiture... En vérité, je n'ai jamais eu l'intention de chercher la *abuelita*, la « petite grand-mère ». C'est elle qui m'a cherché. Au moment où je préparais le tournage de *La Montagne sacrée*, j'avais monté un spectacle de marionnettes, *Haut les mains*, qui montrait les visions que produisait un hallucinogène appelé « graines de la Vierge » (*ololiuhqui* en nahuatl, la « chose ronde »), LSD naturel que les Toltèques et les Aztèques considéraient comme une divinité à laquelle ils rendaient un culte. Tandis que dans le théâtre Casa de la Paz, « Maison de la paix », grimpé sur une échelle pour fixer un réflecteur de scène, je mâchonnais une poignée de ces graines, j'eus une vision : je vis la totalité de l'univers, une masse compacte de lumière qui avait la forme d'un corps rond en perpétuelle expansion et en pleine conscience... Mon impression fut telle que, poussant un cri guttural, je perdis l'équilibre et tombai, debout, me luxant les deux chevilles. Au bout de quelques heures elles enflèrent, me causant de fortes douleurs. Après avoir avalé plusieurs calmants, je m'endormis. En rêve je fus un loup qui boitait, les deux pattes arrière blessées. María Sabina apparut. Elle me montra un très gros livre blanc, inondé de lumière. « Mon pauvre animal : voici la parole parfaite, la langue de Dieu. Ne t'inquiète pas de ne pas savoir lire. Entre dans ses pages, incorpore-toi en elles. » J'avançai vers cette lumière. Tout mon corps y pénétra, sauf les pattes arrière. La vieille femme me les caressa avec un si grand amour que je me réveillai en larmes. Je vis avec surprise que mes chevilles, complètement désenflées, ne me causaient plus la moindre douleur... Je n'ai absolument pas pensé que c'était la guérisseuse mazatèque en personne qui était venue me soulager : j'attribuai son image à une construction de mon inconscient et me félicitai d'avoir été capable, grâce à un rêve thérapeutique, de me soigner tout seul... Auparavant, par l'intermédiaire d'un ami peintre, Francisco Fierro, María Sabina avait apparemment déjà pris contact avec moi. Revenant de Huautla, où il était allé manger des champignons avec la guérisseuse mazatèque, Francisco m'avait donné un flacon plein de miel dans lequel reposaient six couples de *niñitos santos*, des « petits enfants saints ». « C'est un cadeau que t'envoie María Sabina. Elle t'a vu en rêve. Il paraît que tu vas réaliser une œuvre qui contribuera à faire reconnaître au monde les valeurs de notre pays. Aujourd'hui, les hippies anéantissent les anciennes traditions. Huautla est envahie de touristes, de trafiquants, de médecins, de journalistes, de soldats et de représentants de la justice. Les enfants saints ont perdu leur pureté. Ces douze apôtres sont extraordinaires : ils sont bénis par l'*abuelita*. Mange-les tous... »

J'ai raconté l'expérience vécue avec ces champignons magiques dans *La Danse de la réalité*... Je dois avouer que j'ai douté de mon ami peintre. Peut-être la vieille femme n'avait-elle jamais rêvé de moi. Il est possible que Francisco, avec les meilleures intentions, ait inventé cette histoire. J'avais du mal à croire que quelqu'un pouvait, à travers les rêves, agir sur la réalité. Au contraire, mon ami Fierro affirmait que les champignons contenaient toute la sagesse de l'ancien Mexique. Il en ingérait souvent et n'hésitait pas à en donner à manger à ses filles, deux étranges créatures de cinq et six ans, avec de grands yeux d'adultes... Ma surprise fut immense lorsque, le matin même où je me suis réveillé avec les chevilles désenflées, il m'a appelé au téléphone : « Cette nuit, l'*abuelita* m'a rendu visite dans mon sommeil et elle m'a dit qu'elle allait te soigner... Comment t'es-tu réveillé ? »

Etait-ce une coïncidence ? Un acte de télépathie ? María Sabina pouvait-elle entrer dans mes rêves et me guérir depuis cette dimension onirique ? Mon intuition répondit oui, ma raison non. C'est la raison pour laquelle – ce pouvait n'être qu'une illusion personnelle

– je ne l'ai pas incluse dans ce livre. Toutefois, illusion ou vérité, jusqu'au jour de sa mort María Sabina est apparue dans mes rêves – dans les moments difficiles –, et elle m'a toujours été d'une grande utilité.

La troisième absente est la chanteuse chilienne Violeta Parra. Sa célébrité est si grande – des poètes comme Pablo Neruda (« sainte de glaise pure »), Nicanor Parra (« oiseau du paradis terrestre »), Pablo de Rokha (« simplicité de souterrain ») l'ont admirée, et bien d'autres – que ce que je peux révéler d'elle est bien peu. J'ai fait sa connaissance à Paris, où elle a séjourné à deux reprises. D'abord en 1954 (pendant deux ans), puis en 1961 (pendant trois ans). Au cours de la première période, pas encore célèbre, elle chantait dans un petit cabaret du Quartier latin, L'Escale, pour gagner sa vie. Son misérable salaire lui permettait tout juste de louer une chambre dans un hôtel une étoile où elle préparait un modeste repas chilien – carbonade, gâteau de maïs tendre, salade de tomates aux oignons –, qu'elle a bien des fois partagé avec ses six principaux amis, dont je faisais partie. Elle le raconte dans *Décimas*, son autobiographie en vers :

*Comme l'ordonne la loi*
*en tout il faut faire justice ;*
*je lui obéis avec délice*
*et je vais ici nommer six*
*archanges, comme vous voyez*
*ils me protègent de leur amitié,*
*ils m'offrent affinité*
*en ce monde lointain*
*et, lorsqu'ils me tendent leurs mains,*
*mon obscurité s'éclaire.*
*Je le dis et je répète,*
*petit cœur de coriandre*

*pour mon ami Alexandro,*
*qui me réconforte à Paris*
*avec une fleur de giroflée*
*et un sourire amical,*
*sa main fut un délice*
*là-bas dans cette vie absente ;*
*hier tu as semé des graines,*
*aujourd'hui elles fleurissent et fructifient.*

Elle dit que je l'ai réconfortée à Paris, mais c'est elle, au contraire, qui m'a communiqué sa ténacité et son énergie. Violeta chantait de dix heures du soir à quatre heures du matin, puis elle se levait à huit heures et courait enregistrer les chansons chiliennes qu'elle avait recueillies des lèvres de vieilles paysannes – « à l'humain et au divin » –, pour Chant du monde ou pour la Phonothèque nationale du musée de l'Homme. Je protestais :

« Mais Violeta, ils ne te donnent même pas un sou ! Tu dois te rendre compte qu'au nom de la culture, ils te roulent !

– Je ne suis pas idiote, je sais qu'ils m'exploitent. Mais je le fais avec plaisir : la France est un musée. Ces chansons, ils les conserveront pour toujours. J'aurai ainsi sauvé une grande partie du folklore chilien. Pour le bien de la musique de mon pays, peu m'importe de travailler gratuitement. Qui plus est, j'en suis fière. Les choses sacrées doivent exister en dehors du pouvoir de l'argent. »

Violeta m'a donné une leçon inoubliable. Grâce à son exemple, j'ai toujours lu le Tarot et donné des conseils de psychomagie gratuitement.

Lorsqu'elle revint à Paris, sept ans plus tard, c'était une chanteuse connue et respectée au Chili, non seulement pour son art mais aussi pour ses précieuses recherches sur le folklore oublié. Elle a enregistré ses propres chansons (« *Gracias a la vida, que me ha dado tanto* »,

« Merci à la vie, qui m'a tant donné », entre autres) sous le label de Barclay. Elle a chanté sur la grande scène de la fête de *L'Humanité*, le journal communiste... Malgré tout, elle est restée une femme simple, ayant l'apparence d'une humble paysanne. Son corps menu enfermait cependant une âme d'une force surhumaine... Un jour, nous promenant tous deux sur les rives de la Seine, nous arrivâmes en face du palais du Louvre.

« Quel musée imposant ! lui dis-je. Le poids de tant d'œuvres d'art, de tant de grandes civilisations nous écrase, nous, pauvres Chiliens sans tradition, qui avons des cabanes en paille au lieu de pyramides, d'humbles pots en terre au lieu de sphinx.

– Tais-toi, me répondit-elle altière. Le Louvre est un cimetière et nous, nous sommes vivants. La vie est plus puissante que la mort. Moi qui suis si petite, cet immense édifice ne m'impressionne pas. Je te promets que bientôt tu verras là une exposition de mes œuvres... »

Je ne sus si je devais la considérer comme folle ou affligée d'une vanité bien naïve. Je la connaissais comme chanteuse, pas comme artiste plastique...

Violeta avait très peu d'argent. Elle acheta du fil de fer, de la serpillière bon marché, de la laine de différentes couleurs, de l'argile, quelques tubes de peinture, et avec ces humbles matériaux façonna des tapisseries, des cruches, des petites sculptures, des peintures à l'huile. C'étaient ses propres œuvres en même temps que l'expression du folklore chilien, disparu dans la réalité mais conservé dans les profondeurs de l'inconscient de mon amie. En avril 1964, Violeta Parra inaugura sa grande exposition au musée des Arts décoratifs, au pavillon de Marsan du palais du Louvre !

Cette femme incroyable m'a appris que si nous voulons quelque chose avec la totalité de notre être, nous finissons par l'obtenir. Certes peut-être pas aussi rapidement que Violeta, mais ce qui paraît impossible devient possible avec de la patience et de la persévérance.

Un exemple de cette immense et patiente persévérance m'a été donné par l'écrivain espagnol Francisco González Ledesma qui, sous le pseudonyme de Silver Kane, a écrit plus de mille petits romans de cow-boys, de quatre-vingts feuillets, destinés à un public populaire. Il a commencé à les produire en 1951, à l'âge de vingt ans, pour gagner sa vie, et a continué jusqu'en 1975 à raison d'un livre par semaine. Ensuite, jusqu'au jour d'aujourd'hui, sous son véritable nom, il a écrit ce qui lui plaisait, une littérature policière de grand style, obtenant dans son pays le prix Planète en 1984 et, en France, le prix Mystère du meilleur roman étranger.

Sous le régime franquiste, les écrivains étaient traités comme des ouvriers, sans droits d'auteur, et ils ne recevaient qu'un maigre salaire. Arrivés tôt le matin au bureau, ils devaient travailler dix heures d'affilée. Lorsque Francisco rentrait chez lui, après avoir écrit des scénarios de bandes dessinées et s'être chargé de la comptabilité de l'éditeur, il se mettait à rédiger un Silver Kane et, très tard dans la nuit, passait un peu de temps à écrire ce qui lui plaisait vraiment : les romans qu'il pouvait signer de son propre nom. Il lui fallait en plus passer du temps à se documenter sur l'Ouest américain – par honnêteté, il s'est imposé de ne jamais traiter deux fois le même thème et de toujours s'appuyer sur des vérités historiques – et à étudier pour obtenir son diplôme d'avocat, qu'il obtint brillamment. Lorsque j'ai demandé à ce titan comment il avait pu réaliser tout cela, outre se marier et fonder une famille, il m'a répondu : « En dormant très peu, presque pas. »

L'obligation qu'il avait d'écrire son Silver Kane était telle – s'il ne remettait pas les feuillets à la première heure du vendredi, il pouvait perdre son travail – qu'une nuit où il y eut une panne d'électricité il monta sur le toit et termina le roman à la lueur de la lune.

Ces aventures de cow-boys – écrites en toute humilité, sans l'espoir d'avoir des lecteurs cultivés, sans la possibilité d'exprimer quelque chose de profond, en sachant que ces ouvrages mineurs seraient méprisés par les critiques et que, à part lui donner de quoi subsister, ils ne le rendraient jamais riche – sont étrangement proches de la philosophie zen : « Agir sans finalité », « Bien faire son ouvrage en cours », « Ne pas chercher la perfection mais l'authenticité », « Trouver l'inépuisable dans le silence de l'ego », « Abandonner la volonté de pouvoir », « Pratiquer jour et nuit sans dormir »... C'est pour cette raison que j'ai mis une phrase de Silver Kane en exergue de chaque chapitre. Elles ont le même langage direct que les kôans, une pureté où le calcul rationnel n'a aucune place. Tragiques et comiques à la fois, elles exhalent le parfum de l'illumination.

De nombreuses personnes ignorent ce que sont les kôans ou, les connaissant, ne leur accordent pas une importance essentielle. Un kôan est une question que le maître zen pose au disciple afin qu'il la médite, l'analyse, puis lui donne une réponse. Cette énigme est par essence absurde, il est impossible d'y répondre par la logique. Et c'est précisément en cela que consiste sa finalité : faire que notre point de vue individuel s'ouvre à l'universel, que nous comprenions que l'intellect – des mots, des mots et encore des mots – ne sert pas pour répondre... En fait, nous ne vivons pas dans le monde, nous vivons dans une langue : manipulant des idées, nous nous croyons malins ; définissant les choses, nous les donnons pour connues et réalisées. Mais si nous voulons que notre vie change, nous devons parvenir à une mutation mentale, ouvrir les portes à l'intuition et aux énergies créatrices, considérer notre inconscient comme un allié... Certains mettent vingt ans à trouver la solution d'un kôan. D'autres, au lieu de chercher une réponse qui englobe tous les aspects de leur être – réponse beaucoup plus complexe que les mots de la langue ordinaire –, s'identifiant à leur intellect, donnent une explication habile et s'imaginent, grâce à leur habileté, être devenus des maîtres zen. Si, ayant répondu au kôan, nous restons identiques à nous-mêmes, nous n'avons rien résolu. Résoudre véritablement un kôan, c'est passer par un cataclysme mental qui fait s'écrouler nos opinions, nos points de vue, notre équilibre moral et qui, désagrégeant tout concept personnel, nous précipite dans le vide ; vide qui nous engendre, nous permettant de renaître plus libres qu'avant et de voir, pour la première fois, le monde tel qu'il est et non comme on nous a appris qu'il était.

Dans un livre de développement personnel – que par miséricorde je ne nommerai pas –, l'écrivain, un initié, reçoit un kôan d'un maître zen qui est une femme : « Comment sortirais-tu une grande oie d'une bouteille sans la briser ni blesser l'oie ? »... Face au désarroi de l'homme, le maître donne cette habile réponse : « La manière la plus facile de sortir l'oie sans dommage pour elle, c'est de placer le goulot de la bouteille dans le sens horizontal et de mettre un peu de nourriture à l'extérieur. L'oie sortira d'elle-même, entre autres choses parce que personne n'a précisé la taille de la bouteille et que, par conséquent, il n'y a pas de raison d'imaginer ou de présupposer que son goulot est étroit. » Cette réponse ne sert qu'à démontrer au disciple combien il est intelligent ou stupide. Mais la mission des kôans n'est pas de mesurer l'intelligence ou l'astuce du disciple. Ce maître triche en se permettant d'imaginer que la bouteille n'a pas de goulot. S'il en était ainsi, on ne pourrait dire que l'oie est enfermée : le volatile peut entrer et sortir quand il le veut... Dans la tradition zen, le disciple passe des jours, des mois voire des années à essayer de résoudre cette énigme. Un jour, heureux, il apparaît devant son maître :

« J'ai enfin résolu le kôan !...

– Comment ? » lui demande le *roshi*.

Pour toute réponse l'élève s'exclame : « L'oie est sortie ! »... En réalité, on ne parle pas d'une bouteille et d'un oiseau réels. On parle d'un principe vivant enfermé dans des limites inertes. Le disciple s'est libéré de son intellect logique qui le séparait de la réalité, et il est entré dans la vie globale où son être fait partie du tout... L'écrivain initié, ayant l'impression d'avoir tout compris, pose à ses lecteurs l'un des kôans les plus classiques en ces termes maladroits : « Un moine dit à son élève : "Observe, cher élève, quel est le son d'une claque", et aussitôt le vieux maître frappe dans ses mains. Puis, regardant attentivement son élève, il lui dit : "Cher pupille, saurais-tu me dire le son d'une claque faite avec une seule main, et m'en faire la démonstration ?" »...

Et aussitôt il propose une solution bien naïve : « Nous partons du principe qu'il est impossible de donner une tape sans utiliser les deux mains, cependant le son d'une claque donnée avec une seule main est celui que produisent tous les doigts de la main lorsqu'en se repliant rapidement et de façon sèche ils frappent une partie de la paume... Je suggère au lecteur qu'il effectue ce geste comme s'il jouait des castagnettes, il pourra observer que cela émet un son, concrètement celui d'une claque donnée avec une seule main. »

L'initié en question veut-il donc nous dire que l'un des deux principaux kôans de l'enseignement zen ne sert qu'à former des joueurs de castagnettes ? Pour cette réponse ridicule, il mériterait qu'un maître zen lui tranche les deux mains d'un coup d'épée et lui demande : « Quel est le son d'une claque sans main ? »

J'ai écrit ce livre pour expliquer avec exactitude en

quoi consiste la lutte qui permet de comprendre les kôans et le changement bénéfique que l'on obtient en les résolvant correctement ; il résume mes cinq premières années de méditations guidées par l'homme le plus honnête que j'ai connu dans ma vie.

# 1

## « *Intellectuel, apprends à mourir !* »

> « Mais quels enfers, quels vautours rôtis, quelles hyènes passées au gril est-ce que cela veut dire ? »
>
> Silver Kane, *Cara Dura City*

La dernière fois que j'ai vu maître Ejo Takata, c'était dans une modeste maison d'un quartier des faubourgs surpeuplés de la capitale mexicaine. Une chambre et une cuisine, rien d'autre. Je venais là en quête de consolation, le cœur brisé par la mort de mon fils. La douleur m'empêcha de voir les caisses de carton qui remplissaient la moitié de la pièce. Le moine se mit à faire frire deux poissons. Je m'attendais à un discours savant sur la mort : « On ne naît pas, on ne meurt pas... La vie est une illusion... Dieu donne, Dieu reprend, béni soit Dieu... Ne pense pas à son absence, sois reconnaissant pour les vingt-quatre années au cours desquelles il a rempli ta vie de joie... La goutte divine est retournée à l'océan originel... Sa conscience s'est dissoute dans l'heureuse éternité... » Tout cela, je me l'étais dit à moi-même, mais la consolation que je cherchais dans ces phrases n'apaisait pas mon cœur. Ejo n'a prononcé qu'un mot : « *Duele* », « Ça fait mal », et, s'étant incliné, il a servi les poissons.

Nous avons mangé en silence. J'ai compris que la vie continuait, que je devais accepter la douleur, ne pas lutter contre elle ni chercher la consolation. Quand tu manges, tu manges ; quand tu dors, tu dors ; quand ça fait mal, ça fait mal. Au-delà de tout cela, l'unité de la vie impersonnelle. Nos cendres doivent se mélanger à celles du monde... Alors je lui ai demandé :

« Que contiennent ces caisses ?

– Mes affaires, a-t-il répondu. On m'a prêté cette maison. D'un jour à l'autre, on peut me demander de partir. Ici je suis bien, pourquoi ne le serais-je pas aussi autre part ?

– Mais, Ejo, dans cet espace aussi réduit, où médites-tu ? »

Il a fait un geste d'indifférence et a indiqué un coin quelconque. Pour méditer, il n'avait besoin d'aucun endroit particulier. Ce n'était pas le lieu qui lui accordait le sacré. Sa méditation sacralisait le lieu quel qu'il fût. De toute façon, pour lui qui avait traversé le mirage des mots antonymes, la distinction entre sacré et profane n'avait pas de sens.

Aux Etats-Unis, en France, au Japon, j'ai eu la chance de faire la connaissance d'autres *roshi*, parmi eux le maître de mon maître, Mumon Yamada[1 *], un homme très petit qui avait l'énergie d'un lion, des mains aussi soignées que celles d'une demoiselle (l'ongle de chacun de ses auriculaires mesurait trois centimètres), mais aucun n'a pu prendre dans mon cœur la place qu'y avait conquise Ejo.

Je sais peu de chose de sa vie. Né à Kobe, au Japon, en 1928, il avait commencé à pratiquer le zen à l'âge de neuf ans, au monastère Horyuji, sous la direction du maître Heikisoken, la plus haute autorité de l'école Rinzaï. Plus tard, à Kamakura, il était entré au monastère

* Le lecteur trouvera les notes en fin d'ouvrage.

Shofukuji (fondé en 1195 par Yosai[2], le premier moine ayant importé le bouddhisme zen chinois au Japon), en tant que disciple direct de Mumon Yamada, de l'école Sôtô... La vie que mènent les moines aspirant à l'éveil est très dure. Toujours en groupe, privés de toute intimité, ils mangent peu et mal, travaillent rudement, méditent sans arrêt. Tous les actes de la vie quotidienne obéissent à un rituel strict, de la façon de dormir à celle de déféquer. « Le moine doit s'asseoir le dos droit, garder ses jambes couvertes par les coins de sa robe, ne regarder ni d'un côté ni de l'autre, ne pas parler avec ses voisins, ne pas gratter ses parties intimes et excréter en faisant le moins de bruit possible, rapidement, car d'autres attendent leur tour. » Les moines du zen Sôtô doivent dormir tournés sur le côté droit. Les moines du zen Rinzaï couchés sur le dos. Aucune autre position n'est autorisée... Ejo Takata, après avoir vécu ainsi pendant trente ans, avait considéré en 1967 que les temps étaient en train de changer, qu'il était inutile de préserver la tradition en restant enfermé dans un monastère, et il avait décidé de quitter Jufuku-ji pour affronter le monde. Sa détermination le fit s'embarquer pour les Etats-Unis, car il voulait savoir pourquoi les hippies s'intéressaient au zen. Il fut reçu avec tous les honneurs dans un monastère moderne de Californie. Quelques jours plus tard, il s'enfuit de cet endroit, n'ayant que son habit de moine sur le dos et un billet de vingt dollars en poche. Il s'approcha d'une grande route et, par gestes – il parlait un anglais rudimentaire –, il fit du stop. Un camion qui transportait des oranges l'emmena. Ejo médita sur les fruits parfumés, sans savoir où il allait. Il s'endormit. Lorsqu'il se réveilla il se trouvait dans l'immense capitale du Mexique.

Par un hasard que j'oserais qualifier de miracle, un disciple d'Eric Fromm, célèbre psychiatre qui venait, en collaboration avec Daisetz Teitaro Suzuki, de publier le livre *Psychanalyse et Bouddhisme zen*, vit errer dans les rues de cette ville de plus de vingt millions d'habitants un vrai moine japonais... Emerveillé, il arrêta sa voiture, l'invita à monter et l'emmena en cadeau au groupe frommien.

Gardant jalousement le secret de sa présence, ils l'installèrent dans les faubourgs de la ville, dans une petite maison transformée en temple. Des mois plus tard, lorsque Ejo se rendit compte qu'avant de méditer les psychiatres avalaient des pilules qui leur permettaient de supporter avec un sourire béat les douloureuses heures d'immobilité, il leur dit adieu pour toujours. Par une série de circonstances – que j'ai décrites dans *La Danse de la réalité* –, j'avais eu l'occasion de connaître le maître. Le voyant sans domicile, je lui offris ma maison afin qu'il la transforme en *zendô*. Le moine trouva là ses premiers élèves honnêtes : des acteurs, des peintres, des étudiants, des karatékas, des poètes, etc., tous convaincus qu'en méditant ils allaient trouver l'illumination, c'est-à-dire le secret de la vie éternelle. Vie qui transcendait la chair éphémère.

Bien vite nous avons compris que la méditation zen n'était pas un jeu. Rester immobile pendant des heures en essayant de vider son mental, en supportant les douleurs des jambes et du dos, accablés par l'ennui, était un travail de titan.

Un jour, alors que nous avions pratiquement perdu tout espoir d'obtenir le mythique éveil, nous entendîmes le ronronnement d'une puissante moto qui, de manière brutale, freina devant la maison. Quelqu'un, d'un pas vigoureux, se dirigea vers notre petite salle de méditation. Nous vîmes entrer un homme jeune et grand, aux épaules larges, aux bras musclés, aux longs cheveux blonds, gainé dans une combinaison de cuir rouge. Il s'arrêta devant le maître et l'apostropha avec un fort accent américain : « Tu as fui notre monastère parce que, avec tes yeux bridés, tu te sentais supérieur ! Tu penses que la vérité a un passeport japonais ! Mais moi, un “méprisable” Occidental, j'ai résolu tous les kôans et je viens ici le prouver ! Je te défie ! Interroge-moi ! »

Nous, les disciples, en sommes restés figés. Nous avons eu tout à coup l'impression d'être dans un film de cow-boys, où un assassin en provoque un autre en duel pour savoir lequel des deux tire le plus vite et avec le plus de précision. Ejo ne se troubla pas. « J'accepte ! »

Et nous avons alors assisté à une scène qui nous laissa bouche bée. Pour moi, comme pour les autres, les kôans étaient un mystère indéchiffrable. Chaque fois que nous en lisions un dans un livre, nous n'y comprenions absolument rien. Nous savions qu'au Japon les moines méditaient parfois sur l'une de ces devinettes pendant dix, vingt ans. Des questions comme : « Quelle est la nature de Bouddha ? » réponse : « Le cyprès dans le jardin ! » nous mettaient au désespoir. Le zen ne cherchait pas d'explications philosophiques ; il exigeait une compréhension immédiate, au-delà des mots... Ce cyprès dans le jardin nous plongeait dans le désarroi, nous démontrant que tant que nous ne le comprenions pas, nous n'étions pas éveillés.

Lorsque j'avais confessé ces angoisses à Ejo, il m'avait répondu de façon abrupte : « Intellectuel, apprends à mourir ! » Voilà pourquoi ce fut pour nous un choc profond de voir cet individu agressif, irrespectueux et arrogant répondre rapidement, sans hésiter une seconde, aux questions du maître.

Ejo applaudit : « Ça, c'est le son de deux mains, quel est le son d'une main ? »

Le garçon s'assit jambes croisées, il redressa le torse et, sans dire un mot, il tendit son bras droit en levant la main ouverte.

Ejo lui dit : « Bien ! Si tu entends le son d'une main, prouve-le. »

Sans un mot, le garçon leva de nouveau sa main.

Ejo continua : « Bien ! On dit que celui qui entend le son d'une main devient le Bouddha. Comment feras-tu ? »

Le garçon, sans un mot, lève à nouveau sa main.

De nouveau Ejo dit : « Bien ! »

Mon cœur se mit à battre la chamade. Je me rendis compte que j'assistais à quelque chose d'extraordinaire. Une seule fois auparavant j'avais senti un appel aussi intense : un torero, El Cordobés, avait décidé de provoquer le taureau en se tenant aussi immobile qu'une statue. La bête avait chargé à maintes reprises, passant avec ses cornes à quelques millimètres de son corps, mais il n'avait pas cillé. Entre l'animal et l'homme s'était formé un tourbillon d'énergie semblant les situer dans un temps et un espace enchantés, « le lieu », où l'erreur ne pouvait exister... Impassible, de façon parfaite, cet envahisseur répondait à chaque attaque de mon maître. Il y avait une telle intensité entre eux que nous, les disciples, nous sommes peu à peu dissous dans l'ombre.

Ejo lui dit : « Après t'être changé en cendres, comment l'entendras-tu ? »

De nouveau le garçon leva sa main.

Ejo lui dit alors : « Est-il possible que cette seule main soit coupée par l'épée Suimo la plus affilée de toutes ? »

Le visiteur, avec une expression pleine de suffisance, lui répondit : « Si c'est possible, démontre-moi que tu peux le faire. »

Ejo insista : « Pourquoi l'épée Suimo ne peut-elle couper cette main ? »

Le garçon sourit : « Parce que cette main s'étend sur tout l'univers. »

Ejo se leva, approcha son visage de celui du visiteur et lui cria : « Qu'est-ce que cette seule main ? »

Il lui répondit, en criant encore plus fort : « C'est le ciel, la terre, l'homme, la femme, toi, moi, l'herbe, les arbres, les motos, les poulets rôtis ! Toutes les choses sont cette seule main ! »

Ejo, avec une grande délicatesse, murmura : « Si tu entends le son d'une main, fais que moi aussi je l'entende. »

Le garçon se leva, lui donna une gifle et retourna s'asseoir...

Ce coup sonna comme un coup de fusil. Nous voulûmes nous jeter sur l'insolent pour le rouer de coups. Le maître nous retint d'un sourire. Il demanda au garçon : « Maintenant que tu as entendu le son d'une main, que vas-tu faire ? »

Le visiteur répondit : « Conduire ma moto, fumer un joint, pisser un coup. »

D'une voix pressante, le maître lui donna un ordre : « Imite ce sublime son d'une main ! »

Le visiteur, imitant le bruit d'un camion qui passait à ce moment dans la rue, répondit : « Brooomm... broooommm... »

Le moine poussa un profond soupir, puis il lui demanda : « Cette seule main, jusqu'où va-t-elle aller ? »

Le garçon s'inclina et appuya sa main sur le sol : « Jusqu'ici, elle ne peut aller plus loin. »

Ejo Takata éclata de rire et, d'un geste dépourvu de toute ambiguïté, offrit sa place au visiteur. Celui-ci, prenant des airs de vainqueur, s'assit à la place du maître.

« Tu as très bien résolu le kôan composé par Hakuin Ekaku[3]... »

Le garçon l'interrompit pour faire montre de son érudition : « Célèbre maître zen japonais, né en 1686, mort en 1769 ! »

Ejo s'inclina respectueusement et poursuivit :

« Maintenant que tu as démontré la perfection de ton éveil, je te demande d'expliquer à mes disciples intrigués la signification de tes gestes et de tes paroles... Peux-tu le faire ?

– Bien sûr que je le peux ! » répondit avec une extrême fierté maître Peter. (Ainsi exigea-t-il que nous l'appelions.)

« Lorsque ce moine me demande de lui prouver que j'ai entendu le son d'une main, j'élimine toute explication d'un geste qui signifie · "C'est ce que c'est"... Quand il me demande si je vais être un bouddha, c'est-à-dire m'éveiller, je ne tombe pas dans le piège de la dualité "éveil/non-éveil". Sottises ! Ma main levée dit : "Unité, ici et maintenant"... Quant à me changer en cendres, je ne tombe pas dans le piège de l'"existence/inexistence". Si je suis, je suis ici, voilà tout ! La notion d'"après la mort" n'existe que lorsqu'on est vivant... Quant à l'épée Suimo qui coupe tout, je réponds qu'il n'y a rien qui puisse être coupé. Si tu coupes ce qui n'est pas, tu n'as toujours rien... Pourquoi ne peut-on couper cette main ? En remplissant l'univers, elle élimine toute distinction... Lorsqu'il me demande de lui faire entendre le son d'une main, je lui donne une gifle pour lui indiquer qu'il ne doit pas sous-estimer sa propre compréhension du kôan... En me demandant de décrire le son "sublime" d'une main, il me tend un piège. L'attente d'une expérience extraordinaire est un obstacle sur le chemin de l'éveil. En imitant un bruit réel, je lui explique qu'il n'y a aucune différence entre ordinaire et extraordinaire... A la question de savoir ce que je vais faire lorsque je serai éveillé, je lui réponds en lui décrivant le détail de mes activités quotidiennes. Pas besoin de plans pour s'éveiller dans le futur ! Comprenons que, sans nous en rendre compte, nous avons toujours été éveillés. "Cette main, jusqu'où va-t-elle aller ?" Une autre question piège : l'éveil ne se situe pas dans l'espace. »

Satisfait de ses propres paroles, le visiteur se donna une tape sur le ventre et s'exclama, avec une autorité vaniteuse : « Ici, uniquement ici et nulle part ailleurs qu'ici ! »

Devant un tel culot, nous attendions qu'Ejo expulse cet Américain de sa place. Nous avions peur de devoir accepter comme maître un tel énergumène. Mais non, Ejo resta assis devant lui dans l'attitude d'un disciple. Souriant, il lui dit : « Dans le système de Hakuin il y a deux kôans qui sont plus importants que tous les autres. Tu as résolu le premier de façon parfaite, je veux voir maintenant si tu es capable de résoudre le second... »

Le visage empreint d'une expression vaniteuse, l'Américain s'exclama :

« Bien sûr, c'est la question sur la nature du chien !

– Exact, la question sur la nature du chien à laquelle Joshu a répondu... »

Peter l'interrompit de nouveau, se mettant à réciter à tout allure :

« Joshu, la figure centrale du zen chinois, est né en l'an 778 de notre ère. Il a commencé très jeune à étudier avec maître Nansen[4]. A la mort de Nansen, Joshu avait cinquante-sept ans. Il resta trois ans de plus dans ce monastère, honorant la mémoire de son maître. Puis il partit en quête de la vérité. Il voyagea pendant vingt ans. A quatre-vingts ans, il se fixa dans son village natal, dans la province de Jo. Là, il enseigna jusqu'à sa mort, à cent vingt ans...

– Stupéfiante érudition ! » s'exclama Ejo.

Puis il nous regarda et exigea : « Applaudissez ! » Je me joignis à mes compagnons, applaudissant avec envie. Maître Peter se leva et nous salua en faisant plusieurs courbettes orgueilleuses.

« Voyons, lui dit Ejo, un moine demande à maître Joshu : “Un chien a-t-il la nature de Bouddha ?” Joshu répond : “*Mu*.” Que peux-tu dire ? »

Peter entreprit de se lever, murmurant : « *Mu* en chinois, c'est non, inexistence, vide, également arbre, un aboiement, enfin... »

Debout, face à Takata, il cria si fort que les fenêtres tremblèrent : « *MU !* » Alors commença un nouveau duel de questions et de réponses.

« Donne-moi les preuves de ce *Mu*.

– *MU !*

– S'il en est ainsi, de quelle manière t'éveilleras-tu ?

– *MU !*

– Bien, alors, après qu'on t'aura incinéré, comment ce *Mu* sera-t-il ?

– *MU !* »

Les cris du gringo étaient de plus en plus forts. Takata, au contraire, questionnait sur un ton de plus en plus respectueux. Peu à peu il s'humiliait devant cet exalté qui trouvait à l'instant les réponses correctes. J'eus peur que le dialogue continuât ainsi pendant des heures. Mais il y eut un léger changement. Les réponses se firent plus longues.

« En une autre occasion, lorsqu'on demanda à Joshu si un chien avait la nature de Bouddha, il répondit : “Oui !” Qu'en penses-tu ?

– Même si Joshu dit qu'un chien a la nature de Bouddha, je crierai simplement : *Mu !* de toutes mes forces.

– Très bien ! Maintenant, dis-moi : comment agit ton éveil avec le *Mu* ? »

Peter se leva et fit quelques pas en disant :

« Quand il faut marcher, je marche. (Puis il revint à sa place et s'assit.) Quand il faut s'asseoir, je m'assois.

– Très bien ! Maintenant, explique la différence entre l'état de *Mu* et l'état d'ignorance.

– J'ai pris ma moto et de là je suis allé sur le boulevard

de la Reforma, de là j'ai marché jusqu'au Palais du gouvernement, puis je suis revenu vers le boulevard de la Reforma, j'ai pris ma moto et suis venu, par le même chemin, jusqu'ici... »

Cette réponse nous laissa tous perplexes. Le gringo nous regarda avec un air de matamore : « Le Japonais a voulu que je lui explique la différence entre éveil et non-éveil. Dans ma description d'une promenade qui commence à un endroit et revient au même endroit, j'ai rejeté la distinction entre sacré et profane. » Devant l'habileté de sa réponse, à notre grand regret, nous fûmes obligés de l'admirer.

« Très bien, dit Ejo (avec un sourire qui me parut adulateur), quelle est l'origine de *Mu* ?

– Il n'y a ni ciel ni terre, ni montagnes ni fleuves, ni arbres ni plantes, ni poires ni pommes ! Il n'y a rien, ni moi ni personne d'autre ! Même ces mots ne sont rien ! *Mu !* »

Ce « *Mu* » fut si fort que les chiens du voisinage se mirent à aboyer. Dès cet instant, le dialogue s'accéléra.

« Alors, donne-moi ton *Mu* !

– Prends ! (Peter mit dans les mains de Takata une cigarette de marijuana.)

– Quelle est la hauteur de ton *Mu* ?

– Je mesure un mètre quatre-vingt-deux.

– Dis ton *Mu* aussi simplement qu'un bébé peut le comprendre et le mettre en pratique.

– Areu-areu..., susurra Peter comme s'il était en train d'endormir un enfant.

– Quelle est la différence entre *Mu* et Tout.

– Si tu es Tout, je suis *Mu*. Si tu es *Mu*, je suis Tout.

– Montre-moi différents *Mu*.

– Quand je mange, quand je bois, quand je fume, quand je baise, quand je dors, quand je danse, quand j'ai froid, quand j'ai chaud, quand je chie, quand un oiseau chante, quand un chien aboie, *MU ! MU ! MU ! MU ! MU ! MU !...* »

Les cris devinrent assourdissants. Un véritable esclandre. Il semblait que le possédé n'allait jamais cesser de répéter sa syllabe.

Ejo, se levant d'un bond, prit son bâton et, lançant un impressionnant « *Kwatzu !* », se mit à le battre. Maître Peter, furieux, se jeta sur lui. Ejo, ressortant quelques connaissances de judo qu'il avait jusqu'alors tenues cachées, d'une rapide prise l'expédia au tapis les quatre fers en l'air. Puis il lui mit un pied sur la gorge, l'immobilisant.

« Voyons si ton éveil est plus fort que le feu ! »

Tout en traînant brutalement le gringo vers la rue, il attrapa une lampe.

Dans le quartier, il y avait souvent des pannes d'électricité. Quand cela arrivait, nous utilisions des bougies et deux lampes à pétrole.

Devant le visiteur effrayé, Ejo vida le pétrole sur la motocyclette. Il alluma un briquet. Le gringo voulut se lever, criant : « Nooooon ! »

D'un adroit coup de pied dans la poitrine, Ejo le jeta à nouveau sur le dos.

« Du calme ! Voici un autre kôan ! "Eveil ou motocyclette ?" Si tu réponds éveil, j'y mets le feu. Si tu réponds motocyclette, tu t'en vas avec, mais avant ça tu me donnes ce livre que tu as appris par cœur... »

Maître Peter parut s'écrouler. Il murmura d'un ton plaintif : « Motocyclette... » Il se leva et, traînant les pieds, alla ouvrir une caisse qui se trouvait sur la partie arrière du véhicule. Il en sortit un livre à la couverture rouge qu'il remit à celui que nous considérions à nouveau comme notre maître. Ejo lut le titre : *The Sound of The One Hand. 281 Zen Kôans With Answers*[5], puis il cria au vaincu : « Tricheur, apprends à être ce que tu es ! »

Le visage du visiteur prit la couleur de son livre. Il s'agenouilla devant le moine, appuya ses mains sur le sol et implora humblement : « Je vous en prie, maître. »

De son bâton plat, Ejo lui donna trois coups sur l'omoplate gauche et trois coups sur la droite – six impacts sur le cuir rouge, qui résonnèrent comme des coups de feu –, puis il leva une main ouverte.

L'Américain se leva. Il sembla avoir compris quelque chose d'essentiel. Il soupira : « Merci, *sensei.* »

Et il s'éloigna pour toujours sur sa puissante moto.

# 2

## *Le secret des kôans*

« S'il y a une empreinte, je la trouverai, même au fond d'un puits. »

Silver Kane, *El guardaespaldas*
(Le garde du corps)

Lorsque Ejo Takata vint visiter ma maison pour choisir l'espace où il allait donner son enseignement, je lui montrai ma bibliothèque avec une grande fierté. Depuis mon enfance j'avais vécu entouré de livres, que j'aimais autant que mes chats. J'avais une abondante collection consacrée au zen, en anglais, en italien, en français et en espagnol. Le moine leur jeta un seul regard, il ouvrit son éventail et, l'agitant rapidement, s'éventa. Puis il sortit de la pièce sans un mot. Mon visage s'empourpra de honte. Par ce geste bref, le maître m'avait fait prendre conscience que mon érudition cachait une absence de vrai savoir. Les mots montraient le chemin de la vérité, mais ils n'étaient pas la vérité. « Lorsqu'on chasse le poisson, le filet n'est plus nécessaire. »

Malgré cela, le jour où Ejo avait jeté le mystérieux livre de l'Américain à la poubelle, moi, profitant de ce que la nuit tombait, j'avais fouillé dans les ordures et l'en avais sorti. Je m'étais senti voleur, mais pas traître. Le recouvrant de papier noir, je l'avais caché au milieu de mes nombreux volumes, sans l'ouvrir. Le temps passa. Grâce à l'aide de l'ambassade du Japon, Ejo put installer un petit *zendô* près du quartier universitaire.

Après m'être levé à six heures du matin pendant cinq ans et avoir traversé les rues encombrées – ce qui ne me prenait pas moins d'une heure – pour aller méditer deux séances de quarante minutes chacune, j'en vins à la conclusion que ma voie n'était pas de devenir moine. Toutes mes ambitions se tournaient vers la création théâtrale. Cependant, les leçons de Takata – être et ne pas paraître, vivre sans ornements, les mots décrivent le monde mais ne sont pas le monde, réciter une doctrine n'est pas la pratiquer – changèrent ma vision du spectacle. Pour présenter *Zarathoustra*, d'après l'œuvre de Nietzsche, j'éliminai les décors, vidai le plateau de ses rideaux, cordes et objets, fis peindre les murs nus en blanc. Défiant la censure, les acteurs, hommes et femmes, se déshabillèrent complètement après avoir récité un fragment de l'Evangile selon Thomas : « Les disciples lui demandèrent : "Quand nous seras-tu révélé et quand pourrons-nous te voir ?" Et Jésus dit : "Quand vous vous dépouillerez de vos vêtements sans avoir honte, et quand vous prendrez vos bijoux et les mettrez sous vos pieds comme le ferait un enfant et que vous les piétinerez, alors vous pourrez contempler le Fils de l'Être vivant et vous n'aurez plus peur." »

Constatant que la pièce était un succès et que la salle était comble du mardi au dimanche, je proposai à Ejo, sans beaucoup d'espoir, de méditer devant le public pendant le spectacle. A ma grande surprise, le maître accepta. Il arriva ponctuellement, s'assit sur le côté de la scène et médita sans bouger pendant deux heures. Le contraste entre les acteurs nus récitant un texte et le moine silencieux vêtu de son habit sacré fut bouleversant. *Zarathoustra* resta à l'affiche pendant un an et demi.

Après la dernière représentation, Ejo me dit : « En me laissant participer à ton œuvre, tu as permis que des milliers de Mexicains connaissent la méditation zen. Comment puis-je t'en remercier ? » Je m'inclinai et, baissant la tête pour cacher ma honte, je lui répondis : « J'ai caché le livre que t'a donné l'Américain. Je meurs de curiosité de le lire. Si je le fais, considéreras-tu que je te trahis ? » Ejo éclata de rire. « Nous allons le lire ensemble et le commenter ! » Puis il me raconta l'histoire du mystérieux volume : « Ce texte, *Gendai Sojizen Hyoron* (Une critique du pseudo-zen actuel), révélé par un mystérieux ennemi en 1916, a provoqué un sourd scandale chez les moines. Dans la secte Rinzaï, les kôans et leurs réponses avaient été secrètement transmis de maître à élève pendant des générations, dans un cahier apparemment écrit par Hakuin, l'inventeur de la méthode. La révélation de ces secrets a mis en fureur de nombreux maîtres de l'époque. Ils ont fait leur possible pour enterrer tous les exemplaires, mais quelqu'un en a gardé un, qui est passé de main en main jusqu'à ce que, au milieu des années soixante, une photocopie se mette à circuler, traduite en anglais et commentée par un érudit, le docteur Yoel Hoffmann. Lorsque j'ai rendu visite à ce monastère en Californie, je me suis rendu compte que de nombreux moines répétaient comme des perroquets et imitaient comme des singes les phrases et les actes du traité. C'est pourquoi j'ai fui cet endroit. Connaître une réponse n'est pas la posséder. »

Et c'est ainsi que commença une nouvelle étape de ma vie. Ejo me proposa de nous voir une fois par semaine, à minuit. Il choisit cette heure parce qu'à partir de minuit le jour est en gestation. C'est ce que nous avons fait : nos conversations débutaient dans l'obscurité et prenaient fin à la lumière de l'aube. Chaque kôan était un immense défi. Non seulement je devais déchiffrer les devinettes que les maîtres proposaient, mais aussi les réponses incompréhensibles de leurs disciples, ce qui mettait ma raison à l'agonie. Je devais concentrer toutes mes énergies pour ouvrir une porte dans le mur de l'absurde cul-de-sac. Faire ou ne pas faire ? Obéir à l'intellect ou à l'intuition ? Choisir ceci ou cela ? Faire confiance aux autres ou à moi-même ? Me voyant hésiter ainsi, Ejo cita quelques paroles de Hakuin : « Si tu explores continuellement un kôan, dans une totale concentration, ton image de toi-même sera détruite. Face à toi s'ouvrira un abîme de vide, sans un endroit où poser les pieds. Tu affronteras la mort. Tu sentiras brûler un grand feu dans ta poitrine. Et tout à coup, loin du corps et du mental, toi et le kôan ne feront plus qu'un. Tu iras loin. Tu pénétreras sans erreur dans la source essentielle de ta propre nature. » Ejo s'éventa quelques instants, puis il commenta, avec un large sourire : « Maître Rinzaï[6] a dit : "Toutes les écritures sacrées ne sont que du papier pour se torcher le cul." On ne résout pas les kôans avec des mots. »

Moi qui avais employé la plus grande partie de mes loisirs à lire, tirant des livres un plaisir ineffable, je protestai : « Un moment, Ejo : tu dis qu'on ne résout pas les kôans avec des mots, mais je suis sûr qu'il y a des mots qui les annulent. Le venin du cobra peut servir d'antidote à sa propre morsure. Je crois que le mental est capable de créer un service de nettoyage qui, d'une phrase lumineuse, poétique, invalide la question à laquelle il est impossible de répondre. »

Ejo se mit à rire. « Si tu dis cela, c'est que tu te sens capable de le faire. Tu confonds Poésie et Vérité. J'accepte le défi. Réponds au kôan qui vient, dans le livre, après "Le son d'une main" et "Mu" : "Comment était ton visage originel avant ta naissance ?" »

Je me concentrai intensément et voulus lui répondre : « Il était semblable à celui que j'aurai après ma mort », mais je sentis que je tombais dans le piège en admettant les concepts de naissance et de mort, en acceptant qu'en dehors de cette réalité on avait un visage, une forme individuelle d'existence. Je m'exclamai : « Je ne sais pas, à cette époque je n'avais pas de miroir ! »

Ejo rit de nouveau.

« Très ingénieux, il est vrai qu'avec cette exclamation tu annules la question, mais à quoi cela te sert-il ? Tu restes prisonnier de avoir ou ne pas avoir. Tu ne le vois pas, mais tu acceptes – bien qu'échappant à la dualité "ce qui est vu/celui qui voit" – qu'il y a un moi originel. Tu fais reposer tes paroles sur une croyance, pas sur un vécu... Dans la réponse traditionnelle notée dans le livre, le disciple, sans dire un mot, se lève et appuie les deux mains sur sa poitrine. Qu'est-ce que tu dis, toi ?

– Il me semble qu'avec son geste il dit : "Il n'y a ni avant ni après, je suis ici, maintenant, c'est tout ce que je sais. La question que vous m'avez posée est sans réponse."

– Tu n'as pas assez approfondi. Le disciple ne dit rien. Il s'est replié en lui-même, son intellect immobilisé, détaché de ses illusions et de ses espoirs. Il sent l'"ici" s'étendre et atteindre les dimensions de l'univers, le "maintenant" absorber la totalité du temps et devenir éternel, le "moi" individuel se dissoudre dans le cosmos. Il a cessé de se définir, de se croire maître de son corps, d'émettre des jugements, de s'identifier à ses concepts comme si c'étaient des choses, de se laisser entraîner par un torrent d'émotions et de désirs, comprenant que la réalité n'est pas ce qu'il pense ou attend d'elle... Pour répondre, le disciple se lève, indiquant par là qu'il a accepté sa vacuité et que la méditation ne lui est donc pas nécessaire, car elle n'est pas la fin, mais le moyen. Confondre zazen avec l'éveil est une erreur. »

Je me levai, appuyai les mains sur ma poitrine et

m'inclinai. Ejo, souriant, s'en fut à la cuisine et revint avec deux tasses de thé vert. Je lui dis, en souriant aussi :

« Ejo, cette infusion n'est pas connue au Mexique. Assez de japonaiseries. »

Immédiatement il répondit : « J'ai aussi du café ! »

Il courut à la cuisine et revint quelques instants plus tard avec deux tasses de café fumantes. Tandis que nous le buvions – la lumière de l'aube donnait un ton rosé au bleu agonisant de la nuit –, Ejo alluma une cigarette et en aspira la fumée avec volupté. Remarquant mon regard réprobateur, il me cita un texte de la philosophie Advaita Vedânta, attribué au mythique poète Dattatraya : « Ne te soucie pas des défauts du maître. Si tu es sage, tu sauras extraire ce qu'il y a de bon en lui. Lorsque tu dois traverser un fleuve, même si la barque est peinte d'une horrible couleur, tu es reconnaissant qu'elle te transporte sur l'autre rive. »

Pendant deux ou trois jours je me sentis euphorique. Je marchais dans les rues en regardant la ville avec des yeux nouveaux. Tout me semblait lumineux. A chaque pas je me hissais sur la pointe des pieds. Je dois l'avouer, je me sentais illuminé. « Pourquoi continuer à aller voir Ejo ? Lorsqu'on résout un kôan, on résout automatiquement tous les autres. Ce ne sont pas des vérités, ce sont seulement des chemins différents pour nous conduire vers une lumière unique. » Mais deux échecs consécutifs ont rabattu mon caquet.

Un jeune homme du nom de Julio Castillo vint me rendre visite : « Maître, je voudrais que vous m'enseigniez la lumière », me dit-il. Une incontrôlable vanité inonda mon esprit, vanité que je dissimulai en donnant une expression de sainteté à mon visage. Ce garçon au regard si intelligent s'était rendu compte de la hauteur de mon niveau spirituel. Je fis de mon mieux pour lui expliquer en quoi consistaient le vide mental, le détachement du désir, de l'ego, l'unité avec le cosmos, l'ici et maintenant. Je lui lus des fragments des sermons de Huineng[7], lui montrai des photographies de moines en train de méditer ; enfin je m'assis en zazen et l'invitai à suivre mon exemple. Gêné, Julio Castillo murmura : « Excusez-moi, maître, je crois que vous ne m'avez pas compris. Je suis élève d'une école de théâtre. Je ne suis pas venu vous demander de sauver mon âme mais de m'apprendre à placer les projecteurs pour éclairer un plateau de théâtre. » Je me sentis ridicule. Je me mis à tousser pour cacher ma honte.

Ce jour-là, dans la soirée, j'assistai à une fête qui avait lieu chez une artiste peintre surréaliste, Leonora Carrington. Une personnalité fulgurante qui contrastait avec celle de son mari, un homme à l'expression grave, qui prononçait rarement un mot, et jamais plus de deux syllabes. Malgré la chaleur, emmitouflé dans un épais pardessus noir, avec un béret enfoncé jusqu'aux oreilles, il observait depuis un coin, tel un Martien, la bruyante réunion où les verres d'alcool étaient vidés avec une élégante facilité. Leonora me dit : « Je t'en prie, ne crois pas que ce soit un ogre, parle avec Chiki (c'est ainsi qu'elle appelait son conjoint), il connaît un tas de choses. Il lit cinq livres par jour. En ce moment il se documente sur la religion tibétaine. »

Par hasard j'avais appris, en le copiant sur un mandala, un *mudra* (position sacrée des mains) fort compliqué. Avec chaque pouce, je tirais vers ma poitrine le petit doigt de la main opposée en le collant à la paume, je joignais les annulaires, les élevais comme une montagne métaphorique et, saisissant avec chaque index l'annulaire de l'autre main, je couchais ces derniers parallèlement aux auriculaires. Je réalisai cette opération alambiquée et, très fièrement, m'en fus montrer le *mudra* à Chiki, lui posant la question – afin de provoquer son admiration et d'entamer une conversation :

« Qu'est-ce que c'est ? » Indifférent, il me répondit par deux mots : « Dix doigts ! » D'un coup, tel un ouragan qui balaie les ordures, il élimina de mon mental toute métaphore. J'avais beau emmêler mes doigts, je n'obtenais pas une vérité mais un signe, aussi inutile que le balbutiement d'un idiot. Dix doigts sont dix doigts, rien d'autre... Je m'excusai maladroitement et partis noyer mon humiliation dans un verre de tequila. Je décidai de continuer à méditer avec Ejo.

« Comment pourrais-tu marcher en ligne droite sur les quarante-neuf tournants du sentier de la montagne ? »

Je réfléchis une minute, qui me parut éternelle. Une réponse me vint aux lèvres : « Un labyrinthe n'est que l'illusoire complication d'une ligne droite. » Takata frappa fortement dans ses mains. Je ne sus si c'était en guise d'applaudissement ou pour indiquer que j'étais endormi et devais me réveiller... « Explique, poète ! » m'ordonna-t-il.

« Je veux dire que le fait de nous demander comment atteindre un but nous fait voir le sentier droit plein de courbes. »

Ejo sourit. « Voyons quelle réponse nous apporte le livre secret. » Il lut : « Le disciple, s'inclinant sur un côté et tournant, serpente dans la pièce comme s'il gravissait un étroit sentier de montagne. » Puis il me dit :

« Ne dis pas un mot. Imite son action. Qu'est-ce que tu comprends par là ?

– Ejo, le moine nous montre comment les illusions (symbolisées par les tournants) et les doutes (symbolisés par les inclinaisons du buste) nous compliquent la vie. Si nous nous en libérons nous voyons que le chemin qui nous paraît tortueux est droit.

– Eh bien tes réponses poétiques sont certes puissantes, mais tout ce que tu obtiens avec elles, c'est d'annuler la question sans atteindre l'essence. Si tu vaincs les mots avec des mots, à la fin tu te retrouves sur un champ de bataille couvert de cadavres. En donnant une explication intellectuelle à la réponse muette que propose le système de Hakuin, tu te perds dans le labyrinthe. Le disciple ne veut rien démontrer. La bouche fermée il se lève, s'incline, avance en dessinant des courbes, gravit une montagne imaginaire, mais il ne change pas, il reste vide. Il est ce qu'il est sans se demander ce qu'il est. Il conserve l'unité au centre des dix mille choses... Si tu comprends cela, tu n'auras aucun mal à répondre correctement au kôan suivant : “Comment sors-tu une pierre du fond de l'océan sans mouiller tes manches ?” »

Utilisant la technique que j'avais apprise lorsque j'étais mime, je fis comme si je plongeais dans un océan, nageais vers le fond, prenais une grosse pierre dans mes bras, revenais à la surface et sortais de l'eau. Certain de l'exactitude de ma réponse, je déposai devant Ejo l'invisible roche et attendis son approbation enthousiaste. Au lieu de quoi il me demanda à brûle-pourpoint : « Comment s'appelle cette pierre ? » Je restai muet. Je bégayai : « Elle s'appelle pierre... Elle s'appelle éveil... Elle s'appelle Bouddha... Elle s'appelle Vérité... » J'aurais pu continuer à chercher des noms. Ejo me fit taire en me donnant un coup de son bâton. « Intellectuel, apprends à mourir ! » Je fus pris de rage : ça, il me l'avait déjà dit. Il me frappa de nouveau. « L'éveil n'est pas une chose. Ce n'est ni un but ni un concept. Ce n'est pas quelque chose qu'on obtient. C'est une métamorphose... Si la chenille pensait que le papillon auquel elle donne naissance, ce sont des ailes et des antennes qui lui poussent à elle, il n'y aurait pas de papillon. La chenille doit accepter de disparaître, en se transformant. Quand le merveilleux insecte vole, il ne reste rien en lui de la chenille... Voyons, jouons : je suis toi et tu es moi. Pose-moi la question. »

J'imitai son accent japonais : « Quel est le nom de cette pierre ? » Il me répondit, imitant mon accent chilien : « Alexandro. »

Je compris : cette pierre, c'était moi, identifié par mon nom, mes limites imaginaires, mon langage, ma mémoire. Sortir la pierre des profondeurs de l'océan – le monde tel qu'il est : un rêve inexplicable – signifiait extraire mon identité pour me rendre compte qu'elle était illusoire, en comprenant qu'il n'y avait pas de différence entre le maître et le disciple, que l'un était l'autre, que l'apparente multiplicité était une éternelle unité.

Je lui pris le bâton et lui en donnai un coup sur chaque épaule. Il me fit une courbette, comme s'il était mon disciple, se dirigea vers la cuisine et revint avec une grande bouteille de saké.

« Maintenant, nous allons fêter ça, maître ! » s'exclama-t-il en me versant un verre de la délicieuse liqueur. Nous vidâmes plusieurs verres. Ejo était joyeux, mais il était conscient. Moi aussi je sentais mon esprit dégagé ; seul mon corps, tous ses muscles décontractés, semblait vivre, loin de moi, sa propre vie.

« Alexandro, la poésie, sous la forme où tu l'emploies, est un jeu que je ne connaissais pas. Ça m'amuse de te voir annuler ainsi les kôans. C'est un sacrilège. Ce qui est bien : sans sacrilège, le disciple ne se réalise pas. “Si tu rencontres un bouddha sur ton chemin, coupe-lui le cou.” Voyons alors comment tu annules les deux principaux kôans de l'école Rinzaï !

– Oh, Ejo, dans cet état d'ébriété je ne vais pas pouvoir le faire. »

Sans s'occuper de moi, il applaudit : « Voici le son de deux mains. » Il leva la main droite. « Quel est le son d'une seule main ? »

Je levai ma main droite et la plaçai face à la sienne. « Le son de ma seule main est semblable au son de ta seule main. » Le moine éclata d'un rire tonitruant et demanda :

« Le chien a-t-il la nature du Bouddha ?

– Le Bouddha a la nature du chien ! »

Tanguant comme s'il marchait sur le pont d'un bateau, Ejo alla à la cuisine et revint avec une autre bouteille. Il remplit les deux verres et insista : « Continuons, c'est un jeu excellent. »

Nous bûmes jusqu'à ce que le ciel obscur commence à s'embraser. Il me posa une grande quantité de kôans. Je ne me souviens pas de toutes les réponses, mais ce que je n'oublie pas, c'est l'immense bonheur que j'eus en m'unissant au maître. A la fin, je ne savais plus qui posait les questions et qui y répondait. Dans le *zendô*, il n'y avait pas deux personnes, mais une seule ou aucune.

« Ça ne commence pas, ça ne finit pas, qu'est-ce c'est ?

– Je suis ce que je suis ! »

« Comment l'intellectuel apprend-il à mourir ?

– Il change tous ses mots en une chienne noire qui le suit ! »

« L'ombre des pins dépend-elle de la lumière de la lune ?

– Les racines des pins n'ont pas d'ombre ! »

« Le Bouddha est-il vieux ?

– Il est aussi vieux que moi ! »

« Que fais-tu quand ça ne peut se faire ?

– Je laisse faire ! »

« Où iras-tu après ta mort ?

– Les pierres du chemin ne vont ni ne viennent ! »

« La femme qui avance sur le chemin est-elle la sœur aînée ou la sœur cadette ?

– C'est une femme qui marche ! »

« Quand le sentier couvert de neige ne sera-t-il pas blanc ?

– Quand il est blanc il est blanc ! Quand il n'est pas blanc, il n'est pas blanc ! »

« Comment sors-tu si tu es prisonnier dans un bloc de granit ?

– Je saute et je danse ! »

« Qui peut ôter le collier du tigre féroce ?

– Je me l'enlève moi-même ! »

« Peux-tu me dire cela sans ouvrir la bouche ?

– Quoi que je dise ou ne dise pas, toi, garde la bouche fermée ! »

« Combien de cheveux as-tu sur l'arrière de ta tête ?

– Montre-moi ta nuque, je te les compterai ! »

« Tous les bouddhas, du passé, du présent et de l'avenir, que prédisent-ils maintenant ?

– Maintenant je bâille, car je suis ivre ! »

Nous soutenant l'un l'autre pour nous empêcher de nous cogner aux murs, nous sortîmes dans la rue. Nous nous mîmes à pisser contre un poteau. Tandis qu'il urinait, Ejo leva une jambe, imitant un chien. « Le Bouddha a la nature du chien ! » Je fis pareil. Nous fûmes pris d'une crise de fou rire. Lorsque nous retrouvâmes notre calme, après m'avoir fait une courbette d'adieu, il me dit : « L'Art est ton chemin, accepte comme maître mon amie Leonora Carrington... Elle ne connaît aucun kôan, mais elle les a tous résolus. »

# 3

## *La maîtresse surréaliste*

> « Tout consistait en un appel fangeux et infini, qui peu à peu était étouffé par les ombres de la nuit. »
>
> Silver Kane, *Verdugo a plazos* (Bourreau à crédit)

Lorsque je me réveillai, après avoir dormi dix heures, j'appelai le maître.

« Ejo, tu te rappelles ce que tu m'as dit hier ? Peut-être le saké a-t-il égaré ta langue...

– Un grand poète de l'ancien Japon a écrit : "Rester silencieux pour se faire passer pour un sage est méprisable. Il vaut mieux être ivre et chanter en buvant du saké." Un poète de ton pays natal, Pablo Neruda, s'est exclamé : "Dieu me garde d'inventer des choses quand je chante !" Ce que je t'ai dit hier, je le répète aujourd'hui... Va voir mon amie Leonora...

– Mais Ejo, ce qui m'intéresse, moi, c'est d'étudier avec toi...

– Ne te trompe pas, Alejandro. Mental vide ne veut pas dire cœur vide. La perfection, c'est mental vide et cœur plein... Tu pourras te débarrasser des concepts, pas des sentiments. Tu dois peu à peu vider ta tête. Dans le cœur tu dois aller en accumulant et en affinant, jusqu'à parvenir à cet état sublime que tu appelles bonheur. D'après ce que tu m'as raconté, tu n'es pas encore venu à bout de la rancœur que tu éprouves vis-à-vis de ta mère. Te voyant privé de cette tendresse essentielle, tu restes un enfant en colère qui rejette la femme sur tous les plans, sauf celui du sexe. Tu crois que tu ne peux apprendre que des hommes. L'archétype du père cosmique domine tes actes. La Grande Mère reste inhumée dans l'ombre... Avant de continuer à débrouiller les kôans, va déposer ton épée devant la fleur, va t'incliner devant celle que, sans t'en rendre compte, tu attends depuis toujours. Tu es un artiste, Leonora aussi. Elle est l'être qui te correspond. Laisse-la te donner la femme intérieure qui te fait tellement défaut...

Le peu que je savais de Leonora Carrington, je l'avais lu dans l'*Anthologie de l'humour noir* d'André Breton. L'écrivain l'y présentait en ces termes : « Les personnes respectables qui, il y a une douzaine d'années, l'invitèrent à dîner dans un grand restaurant ne se sont pas encore remises de la honte qui les submergea lorsqu'elles constatèrent que, tout en continuant à participer à la conversation, elle s'était déchaussée et couvrait méticuleusement ses pieds de moutarde. »

Je savais aussi qu'elle avait été la maîtresse de Max Ernst. Quand le peintre avait été emprisonné en Espagne par les franquistes, elle avait eu une crise de folie. Revenant de cette expérience, elle l'avait décrite dans son livre *Mémoires d'en bas.* A partir de ce moment, elle avait définitivement aboli les murs qui séparent la raison du monde des rêves. Parmi les peintres mexicains, on parlait d'elle comme d'un personnage mythique, incarnation du surréalisme le plus véhément. Au cours d'une fête, Luis Buñuel, séduit par la beauté de Carrington et encouragé par l'idée que l'artiste avait outrepassé la morale bourgeoise, lui proposa, avec la rudesse qui le caractérisait, de devenir son amant. Sans attendre sa réponse, il lui remit la clé de sa garçonnière secrète, lui donnant rendez-vous le lendemain à trois heures de l'après-midi. Tôt le matin, Leonora visita le lieu indiqué. Elle trouva une chambre sans aucun goût, ressemblant en tout à la chambre d'un motel. Profitant de ce qu'elle avait ses règles, elle tacha ses mains de sang et se mit à imprimer des mains rouges sur les murs, jusqu'à décorer ainsi tout cet espace impersonnel. Buñuel ne lui adressa plus jamais la parole.

Lorsque je me présentai devant sa demeure, une maison sans façade, un mur lisse avec une fenêtre en haut et une porte étroite sur le côté, dans la rue Chihuahua, je me surpris à trembler de la tête aux pieds. Une timidité incontrôlable, absurde, m'empêchait d'appuyer sur la sonnette. Je restai debout, comme pétrifié, pendant au moins une demi-heure. Je savais qu'elle m'attendait, mais devant cette demeure semblable à une prison, il m'était impossible d'agir. Tirant une petite charrette qui contenait des légumes, des fruits et des cartouches de cigarettes, passa par là une femme de petite taille, au corps fort et juvénile, mais aux cheveux gris et au visage sillonné de profondes rides. Elle m'observa sans dissimulation. « Tu es le mime que nous envoie le Japonais ? Je suis Kati Horna, hongroise, photographe, la plus vieille amie de Leonora. » Elle alluma une cigarette et, sans attendre ma réponse, se mit à parler rapidement, ne se taisant que pour tirer brièvement une bouffée. Comme elle avait du mal à s'exprimer, son espagnol étant rudimentaire, elle accompagnait son laïus de grands gestes. « Cette nuit, j'ai rêvé de trois phrases. Quand je me suis réveillée, ce fut comme si je leur avais donné le jour. Elles étaient déjà dans ma vie ; une sorte de kyste. Tout ce que je sais, je le reçois en rêves. Les phrases arrivent toutes faites. Quand je me réveille, mon comportement change, je quitte un pays, parfois j'essaie de tuer quelqu'un. "Vivre comme une étoile !" "Elimination du superflu !" "Manifestation concrète !" Qu'en penses-tu ? Les étoiles brillent sans se préoccuper de l'opacité des planètes... Ni le soleil ni la lune n'utilisent d'ornements... La matière contient tout... A propos, dans cette enveloppe j'ai quelques-unes de mes photos. Veux-tu les voir ? » Sans attendre mon consentement, elle les sortit et les fit défiler devant mes yeux à toute vitesse. C'était des portraits de mendiants, de survivants des camps de concentration, de malades mentaux, de femmes de la guerre civile espagnole, d'enfants misérables. Tous avec des visages de Christ, tous attendant, avec la certitude de ne pas être déçus... « Les bons rêves finissent toujours par se réaliser. » Sans me consulter elle appuya sur le bouton de la sonnette. Elle murmura : « Vouloir... Oser... Pouvoir... Obéir... », et s'en fut sans se soucier de ce que le vent soulevât sa jupe de toile ordinaire.

Avec un grincement de charnière oxydée, la porte s'ouvrit lentement. Je pénétrai dans un rez-de-chaussée froid, sombre, hostile. Quelqu'un, du premier étage, tirait la corde qui ouvrait la targette. La bouche sèche, je me mis à gravir les marches. Je venais d'avoir trente ans. Elle, d'après ce qu'avait révélé Breton, était née en 1907. C'est-à-dire que j'allais me retrouver devant une femme de cinquante-deux ans. Je craignis d'être reçu par une vieille grippe-sou ayant une ombre en forme de tarentule. A cette époque, pour moi, vieillesse rimait avec laideur.

J'eus une agréable surprise. Avant tout, en haut des escaliers, plus qu'une femme je vis un être. Plus qu'un corps je vis une silhouette longue que je pus seulement définir comme une ombre concrète où brillaient deux yeux pénétrants pleins d'un esprit impétueux mais cristallin. Il semblait que son regard était fait d'âme... A ce contact extrême, toute étiquette, tout masque que j'aurais pu porter collés sur moi tombèrent comme feuilles sèches. Entrer dans l'esprit d'une telle femme, c'était s'immerger pour resurgir baptisé. Ma voix changea, mes gestes retrouvèrent une délicatesse oubliée, ma conscience s'alluma telle une flambée. Je sus qu'après cette rencontre je ne serais plus jamais le même... Plus tard, elle me livra dans une lettre un peu de ce qu'elle avait ressenti.

« Tu savais que Leonora serait chez elle. Tu venais prendre le thé avec le soupçon que l'expérience serait terrifiante. Tu te lavais les mains trois fois plus que d'ordinaire, tu te demandais pourquoi tu allais chez cette femme guindée et puissante qui te faisait peur. Tu n'arrivais pas à savoir s'il était plus courageux d'y aller ou de ne pas y aller sans rien dire. Mais moi, je faisais déjà mes préparatifs pour pouvoir te pétrifier de respect et savourer ton embarras d'où émanerait une fétidité enchanteresse, capable de faire de moi une déesse pendant un certain temps. Tu es entré dans une pièce parfaitement calculée pour provoquer la claustrophobie, te déplaçant avec difficulté au milieu de mes pièges. Tu te rendais compte qu'il y avait sur ta veste une trace de jaune d'œuf qui commençait à briller comme un soleil couchant devant mes yeux. Désespéré, tu te demandais si ta braguette était ouverte. Tu ne voulais pas, mais je te poussais à t'asseoir sur un divan, entre les deux Anubis de la tapisserie qui le recouvrait. Tout juste te permettais-tu de croiser les jambes, tout autre mouvement te semblait un outrage. Paniqué, tu regardais le thé et les biscuits secs, car tu te sentais observé tandis que tu commettais le délit pornographique de boire et, pis encore, de manger en ma présence... A ce moment un hibou descend par la cheminée et disparaît dans mon corsage. Ton cœur bat avec une compassion infinie parce que tu comprends tout à coup mon état lamentable. A ma manière, je te supplie de me délivrer, une délivrance que toi seul as le pouvoir de me donner. Est-ce donc toi qui mettras le hasard en marche ? »

Cette description, quoique en termes surréalistes, correspond exactement à ce que j'ai ressenti à ce moment. Si l'extérieur de la maison ressemblait à une prison, l'intérieur était le prolongement magique de son esprit. L'artiste peintre était en chaque meuble, chaque objet, en chacune des nombreuses plantes qui poussaient avec exubérance dans tous les coins. Il y avait, assises de-ci de-là, de grandes poupées délicates ; quelques-unes suspendues au plafond, se balançant comme des pendules. Les fauteuils étaient recouverts de tapisseries où brillaient d'étranges symboles. Sur celle qui couvrait le divan étaient dessinés, accroupis, se regardant face à face, deux éphèbes à tête de chien. Autoritaire, Leonora me fit signe, d'une main gantée de blanc, de m'asseoir entre les deux. Puis elle me dit avec un fort accent anglais : « Ejo m'a raconté que, entre bien d'autres choses, tu es professeur de pantomime. Je veux que tu me montres comment tu te déplaces. Ainsi je pourrai mieux te connaître. »

A cet instant précis, je me rendis compte que l'artiste n'était parée d'aucun bijou. Son visage n'était pas maquillé et elle ne portait ni colliers, ni bracelets, ni boucles d'oreilles, ni bagues, ni montre, ni broches. Son vêtement était une simple tunique noire... Devant cette conscience dépouillée d'ornements, la pantomime me parut vaine, infantile, vulgaire. Bouger pour faire semblant de porter des poids, tirer une corde, avancer contre le vent, créer avec les mains des objets imaginaires et des espaces plats, exprimer des sentiments stéréotypés, ou simplement bouger les membres comme un robot, me gêna. J'eus l'impression d'être couvert d'un vieux manteau inutile. Si grâce au travail sur les kôans je me consacrais à nettoyer mon intellect des abstractions pour parvenir au mental pur, je devais en même temps me vider des gestes d'imitation pour parvenir au mouvement pur... Je me déshabillai et dans cet espace d'un autre monde, où le silence se blotissait sous l'air, je commençai à me déplacer sans aucune finalité. Ne faisant qu'un avec mon corps, constituant un mélange d'esprit et de chair, inspiré par les yeux de Leonora, je laissai le mouvement me posséder. Je ne sais combien de temps cela dura. Une minute, une heure ? J'avais trouvé « l'endroit », connu l'extase de me libérer de la domination du temps. Soudain je me laissai tomber sur le divan et, somnolent, comme sortant d'un sommeil profond, je m'habillai. Elle, souriante, susurra : « Silence, ne chassons pas le mystère. » Et, glissant sur la pointe des pieds pour ne pas faire de bruit, elle disparut quelques instants, pour revenir avec deux verres remplis de thé et quelques biscuits. Elle sucra la boisson avec du miel. Puis elle releva la tunique qui la couvrait jusqu'aux chevilles et me montra une petite blessure sur son mollet. Avec la petite cuillère à thé, et une expression enfantine de sorcière, elle gratta la croûte, remplit la cuillère de sang, soigneusement pour ne pas en perdre une goutte, la porta jusqu'à mon verre, vida la matière rouge dans l'infusion et me l'offrit. Je la bus avec la même lenteur et la même attention avec lesquelles on boit dans la cérémonie japonaise du thé. Ensuite elle fouilla dans une boîte ovale, sortit une petite paire de ciseaux et me coupa les ongles des mains ainsi qu'une mèche de cheveux. Elle mit cela dans une petite bourse et la mit à son cou. Elle marmonna : « Tu reviendras ! » Puis nous restâmes muets. Ce long silence fut brisé par les pas de Gaby et Pablo, ses enfants. Dire « brisé » n'est pas juste, j'aurais dû écrire « complété ». Ces deux enfants appartenaient à l'étrange monde de l'artiste. Ils n'étaient pas anormaux, mais différents. Aussi beaux et incompréhensibles que les peintures de leur mère. Chacun, sur le divan, s'assit sur un Anubis en me laissant au milieu. Ils ne furent pas surpris de ma présence et me traitèrent comme s'ils me connaissaient depuis toujours. Je pensai : « Nous sommes frères : dans mon corps circule maintenant le même sang. » Tandis que les enfants dévoraient les biscuits, elle me donna une clé de la maison. Puis elle m'accompagna jusqu'à l'escalier. Pendant que je descendais, elle me dit d'en haut, en guise d'adieu : « Je suis neuf portes. Je t'ouvrirai celle où tu frapperas. »

Cette nuit-là je ne pus dormir. Il était trois heures du matin et mes yeux restaient ouverts. J'étais possédé. Je sentais cette femme dans mon sang comme une barque circulant à contre-courant. « Viens », me disait-elle d'une voix qui semblait venir d'un passé lointain. Je m'habillai, courus dans les rues jusqu'à perdre haleine, ouvris la porte, montai sans bruit l'escalier. D'une pièce qui était son atelier de peinture venait la lumière tremblante d'une bougie et sa voix récitant une litanie. Eldra, le chien de garde, bougeant la queue, me laissa passer sans grogner. Je vis Leonora assise sur un trône en bois dont le dossier était le buste d'un ange. Nue, uniquement couverte d'un châle de prière rabbinique, les yeux fixes, sans ciller, regardant vers l'infini, figure de proue d'un bateau qui émerge d'une civilisation antique, Leonora, hors du monde rationnel, récitait en anglais... Elle parut ne pas me voir. Je m'assis par terre, face à elle. Il ne lui restait que peu de chose d'un individu. Elle me parut être possédée à la fois par toutes les femmes qui avaient existé... Les paroles surgissaient de sa bouche tel un inépuisable fleuve d'insectes invisibles... Je me souviens de quelques-uns de ces vers :

*I the eye that sees nine different worlds and tell the tale of each.*
*I Anuba who saw the guts of Pharoh, embalmer, outcast.*
*I the lion Goddess who eat the ancestors and churned them into gold in her belly.*

*I the lunatic and fool meat for worse fools than I.*
*I the bitch of Sirius landed here from the terrible hyperbole to howl at the Moon.*
*I the bamboo in the hand of Huang Po.*
*I the Queen bee in the entrails of Samson's dead lion.*
*I the tears of the arcangel that melted it again.*
*I the solitary joke made by the snow queen in higher mathematics.*
*I the gypsey who brought the first greasy Tarot from Venus.*
*I the tree of wisdom whose thirteen branches lead eternally back again.*
*I the eleven commandement thou shalt despise no being...*

Je pris à peine conscience de l'arrivée de Chiki. Coiffé d'un béret espagnol (celui qu'il portait jour et nuit), vêtu d'un pyjama à rayures verticales semblable à un uniforme de camp de concentration et chaussé de pantoufles ayant la forme d'une tête de lièvre, large d'épaules, avec une tête de juif – hongrois, russe, lituanien, polonais ? – et un regard de bon chien, ne se formalisant absolument pas de ma présence et me donnant l'impression qu'il me voyait comme un meuble parmi les autres, il posa ses grandes mains sur les fragiles épaules de Leonora et, avec une douceur infinie, la fit se lever pour la conduire, pas à pas, jusqu'à la chambre. Je le vis la coucher sur un lit de bois plus haut du côté des pieds que de la tête... Chiki se coucha dans un autre lit. Leonora, étendue sur le dos, continua de murmurer son interminable poème jusqu'à ce qu'elle s'endorme. J'errai dans toute la maison, plongée dans l'obscurité, telle une ombre sans corps. Le sommeil de Leonora, de son mari, de ses deux enfants, du chien était profond. Personne ne se méfiait de moi. Ma présence leur paraissait naturelle. Soit je n'existais pas pour eux, soit j'étais un fantôme, ou peut-être une poupée de plus. Je me glissai de pièce en pièce, réalisant ce que je souhaitais depuis longtemps : devenir un homme invisible pour observer l'intimité des êtres sans aucun engagement. Dans la chambre matrimoniale, éclairée par la lumière lunaire, je pus voir une grande peinture à l'huile : un portrait de Leonora peint par Max Ernst. Elle, très jeune, très belle, portant une robe vert foncé fouettée par le vent, semblait être à l'affût au milieu d'une forêt d'arbres noirs...

Le jeune Gaby, près d'une pyramide de recueils de poésie, dormait en tenant dans ses bras une princesse en bois qui sur le crâne, en guise de couronne, portait une demi-lune. Sur la table de travail du jeune Pablo, cloué avec des épingles sur une boîte de bonbons, gisait, le ventre ouvert et les viscères à l'air, le cadavre d'un gros crapaud. Plusieurs bistouris et d'autres instruments de chirurgie étaient exposés dans sa bibliothèque, cachant des livres qui enseignaient des techniques de momification. Eldra, réveillé mais somnolent, couché entre les deux Anubis, mâchonnait avec délectation une petite statue de la Vierge de Guadaloupe. Dans l'humide rez-de-chaussée, je découvris un atelier de photographe. Les murs étaient couverts de photographies de baptêmes, de premières communions, d'anniversaires, de mariages et d'enterrements. C'est ainsi que Chiki, l'asocial, gagnait sa vie, en photographiant les groupes où tous avaient le même visage. L'ensemble des portraits ressemblait à une fourmilière. Lorsque l'obscurité commença à s'atténuer et que je cessai d'être une ombre, mal à l'aise dans mon corps dense, je rentrai chez moi.

Trois jours passèrent, pendant lesquels je ne pus rien faire. Couché dans un hamac, je passais les heures, laissant mon esprit, tel l'estomac d'un bovin, ruminer mes expériences dans ce foyer où l'on vivait dans un milieu régi par d'autres lois que celles de la raison.

A cinq heures du matin, un coup de téléphone de

Leonora me réveilla. Elle parla très rapidement et à voix basse, murmurant presque, comme une conspiratrice. « Tu ne t'appelles plus Alexandro. Tu t'appelles Sebastián. Attention : on nous surveille. Pour consolider notre union, nous allons commettre un méfait sacré. Lève-toi et va louer une chambre à l'hôtel Reforma. (Des années plus tard, un tremblement de terre détruisit cet immeuble.) Accepte uniquement la chambre 22. Ne crains rien : par les lois du saint Hasard, cette chambre sera libre. J'y arriverai à neuf heures du matin. Viens habillé de noir, comme si tu étais en deuil. »

Puis elle raccrocha sans me laisser dire un seul mot.

Je pris un bain, me lavai les cheveux, me parfumai, enfilai des sous-vêtements propres et un costume récemment sorti de la teinturerie. En chemin, j'achetai une douzaine de roses rouges et, vainquant ma timidité, mais me raclant la gorge comme un coupable, je demandai la chambre 22, sans aucun espoir de l'obtenir, l'hôtel Reforma étant envahi par les participants d'un congrès de cavaliers. A ma grande surprise, la chambre que je demandai était la seule libre. Je m'y installai, éparpillant les roses sur la courtepointe à rayures multicolores. Je fermai les rideaux afin de plonger dans la pénombre la laideur de l'endroit, ne laissant allumée que la lampe du guéridon, que je couvris avec la taie d'un oreiller afin de transformer son éclat blessant en une discrète aura rosée. Je lavai mes mains, qui ne cessaient de transpirer, toutes les cinq minutes. Mon sexe fut envahi d'une froideur cadavérique. La possibilité d'avoir une érection me parut inaccessible. Les peurs ancestrales de l'inceste avec la mère m'avaient castré. Je pensai à Ejo. Je m'assis en position de méditation et, répétant « *Om* » sans arrêt, je vidai mon cerveau de tout autre mot... A neuf heures précises, sept coups discrets à la porte m'annoncèrent la présence de Leonora. J'essayai de courir lui ouvrir, mais mes jambes étaient engourdies. Je me traînai comme je pus, donnant des petits coups de pied en l'air pour me débarrasser des fourmis qui envahissaient mes muscles et, la bouche sèche, j'ouvris. Face à moi se trouvait une nouvelle Leonora. Vêtue comme moi strictement de noir, mais avec des chaussures vernies en cuir vert, la tête couverte d'un voile, elle se déplaçait avec la grâce d'une gamine de quinze ans. Sa voix aussi avait changé : elle n'avait plus les tons graves d'une prêtresse, mais elle était chantante, imprégnée d'une timidité enchanteresse. Elle apportait deux boîtes cubiques, l'une couverte de papier argenté et l'autre de papier doré... Après que j'eus fermé la porte, elle s'assura que le verrou de sécurité nous protégeait de toute invasion impromptue, puis en murmurant elle me demanda de lui ôter son voile. Ce que je fis, les mains tremblantes, lentement. Pour la première fois je la vis maquillée, de façon discrète mais sensuelle. Elle avait dans sa chevelure très bien ordonnée, en guise de parure, cinq véritables scarabées verts. Nous nous assîmes au bord du lit. Je me rendis compte alors que je m'étais trompé en jugeant ses intentions. Il n'y avait rien de sexuel dans son attitude. Le méfait qu'elle m'avait proposé n'était pas un adultère. Je respirai avec soulagement. Ce que j'éprouvais pour elle n'avait rien à voir avec le désir animal ou l'amour romantique. Mon âme désirait s'unir à son âme. Ma conscience rationnelle désirait s'immerger dans son esprit sans limites. Je voulais seulement goûter le soma de la folie sacrée... Leonora ouvrit ses boîtes. De la boîte dorée elle sortit un crâne en sucre – que les Mexicains utilisent pour fêter leurs morts le 1er novembre – avec un « Alexandro » gravé sur le front. De la boîte argentée elle sortit un autre crâne gravé d'un « Leonora ». Elle me donna celui qui la représentait et garda celui qui portait mon nom. « Nous allons nous dévorer l'un l'autre », me dit-elle, et elle mordit dans sa tête de mort en sucre. Je fis de même avec la mienne. Nous regardant dans les yeux, oubliés du monde, de nous-mêmes, de tout, nous mangeâmes lentement ces crânes. A un moment son visage s'effaça et à sa place je vis le mien. Elle, comme si elle se rendait compte de cette hallucination, me dit : « Désormais, ton visage est mon miroir... » Lorsque nous eûmes terminé notre étrange petit déjeuner, elle mit son voile, un doigt sur ses lèvres couvertes elle exhala un souffle qui m'ordonnait le silence, posa l'un de ses scarabées sur ma main et, sans autre forme de procès, ouvrit la porte et s'en fut.

Le lendemain, Kati Horna m'apporta une lettre. « Elle est de Leonora, me dit-elle. Si tu ouvres la porte de sa maison, je te supplie de ne pas laisser entrer les abeilles, parce qu'elles viennent de Vénus : elles sont capables de la transformer en femme. Si par malheur tu la fais pleurer, tu dois savoir que ses larmes ne sont pas liquides, mais dures et froides, de glace, armées de pointes géométriques qui peuvent la rendre aveugle. » Avec l'enveloppe violette, elle me remit une petite poupée en bois : une déesse barbue, avec des cornes. Après m'avoir mis dans les mains un poisson appelé *huachinango*, qu'elle sortit d'une poche profonde de sa jupe de grosse toile, elle me prit en photo. Ensuite, en reculant, elle s'éclipsa.

Je m'aperçus que mes mains tremblaient. Je lus : « Les empreintes de tes pieds nus ont dessiné devant toi, il y a déjà longtemps, le labyrinthe qui est ton chemin. Ecoute : par nécessité absolue j'ai retrouvé ma mère l'Araignée. Elle a offert à ma langue ses multiples bras velus. Sur chaque poil brillait une goutte de miel. “Lèche !” J'ai obéi. Alors elle m'a confié sa toile pour vêtir mon ombre et la tienne. Viens ! »

Je courus jusque chez elle. L'esprit de Leonora me fascinait. Dans son univers la pensée se concentrait jusqu'à se changer en une pierre obscure submergée dans l'océan phosphorescent d'un inconscient sans entraves.

Une multitude de sentiments et d'êtres étranges peuplaient ces profondeurs, joies semblables à des tremblements de terre, angoisses et terreurs déguisées de belles carapaces, anges aussi fins que d'interminables fils, démons repoussants mais comiques... Dissimulée dans la doublure de l'enveloppe violette, je trouvai une précision : « J'ai découvert les merveilleuses qualités de mon ombre. Dernièrement elle se détache de moi grâce à ses forces volatiles. Parfois elle laisse des empreintes de pieds humides. Mais je l'avoue, à tout moment je dors enveloppée en elle et n'obtiens un réveil qu'en de rares instants. »

Je la trouvai dans son atelier en train de peindre une grande toile. En me voyant elle s'exclama : « Sebastián, ne bouge pas, je veux que tu entres dans mon tableau ! » Là, dans cette toile, je me vis avec un corps étiré, un grand chrysanthème noir à la place de la tête, deux énormes yeux sur la poitrine, pâle, portant sur mes épaules un nain au crâne rond et aplati comme une assiette à soupe. Le petit être au corps bleu pâle indiquait, avec un geste d'hésitation frénétique, trois chemins qui conduisaient vers d'autres espaces... Au bout de deux heures de pose immobile, j'osai bouger pour regarder les autres tableaux qui s'entassaient, appuyés aux murs. Sur l'un d'eux, au milieu d'une ébauche cabalistique, je vis flotter un portrait à l'huile, tellement réaliste qu'on aurait dit une photographie, de la tête de María Félix. Je poussai une exclamation de surprise. Leonora comprit aussitôt : « Ne me crois pas capable de maîtriser un style que je déteste. La célèbre actrice insiste pour payer au prix fort un portrait signé de ma main. Mais je ne sais pas copier la réalité. Elle, elle veut que son portrait soit représenté avec exactitude, millimètre par millimètre. Le reste lui importe peu, elle s'en remet à mon imagination. Tu vois ce trou dans le mur ? Par là, pendant que la diva pose, José Horna, le mari de Kati, l'observe et dessine. Lui n'a aucune imagination, mais en revanche il a une technique incroyable pour reproduire la matière. Comme tu vois, la seule chose qui manque à la tête de María, c'est de parler avec cette voix de scarabée noir qui est la sienne. Je pense lui faire trois corps transparents superposés, au milieu d'une forêt magique. Le contraste entre mon style aux limites diffuses et ce visage dense fera naître un démon angélique. Son âme sera contente avec ma peinture, son narcissisme avec celle de mon ami... Mais ne crois pas que je méprise José. C'est un être extraordinaire, un gitan espagnol aux yeux émeraude. Je l'ai connu il y a bien des années. Il est venu me voir parce qu'à cette époque, étant un humble charpentier, il avait rêvé de moi. Il s'était vu à l'intérieur d'une cathédrale face à une très haute colonne. Regardant vers le haut, il distingua les yeux d'un serpent. Le reptile, lourd et lisse, le corps blanc couvert de messages prophétiques, commença à descendre et, tel un soupir, il passa près de lui. Il prit ma forme. J'ai fait demi-tour et en souriant je lui ai dit : "Je m'en vais, suis-moi toujours." José a obéi au serpent blanc de son rêve. Etant à ma recherche, il est venu avec Kati au Mexique. Il y a de nombreuses années qu'ils sont mes voisins. Elle soigne mes plantes, lui sculpte mes poupées, fabrique mes meubles et les cadres de mes tableaux. Je sais que ses yeux verts appartiennent à la licorne cachée dans le Tarot... »

L'artiste devait remettre le tableau sept jours plus tard. L'actrice devait voyager en Europe et, avant de partir, elle voulait l'installer dans sa luxueuse résidence. Arrivant chaque jour à six heures du matin, j'assistai pendant cette période à une activité fébrile. Tandis que Leonora, afin de laisser les formes couler sur la toile sans son contrôle, bougeait les bras avec un pinceau dans chaque main, peignant autour du célèbre visage deux choses à la fois, elle me posait d'étranges questions, que je recevais comme des kôans surréalistes.

« Tout vit de ma liqueur, je me réveille quand tu dors, si je me lève on t'enterre. Qui suis-je ?

« Nous nous transformerons brusquement en deux hidalgos vénézuéliens buvant du thé dans un aquarium. Pourquoi ?

« Un hibou rouge me regarde. Dans mon ventre se forme une goutte de mercure. Que signifie-t-elle ?

« Un œuf transparent, émettant des rayons comme les plus grandes constellations, est corps, mais aussi boîte. De quoi ?

« Seules d'amères lamentations nous permettront de pleurer une larme. Cette larme est-elle une fourmi ? »

Que pouvais-je lui répondre ? A chaque question qu'elle me posait je me hissais sur la pointe des pieds et laissais danser mon corps.

Au rez-de-chaussée se trouvait un jardin rectangulaire, plein de plantes à fleurs et d'arbres qui s'élevaient jusqu'au deuxième étage. Kati se chargeait de les arroser en même temps qu'elle photographiait chaque fleur, chaque feuille, chaque insecte. Soudain nous l'entendîmes nous appeler à grands cris. Pensant qu'elle avait eu un accident, Leonora, Chiki, Gaby, Pablo, José, le chien et moi nous précipitâmes dans l'escalier en une cohue angoissée. Kati, saine et sauve, photographiait une chrysalide.

« Regardez, c'est l'instant divin ! La chenille se meurt et le papillon est en train de naître. Ce qui est cercueil pour l'un est berceau pour l'autre. Mais si la chenille a cessé d'être, le papillon n'est pas encore. En résumé, il n'y a rien. Je photographie le néant... »

Lorsqu'un insecte couleur de feu s'éleva pour voleter au milieu des fleurs, Kati murmura : « Le néant s'est fait dense. Une nouvelle illusion est née. »

Leonora commenta : « Nous aussi nous devrions nous ouvrir comme la chrysalide, pour surgir tout neufs – les cheveux hérissés semblables à des rayons de lumière –, inimaginablement autres. »

Le portrait fut terminé à temps. La tête de María Félix, d'un réalisme consternant, flottait comme une planète sourde et aveugle sur un triple corps magique. Le monde peint par Leonora vibrait avec extase ; en lui, la tête classique, satisfaite de ses limites, avait l'air d'une prison.

« Je le lui remettrai aujourd'hui, ce soir à neuf heures. J'offre un dîner pour elle et quelques amis. Je voudrais que tu m'aides à la cuisine. »

Leonora, vêtue d'une robe couverte de petites étoiles, enfermée dans la cuisine avec moi comme unique spectateur, commença à préparer le banquet. Dans cinq pots de chambre (neufs, cela va de soi), elle allait servir quinze kilos de caviar, trois dans chacun d'eux. Je fus épouvanté en pensant à la fortune qu'un tel aliment devait coûter. Leonora, avec un sourire malicieux, me montra comment elle le falsifiait : elle versait de l'encre de calamar sur des grains de tapioca cuit. Et ainsi, le plus simplement du monde, elle obtenait un savoureux caviar... Puis elle m'expliqua la confection de sa soupe : « Tout en faisant des incantations ininterrompues d'une voix de lion, je fais ma soupe sur des rochers sauvages en regardant certaines étoiles. Elle se compose d'ingrédients très simples : la moitié d'un oignon rose, un éclat de bois parfumé, quelques grains de myrrhe, une grosse branche de menthe verte, trois pilules de belladone couvertes de chocolat blanc suisse et une grande rose des vents que, par économie, je ne plonge qu'une minute avant de l'extraire. Au moment de servir, j'ajoute un champignon chinois appelé le nuage, qui a des antennes comme les escargots et ne pousse que sur l'excrément des hiboux. »

A neuf heures tapantes, la grande dame arriva. Les

invités, exclusivement des hommes pour éviter que l'actrice ne se sente en concurrence, la regardèrent, paralysés. C'étaient quatre peintres, deux écrivains, un cinéaste, un banquier, trois puissants avocats et moi, le douzième, metteur en scène considéré par tous les autres comme un Martien. Chiki, qui détestait ces réceptions mondaines, s'était réfugié avec ses enfants et les Horna dans la pénombre rouge de son laboratoire photographique... Le tableau resplendissant trônait sur un chevalet, couvert d'un voile, au milieu du salon. Au naturel, María Félix était beaucoup plus impressionnante que sur les écrans de cinéma. Son épaisse chevelure de jais, son visage fin, sa démarche de reine, son attitude virile et castratrice, son enivrante beauté mexicaine, ses bijoux baroques, sa luxueuse robe du soir et, surtout, l'éclat impérial de ses yeux, joint à sa légende de mante religieuse, coupaient le souffle. Un silence testiculaire inonda le lieu. Leonora le rompit en tirant d'un coup le voile qui, tel un immense oiseau, vola au-dessus de nos têtes avant de frapper les vitres de la fenêtre puis de s'évanouir. La Félix, lançant un grognement d'admiration, se plaça face au tableau, exhibant son dos nu. Puis elle tourna lentement et, d'un trône très élevé, ses pupilles projetant un feu invisible, elle nous regarda dans les yeux, un à un, dans l'intention de nous enflammer. Ses yeux s'arrêtèrent sur Eldra. Avec une grande satisfaction, de sa bouche s'exhala une phrase chaude qui se répandit dans l'air comme une couleuvre : « Le chien aussi me désire. »

En entendant cela, je ressentis une émotion semblable à une toile qu'on déchire. Je me souvins de ce que Sara Felicidad, ma mère, m'avait dit lorsque j'avais sept ans : « Après m'avoir mis les yeux au beurre noir (parce qu'il lui avait semblé que j'avais jeté un regard de concupiscence à un client, dans le magasin), ton père m'a violée et je me suis retrouvée enceinte. Depuis, je le hais, et toi, je ne peux t'aimer. Quand tu es né, je me suis fait ligaturer les trompes. » Cruelle constatation : j'avais été un fœtus non désiré. C'est pourquoi j'ai vécu en ayant le sentiment que rien n'était mien. Pour que le monde nous appartienne, nous devons penser qu'il nous désire. Seul ce qui nous désire est nôtre. María Félix, se sentant désirée même par le chien, était une reine, elle possédait tout.

Dès cet instant, je m'efforçai de me convaincre que le monde désirait mon existence, incluant dans le monde l'humanité tout entière, passée et à venir. Mon père et ma mère s'identifiaient à leurs personnalités acquises, à leurs influences familiales, sociales et culturelles. Leurs folles idées (héritées de leurs parents et ancêtres) provoquaient en eux des sentiments négatifs, des désirs malsains et des besoins inutiles... Ils croyaient ne pas m'avoir désiré, ne pas m'avoir aimé. Plus que comme un fœtus, ils m'avaient regardé comme une tumeur. Protégé par le placenta, je reçus l'attaque d'anticorps qui voulaient m'assassiner... Mais la vie qu'on m'avait accordée avait résisté à ces assauts. Quelque chose de mystérieux, de profond, d'immense avait décidé que j'existerais, depuis le commencement des temps. Parce qu'elles désiraient ma présence dans le monde, toutes les forces de l'univers s'étaient concertées pour que je naisse. Chaque être vivant est une victoire du désir cosmique.

Je m'étais approché de Leonora dans l'espoir d'être aimé, cherchant une mère parfaite, comme je l'avais fait à force de cris et de pleurs depuis le berceau. Je réclamais et réclamais, mais croyant que rien n'était mien, je m'abstenais de donner. Si le monde ne me désirait pas, comment pourrait-il recevoir mon amour ? Je n'avais appris qu'à me désirer moi-même, me scindant pour cela en deux ou plus.

Je m'enfuis à la cuisine. L'aspect frivole du monde de Leonora m'étouffait. Quelques minutes plus tard elle arriva, portant une tête de biche en guise de chapeau. « Ne me mens pas, Sebastián. J'ai entendu le voile du temple se déchirer. Maintenant vit en toi une force qui m'est étrangère. Tu vas devoir me pardonner, mais je vais me retirer. J'ai peur que tu lâches une abeille à l'intérieur de mes espaces secrets. » Je compris : notre relation arrivait à son terme. Sans dire un mot, sans regarder en arrière, je descendis les escaliers et sortis de sa maison. A cette époque, le ciel de la ville de Mexico était propre et les étoiles brillaient autant que la pleine lune. Un cri m'arrêta. On aurait dit la plainte d'un oiseau auquel on arrache les entrailles. « Arrête-toi, Sebastián ! » C'était Leonora qui, ayant couru pour me rejoindre, tout en avançant s'était peu à peu dévêtue. Son corps, baigné dans cette lumière spectrale, était d'argent. Elle me dit, d'une voix si douce qu'elle paraissait venir d'une ruche plus vieille que la Terre : « Avant que tu t'en ailles je veux que tu saches que ton apparition, absolument essentielle pour moi, dépasse les limites personnelles, les corps célestes qui brillent dans les cavernes des dieux animaux, ce que murmure dans mes cheveux la mante religieuse. Elle dépasse cela et, peut-être plus encore, toujours sous la menace du corps humain. Je parle submergée dans le temps. Ce cordon ombilical n'existe que si nous permettons son existence. Tu peux toujours le couper, mais dans la mesure où tu le voudras il sera là. Pour toi, je suis exactement ce que tu désires. Mais ne crois jamais que tu peux me perdre si mon rôle change à ton égard. Cela pourrait arriver, parce que je peux aussi être ta grand-mère barbue et sans dents ou ton spectre, ou encore un lieu indéfini. Si un jour je me retire, pour des raisons humaines ou non humaines, tu ne dois jamais avoir peur de me chercher, parce que tu sauras toujours me trouver quand tu le souhaiteras. Plus tard, nous communiquerons de manière si parfaite que les terreurs et les faiblesses se transformeront radicalement en ponts. En attendant, les sentiers restent chauds et ouverts. Si par hasard tu coupes pendant un temps la communication ordinaire, je serai ici chaque fois que tu le voudras, parce qu'en aucune façon les éléments souterrains ne dépendent de notre volonté. » Inquiet je lui répondis : « Couvre-toi Leonora, quelqu'un peut passer. » Elle se courba comme si je lui avais donné un coup de poing dans le ventre et murmura : « Tu ne le comprends pas encore : je suis la Lune »... Chiki arriva, apportant un manteau d'astrakan. Sans daigner me regarder il la couvrit et, la prenant délicatement entre ses bras, pas à pas, comme s'il portait une amphore ouverte pleine d'un précieux liquide, l'emmena. L'aube commença à poindre. C'était l'heure où Ejo Takata se levait pour méditer. Je pris un autobus qui arrivait, plein d'enfants. Avec leurs petits arcs ils commencèrent à me lancer des flèches. Une idée me vint tout à coup à l'esprit : « Je suis un saint Sébastien traversé par les kôans. » Furieux, je retournai au *zendô*.

# 4

## *Un pas dans le vide*

« Ceci est un lieu sacré..., gémit le berger.
– Tant mieux. Ainsi, dans le silence, la balle fera plus de bruit. »

Silver Kane, *¡No habrá tiros !*
(Il n'y aura pas de coups de feu !)

Ejo me reçut avec une courbette. « Leonora t'a posé au sommet du mât le plus haut. Que feras-tu pour continuer à avancer ? » Le sang me monta au visage. Je répondis avec colère : « Tête baissée, je descendrai jusqu'à toucher terre. » Le Japonais hésita entre approbation et désapprobation.

« Ta réponse peut être correcte si tu as l'impression qu'en grimpant au mât tu vas à la recherche d'une illusion. Tu penses : "Il n'y a pas d'au-delà, tout ce qui est doit être ici", et tu reviens. Mais quelle est la véritable nature de cet "ici" ? Le monde n'est-il pas aussi une illusion ?... Au contraire, si étant à la pointe du mât, à l'extrémité où le pensable se dissout dans l'impensable, tu crains l'obscurité de l'âme et pour cette raison reviens au sol, au connu, à la misère du piège rationnel, ta réponse mérite des coups de bâton...

– Ejo, cesse de jouer avec moi au chat et à la souris et

dis-moi tout de suite la réponse que donnent tes maîtres !

– Ils disent : “Pour avancer, je fais un pas de plus, dans le vide.” Ils osent continuer à grimper, ils prennent le risque de pénétrer dans l'inconnu, où il n'y a ni indications ni mesures, où le moi s'efface, où la conscience s'élève au-dessus du monde, sans essayer de le changer, jusqu'à percevoir ce qui n'est pas paroles. Là, tu n'as pas de définitions, rien, tu n'es que ce que tu es sans te demander qui tu es, sans te comparer, sans te juger, sans soif d'honneur. Tu comprends ? »

Je répondis, sarcastique : « Je comprends, Ejo ! Mon être véritable, éternel et infini, sait tout ! Mes innombrables poches sont pleines, je n'ai besoin de rien ! »

Pour me calmer, le moine me fit mettre à genoux et il me donna trois coups sur chaque omoplate avec son *kyosaku.* Quand, imitant la modestie, je joignis les paumes des mains et inclinai la tête, il grogna : « Puisque c'est ainsi, résous ce kôan : “Comment fais-tu pour éteindre une lampe qui se trouve à mille kilomètres de distance ?” »

La réponse me vint après une concentration angoissante : « Je tends un bras qui a mille kilomètres de long ! »

Je ne sus si Ejo me regardait avec pitié ou mépris. « Tu crois comprendre, tu es malin, mais l'ambition t'aveugle. Dans ta réponse tu insinues : “Mon esprit n'a pas de limites, il peut atteindre l'infini”, sans te rendre compte que tu places la lampe hors de toi. Tu la penses, mais tu ne l'es pas ! »

Je me rendis compte de mon erreur. J'eus honte.

« Quelle est la réponse du livre ?

– “Sans dire un mot, le disciple lève une main et, tambourinant du bout des autres doigts sur le pouce, il imite une flamme. Puis il souffle dessus, faisant comprendre qu'il l'éteint." Il n'y a pas de distance. La lampe est son mental. Lorsqu'il l'éteint, il s'éveille.

– Il y a quelque chose que je ne comprends pas : pourquoi dois-je éteindre une lampe qui pour moi est le symbole de la connaissance, de la tradition ?

– Les symboles n'ont pas de signification définitive, ils changent selon le niveau de conscience de celui qui les examine et le contexte culturel où ils apparaissent. La lampe dont on parle ici n'est pas portée par un bouddha, elle se consume dans une pièce lointaine et il n'y a personne qui puisse l'éteindre, ce qui est une perte de combustible. La sagesse que tu appelles "traditionnelle" est loin de ton essence, elle brille sans rien éclairer en toi. Si tu es une nuit insondable, tu n'as pas besoin de théories qui t'éclairent. Ces "enseignements" corrompent ton obscurité. En devenant un érudit, tu allonges ton bras de mille kilomètres, t'éloignant de plus en plus de ton centre. L'intellect qui brûle inutilement, et que tu ne sais pas éteindre, est constitué de définitions nées de la peur de l'impensable... Le kôan suivant fait précisément référence à cela : "Une catin sauva un esprit du monde de la souffrance en remplissant une tasse avec de l'eau, puis en enlevant ses colliers et bracelets pour les y plonger. Et toi, comment le sauverais-tu ?" Réponds !

– La réponse me paraît évidente, Ejo. Je le sauverais en me détachant de ce dont je me pare : pensées opportunistes, sentiments vaniteux, luxes inutiles, autodéfinitions indulgentes, exhibition de médailles et de diplômes...

– Assez ! Une fois encore tu remues la surface en croyant fouiller en profondeur. Ecoute la réponse traditionnelle : "Le disciple imite le visage angoissé d'un esprit et, joignant ses mains, il clame : S'il te plaît, sauve-moi !"... L'esprit que la courtisane voit est sa propre image. Toute pomponnée pour conquérir les clients, elle se défait de ses parures et les jette à l'eau qui lui renvoie le reflet de son visage. En se séparant d'eux, les considérant semblables au reflet, la prostituée réprime ses désirs, la séduction lui paraît inutile, son illusoire individualité disparaît... Bouddha, voyant le présent comme le monde de la souffrance où l'ego est amarré par ses désirs, a décrété sa vacuité. Abhorrant la maladie, la vieillesse et la mort, il décida d'échapper à la roue des réincarnations et de ne plus jamais renaître... Mais cette illusion qu'on appelle ego ne pourrait-elle être un élément nécessaire à la réalisation parfaite, ne pourrait-on considérer la naissance comme une fête, la vie ne pourrait-elle être le bonheur, ne pourrait-on accepter que l'existence éphémère soit un degré de l'existence éternelle ? Si l'impensable Dieu est en tout, la souffrance n'est rien de plus qu'un concept et la Conscience un trésor qui nous est éternellement accordé. On ne peut perdre que ce qui n'est pas soi-même. On est ce qu'on est pour toujours. Tandis que les corps vieillissent, l'esprit apparaît peu à peu. Le temps est notre ami, il nous apporte la sagesse. La vieillesse nous apprend à ne pas nous accrocher à la matière. Les rives d'un fleuve n'essaient pas d'immobiliser l'écoulement de l'eau. Pourquoi craindre les maladies ? Elles sont nos alliées. Les maux corporels, en nous révélant des problèmes que nous n'osons pas affronter, soignent les maladies de l'esprit. Peur de perdre notre identité ? La somme de toutes les identités est notre identité. Peur d'être abandonnés ? Si nous sommes avec nous-mêmes, nous sommes accompagnés. Peur de ne pas être aimés ? La liberté, c'est aimer sans demander qu'on nous aime. Peur d'être enfermés ? L'univers est notre corps. Nous contenons tout. Peur de l'autre ? Il est notre miroir. Peur de perdre un combat ? Perdre un combat, ce n'est pas se perdre soi-même. Peur de l'humiliation ? Si nous vainquons notre orgueil, personne ne peut nous humilier. Peur de la nuit ? La nuit est toujours unie au jour. Peur d'être stériles ? L'âme est notre fille suprême. »

Ejo Takata s'arrêta et éclata d'un rire tonitruant. Puis il ouvrit son éventail et se mit à l'agiter. « Je suis tombé dans le piège, j'ai vomi des paroles. J'ai la langue sale. Et toi, les oreilles. Viens à la cuisine. J'ai une bouteille de bon saké. Nous allons boire en nous livrant à la seule réponse valable pour toutes les questions : le silence. »

Nous avons religieusement chauffé l'alcool de riz et, à mesure que nous le buvions, notre mutisme s'épaississait. Dans ce silence dense, je vis Ejo plus japonais que jamais. Ses yeux bridés me regardaient avec une intensité de saurien. Ce fut peut-être quelque chose de réel ou bien l'effet de l'alcool, je ne sais pas, le fait est que tout à coup je sentis que son esprit, tel un animal rapace, s'emparait de mon cerveau. Je secouai la tête avec violence. « Arrête de lire dans mon esprit ! »

Ejo se laissa tomber sur le dos, il leva les jambes et lança un pet qui fit trembler les murs de papier. Puis, prenant le livre secret, il lut : « Il y a longtemps arriva de l'Inde dans la capitale de Chine le mage Daiji. Il dit qu'il possédait le rare pouvoir de lire dans les esprits. L'empereur Daiso ordonna à son vieil instructeur, Etchu, de vérifier les dires du moine. Lorsque Etchu se trouva devant l'étranger, celui-ci s'inclina et fit un pas sur la droite. Etchu lui dit : “Si tu as le pouvoir de lire dans les esprits, dis-moi où je suis maintenant.” Daiji répondit : “Vous, le maître d'une nation, comment pouvez-vous aller au fleuve Ouest pour regarder une course de barques ? – Dis-moi où je suis maintenant !” dit de nouveau Etchu. “Vous, le maître d'une nation, comment pouvez-vous rester sur le pont Tenshin à regarder les singes s'adonner à leurs facéties ?... – Dis-moi où je suis maintenant !” lui dit Etchu pour la troisième fois. Après avoir essayé pendant un long moment, le mage ne put découvrir le maître. Etchu lui cria : “Pauvre renard, où est ton habileté à lire dans les esprits ?" Daiji ne répondit pas. Alors Etchu dit à l'empereur : "Votre Majesté, ne vous laissez pas embobiner par des étrangers..." »

Ejo ferma le livre et me cria : « Maintenant, toi, réponds ! Où était le maître ? »

Les vapeurs de l'alcool se volatilisèrent. Je sentis une onde froide parcourir mon corps. Ejo m'avait pris par surprise. Une multitude d'explications se bousculèrent dans mon esprit. Exagérant mon ivresse, je parlai précipitamment, découvrant ce que je pensais au fur et à mesure que j'entendais mes propres paroles. « Je vois un palais monumental, de fins vêtements de soie, des intendants, des concubines, des prêtres, des banquets exquis, des guerriers implacables, des musiciens sublimes et, au-dessus de ce monde bigarré, l'imposante figure de l'Empereur, un homme d'Etat génial, le plus puissant des hommes. Mais le grand mandataire, capable de faire et de défaire le monde, se comporte comme un enfant devant son maître. Que peut enseigner un sage à celui qui possède tout ? Peut-être lui apprendre à mourir... De l'Ouest, région mystérieuse où se cache le soleil, arrive un mage que son habit définit comme sacré, précédé d'une réputation si grande qu'il parvient à être reçu par l'Empereur. Que veut-il ? Assurément, grâce à sa faculté de lire dans les esprits, fasciner l'Empereur et devenir le conseiller de la nation en supplantant le vieil instructeur. Le chef d'Etat, grâce à cette astuce qui lui a permis d'obtenir le pouvoir, se rend compte de l'audacieux projet du mage. Si celui-ci peut lire ses pensées, cela n'indique en rien ses qualités morales. Il décide de le mettre à l'épreuve en confiant la tâche à Etchu, son instructeur spirituel. Première déroute pour le mage : on lui refuse le contact direct avec sa proie impériale. On le met devant l'esprit le plus développé du pays. Lorsque le vieux sage est face à lui, il s'incline, révérence qui pourrait être sincère, mais en même temps il fait un pas sur le côté droit et de cette manière montre son hypocrisie, puisqu'il refuse la rencontre face à face. Etchu, comme tout maître zen, a médité presque toute sa vie, il a réduit ses besoins, apaisé ses passions, rempli son cœur de paix, cessé de s'identifier à ses pensées, il sait que les mots ne sont pas ce qu'ils désignent, il n'a pas de mental personnel, en lui se manifeste l'esprit universel, sans rien posséder il sait être responsable et par conséquent serviteur, à travers l'Empereur, de la nation et, à travers elle, de toute l'humanité. Sa tâche ne sera achevée que lorsque tous les êtres vivants auront atteint la Conscience suprême. Pour démasquer ce mage qui se croit malin, mais qui n'est capable de capter que des images illusoires en les prenant pour certaines, il crée un fleuve sur lequel a lieu une course de barques. De même que le fromage attire les souris, les compétitions, sportives ou guerrières, attirent les humains qui ne se sont pas libérés de leur égoïsme. Lorsqu'il capte qu'Etchu délaisse les intérêts du pays pour aller parier loin de la cour, Daiji l'accuse d'être un mauvais instructeur afin de le discréditer aux yeux de l'Empereur et prendre sa place. Au fond, le maître est demeuré, comme toujours, là où il est, car son mental n'est pas un objet qui va ou vient ; c'est l'esprit du devin qui a été envoyé au fleuve Ouest. Puis il crée une image de lui-même en train d'observer des singes. Les facéties que font ces singes ressemblent aux comportements humains. L'homme vulgaire est un imitateur : sans arrêt, tel un rapace, il épie les idées des autres pour se les approprier, sans les avoir vécues. Le sage met un miroir devant l'esprit imitateur du mage. "Comment est-il possible qu'une personne qui a une charge aussi importante soit allée regarder les pirouettes des singes !" s'exclame Daiji sans se rendre compte qu'Etchu, à cet instant précis, est face à lui en train de regarder les pirouettes simiesques que fait son esprit "omniscient"... Sans prendre conscience de cela, avec cette deuxième preuve, le mage a la certitude d'avoir triomphé. Il pense que, où que se rende le vieil homme, il saura le trouver. Sa vanité lui fait croire qu'il possède déjà la volonté de l'Empereur... Alors Etchu passe aux choses véritables. Il efface de son esprit toute parole, toute image, tout sentiment, tout désir, tout besoin. Il ne va nulle part, il est tout sans que rien lui appartienne, il est là et là-bas, partout à la fois, l'ego s'efface, le miroir disparaît... Perplexe, le mage ne trouve rien dans ce mental qui le reflète, ses tergiversations se perdent dans un abîme. Il ne peut lire un esprit individuel qui n'existe pas...

« C'est un piège, Ejo ! Si tu me demandes où est allé le maître, tu méprises mes capacités de compréhension. Nous n'allons nulle part, nous ne sommes pas l'image de nous-mêmes que nos sens fabriquent. Il n'y a pas un acteur qui se déplace par rapport à un spectateur. L'unité exclut toute dualité, tout déplacement. »

Ejo fit claquer son éventail fermé sur la paume de sa main gauche. « Bravo ! Tu ressembles à un gigantesque rouleau compresseur qui démolit tout. Mais que me dis-tu maintenant ? »

Et, disant cela, il me tordit le nez. Je criai de douleur et le poussai, offensé. Moqueur, il me dit : « S'il n'y a pas d'existence individuelle, qui a crié, qui m'a poussé ? »

Sans me laisser répondre – il savait que je n'avais pas encore atteint le niveau me permettant de trouver la réponse – il poursuivit : « Avant tout, en expliquant avec autant de détails la situation, tu t'es placé en position de maître et tu m'as parlé comme si j'étais un élève. Bon exemple de vanité. En second lieu, tu es tombé dans le piège de l'idéalisation de l'instructeur. Tu l'as décrit comme un être parfait en enlevant ses capacités au mage. Dans notre livre, lorsqu'on demande au disciple : "Où est allé le maître ?", lui, avec une expression insultante, s'exclame : "Quel méprisable incapable !" Suit un commentaire qui peut te laisser perplexe : “Lorsque Etchu est découvert à deux reprises par Daiji, la haine ronge tout son être.” Dans ta version, tu as commis l’erreur de supposer que seul le mage peut lire les pensées que le maître a évoquées pour le mettre à l’épreuve. Le commentaire suggère quant à lui qu’Etchu a agi les deux premières fois en étant imbu de son rôle de professeur de l’Empereur. C’est l’instructeur de la nation qui a mis Daiji à l’épreuve, c’est-à-dire qu’Etchu ne s’est pas comporté comme lui-même. Lorsque la première fois il se voit surpris, sa dignité reçoit un coup, il s’offusque. La deuxième fois, il questionne, l’esprit troublé par la colère. Raison pour laquelle Daiji peut à nouveau lire dans son mental. Ce n’est que la troisième fois qu’Etchu, se rendant compte de son erreur, abandonne le concept officiel qu’il a de lui-même et se défait du désir de satisfaire l’Empereur, c’est-à-dire qu’il abandonne toute pompe courtisane pour être simplement Etchu. Il entre dans l’état de non-mental. Ce qui n’est pas disparaître entièrement, mais se séparer du passé et du futur pour n’être rien d’autre que le mental du moment… S’il fait chaud, chaud. S’il fait froid, froid. Le mental ne crée pas de problème en dehors de la situation présente. Il répond à la situation d’une manière absolument immédiate. Ce qui n’exclut pas la sensation gênante de chaleur ou de froid, mais l’esprit ne reste pas à ruminer ces sensations quand la stimulation a pris fin. Tu comprends ? Allez, tords-moi le nez ! »

Avec difficulté, parce que son appendice nasal était tout petit, je le lui tordis. Il lança un grognement de douleur. Il fit un bond en arrière. Puis il sourit, sans la moindre rancune. « Quand j’ai mal, la douleur occupe mon mental. Quand je n’ai plus mal, aucune douleur n’occupe mon mental. Etchu se fait insulter parce qu’il insulte le mage. En le traitant de “pauvre renard”, il lui nie le pouvoir de lire les pensées. Au lieu de s’accepter illimité, de nouveau il retourne à sa qualité d'instructeur impérial. La haine l'envahit. Quel méprisable incapable ! Nous devons remercier celui qui nous met dans une situation compromettante en dénonçant nos faiblesses, parce qu'il nous donne l'occasion de nous approcher davantage de ce que nous sommes vraiment... Enfin, dis-moi très vite, quelle est la principale faiblesse ? »

La question d'Ejo – comme toutes ses questions, toujours lancées abruptement, comme des coups de feu, juste au moment où mon mental, absorbé par d'autres questions, ne les attendait pas – me déconcerta. J'eus la sensation de tomber d'un sommet onirique vers le sol plat de la réalité... Les faiblesses se présentèrent à moi sur plusieurs niveaux : les morales, les physiques, les sexuelles, les émotionnelles... Une avalanche d'écueils m'arriva dessus, je me sentis faible dans mon essence même. Devant la mort inéluctable, qui pouvait se vanter d'être fort ? Dans un filet de voix, je répondis : « Ma plus grande faiblesse est d'être né. »

Jamais je ne pourrai décrire le regard que me lança Ejo. Il dura quelques fragments de seconde, mais il me réduisit en poussière. Je pris conscience de ma profonde ignorance. Au lieu d'être reconnaissant de cette révélation, comme Etchu, la colère me submergea. J'eus envie de donner des coups de poing à ces yeux de cobra.

Ejo, sans se troubler, avec la douceur qu'on emploie pour parler à un enfant, me susurra : « Quel méprisable incapable ! »

A ce moment, brusquement, je crus comprendre le kôan. Je sentis dans ma chair ce qu'avait expérimenté Etchu... Je dominai ma colère. Je joignis les paumes de mes mains et inclinai la tête.

« Merci, *sensei.*

– Foin de courbettes, nous n'avons pas encore assez creusé ! Il y a ici un kôan capable de te précipiter dans le véritable abîme. Ecoute : “Pourquoi, dans un temple de Kyoto, y a-t-il un chat sur le tableau qui représente le Bouddha entrant au nirvâna ?” »

Je répondis par une série de questions : « Le chat habite-t-il le nirvâna ? Appartient-il au Bouddha et l’accompagne-t-il ? Arrive-t-il là tout seul et tombe-t-il alors sur l’Eveillé ? Est-ce une réponse au kôan de Joshu : “Oui, le chat a la nature de Bouddha !” ? Ou est-ce un pur symbole ? Ces félins voient dans l’obscurité, ce sont des chasseurs nocturnes. Le Bouddha a vu dans la nuit obscure de l’âme, il a percé tous les mystères... Mais si on le peint en train d’entrer au nirvâna, cela veut dire qu’il n’y est pas encore. Peut-être le chat symbolise-t-il la nature animale dont le Bouddha ne s’est pas encore défait. Lorsque le chat disparaîtra, Bouddha occupera pour toujours le centre du nirvâna. Ou bien, à l’inverse, le véritable Bouddha est le chat, nature animale, et le Bouddha l’un de ses rêves. Cela veut-il dire qu’il n’y a pas un Bouddha spirituel, que ce qui s’éveille, c’est notre corps, lorsque nous nous reconnaissons comme de simples animaux ? »

Ejo respira comme s’il était en train de s’étouffer et se mit à s’éventer à une extrême rapidité. « Quel torrent de mots ! Par ta bouche délire le saké. Laisse le silence te museler et écoute ce que le bon disciple répond au maître dans le livre secret : “Et pourquoi n’y a-t-il pas une souris ici ? Et pourquoi n’as-tu pas une épouse ?” Lui ne tombe pas dans le piège. Toi, en revanche, tu vis noyé dans tes spéculations. Et pourquoi n’y a-t-il pas une souris ou un moine à visage de grue, ou un cheval blanc dévoré par les religieuses, ou un cœur avec huit pattes de feu, ou une montagne d’excréments donnant naissance à des papillons ? Et pourquoi n’as-tu pas une épouse, n’as-tu pas une araignée de mille kilos, n’as-tu pas une mère qui vole contre le vent ? Simplement, il y a un chat dans cette peinture parce que le peintre a peint un chat ! Combien de chats, de bouddhas et de nirvânas charries-tu dans ton mental ? »

Ma bouche se sécha. Je sentis que je ne pourrais jamais plus prononcer un mot sans dégoût. Je pris un coussin noir, montai les escaliers et m'assis au milieu de la terrasse, les jambes croisées et les mains ouvertes, paumes tournées vers le ciel, pour regarder naître l'aube. Je voulais que cette claire lumière nettoie tout ce que charriait ma mémoire... L'illusoire Tocopilla, édifié sur la roche, accablé par la chaleur, transpercé par la soif, comprimé entre la Cordillère et la mer, avec sa bibliothèque municipale, quarante mètres carrés, des murs couverts de livres, l'espace où j'ai passé mon enfance, sans amis, sans l'affection de mes parents, lisant n'importe quoi pour remplir ma solitude, premier nirvâna qui m'a poursuivi toute ma vie. Je suis allé par-ci par-là, Santiago, Paris, Mexico, transportant des cartons avec des tonnes de livres, recréant le nostalgique espace enfantin... L'intérieur des théâtres, autre nirvâna. La scène et les fauteuils vides, la petite lampe de service déversant une lumière blafarde, le silence grave comme usurpé d'un temple, la rupture absolue avec les chagrins du monde. Territoire personnel, palais privé, un nirvâna qui au moment des représentations se peuplait de chats et de chattes. Actrices capricieuses, divas égolâtres, critiques envieux, syndics voleurs, fonctionnaires corrompus... Je les ai attirés, cherchés, provoqués, intégrés à ma vie en voulant devenir un artiste célèbre, puis un sage adulé et séducteur. Ombre qui poursuit l'ombre, désirs de m'élever jusqu'à parvenir au sommet public, qu'on m'applaudisse, qu'on me regarde sans sourciller, qu'on me donne des prix, que le maître me déclare *roshi*, que Dieu Lui-même pénètre par mon nombril et m'insémine afin que je puisse donner le jour à un esprit parfait... Voilà ce que j'ai été jusqu'à présent : un peintre de bouddhas et de chats entrant maintes et maintes fois dans un inaccessible nirvâna sans jamais arriver à son centre !

J'essayai de pleurer, j'essayai de vomir, impossible. Dans mes jambes s'agita une armée de fourmis. Le ciel était rouge. Mes yeux, gonflés de sommeil, me piquaient. Je me sentis vide, mais pas propre. J'avais été à la fois un spectateur et un acteur, l'un et l'autre malades. Le kôan avait emporté comme une bourrasque les nuages sombres qui empêchaient le spectateur de se savoir impersonnel et illimité. L'acteur était pourtant toujours le même. Me voir ignorant, vaniteux, et tant d'autres misères, me faisait souffrir. Je sentais dans ma poitrine un creux insupportable. Je n'avais jamais été capable d'aimer parce que je ne savais pas m'aimer.

Sans que je m'en rende compte, peut-être à cause de la fatigue de l'insomnie, mon corps descendit au *zendô*. Soudain, je me retrouvai face à Takata, assis sur son estrade, qui méditait. Je me permis de l'interrompre : « Ejo, je m'en vais pour toujours. Je suis une saleté. Je ne mérite pas ton amitié... »

Le Japonais, comme s'il ressentait ma tristesse dans sa propre poitrine, posa les paumes à la hauteur du cœur et me proposa un nouveau kôan. « Quand maître Kyo-o abandonna son monastère de la montagne, il reçut un feu comme cadeau de départ. Comment a-t-il pu l'emporter ? »

Sans répondre je sortis de la petite salle de méditation et, m'asseyant devant la porte qui donnait sur la rue, je commençai à mettre mes chaussures. A quoi me servirait-il de répondre ? Quoi que je dise, le maître se moquerait de moi. Si la seule réponse possible à un kôan ne se donne pas avec des mots, mais avec l'attitude intime qui consiste à vivre pleinement dans le présent, pourquoi donc se donner la peine de résoudre des questions absurdes ? Je me sentis frustré. Je ne pouvais m'empêcher de penser que ce feu qu'on avait offert à Kyo-o était l'éveil spirituel, qu'il acceptait en le réalisant... Il ne quittait pas le monastère en manifestant un rejet, bien au contraire, il le laissait de la même façon qu'un papillon abandonne l'inutile cocon où, étant chenille, il a réalisé sa métamorphose. Kyo-o était un vainqueur. Moi, un perdant... Qu'est-ce que l'éveil ? Chacun a la possibilité de trouver ce qu'il connaît, mais comment trouver ce qu'il ignore entièrement ? En réalité, j'avais cru à la possibilité d'obtenir quelque chose d'intangible en l'imaginant comme un objet, un merveilleux cadeau, un feu qui remplirait mon mental en consumant tout, mes concepts, l'image de moi-même, ma réalité fondée sur des mirages... Mais Ejo Takata, hormis des coups et des sarcasmes, ne m'avait rien donné. « Je ne suis rien, je ne sais rien, je ne peux rien. » Je me mis à pleurer de façon convulsive. Ejo Takata me caressa la tête.

« Sais-tu ce qu'a fait Kyo-o lorsqu'on lui offrit un feu comme cadeau d'adieu ? Il a ouvert une manche de son kimono en disant : "S'il vous plaît, mettez-le ici." Parfois, donner, c'est savoir recevoir. Parfois, offrir, ce n'est pas donner. Et qui peut te donner ce que tu as déjà ? L'éveil est-il donc une pièce de monnaie qui passe de main en main ? Comment peut-on offrir un feu sans le bois qui le produit ? La vie est l'huile qui imprègne la torche et cette torche, c'est toi ; c'est toi qui brûles. Lorsque tu te consumeras, n'étant plus ni bois ni flammes, tu redeviendras cendres, poussière que le vent éparpillera. Et ces cendres seront semblables aux miennes, à celles de Kyo-o ou à celles du Bouddha... Avec toute ton énergie tu as cherché à posséder quelque chose. As-tu une fois accepté ?

– Ejo, en vérité ma tête est pleine et mon cœur vide. J'ai perdu la capacité de recevoir sans entraves, en me privant de ce feu que le mot "éveil" a perverti. Je désire changer, mais je ne me demande pas pourquoi je veux changer ni en quoi je veux me transformer. J'essaie d'éliminer les symptômes, non la cause de la souffrance. Dans la gamme des douleurs, je choisis la moindre. Je n'imagine pas me sentir bien, j'aspire seulement à ne pas être très mal... Et qu'en est-il de la joie de vivre ? Chaque nouveau jour réussira-t-il un jour à être une fête ? Résoudrai-je le principal kôan, accepter de mourir ? Pourrai-je dire comme le vieux mendiant : "Je suis bien plus que Dieu parce que je ne suis rien" ?... Sincèrement, je ne le crois pas. »

Je murmurai un triste « *Arigato* » (merci) et quittai le *zendô*, décidé à ne plus revenir.

Tandis que je rentrais chez moi par l'interminable avenue Insurgentes, un garçon brun, efféminé, qui n'avait pas plus de quinze ans, vêtu d'un pantalon moulant et d'une chemisette sans manches, s'approcha de moi avec un sourire ambigu : « Si tu me donnes vingt dollars, je suis à toi. » La rage que j'accumulais en cachette à cause de mes échecs dans le zen m'envahit comme une mer houleuse. J'envoyai au pauvre garçon un coup de poing dans la poitrine. Il tomba assis. Lorsqu'il se leva, je le poursuivis sur près d'un pâté de maisons en lui envoyant des coups de pied au cul. Puis, encore furieux, je poursuivis mon chemin en parlant seul : « Je mérite moi aussi qu'on m'envoie des coups de pied au cul ! Je suis une pute spirituelle attendant que Bouddha vienne me posséder et qu'en paiement il me donne un éveil ! Ça suffit ! Méditer, immobile comme un cadavre, ne me sert à rien ! Je dois être sincère avec moi-même : je dois avouer ce que je cherche vraiment. »

Le jour même, les frères Gurza, propriétaires de nombreux animaux qu'ils louaient aux studios de cinéma de Churubusco, nimbés à leur habitude dans la fumée de la marijuana, me communiquèrent : « La Tigresse t'a vu en photo dans une revue. Elle dit que tu lui plais. Elle veut te connaître. » Je fus terrorisé : Irma Serrano était une célèbre chanteuse de variétés mexicaine, d'une étrange beauté obtenue par de nombreuses modifications corporelles, millionnaire et, d'après la rumeur populaire, maîtresse du président de la République, qui avait perdu un œil car, lors d'une crise de jalousie, elle lui avait brisé une chaise sur la tête. Malgré ma peur, je décidai d'aller lui rendre visite, le soir même, dans son théâtre. « Peut-être la Tigresse est-elle ce que je cherche : une femelle féroce qui m'aidera à prendre racine dans ce Mexique qui me fascine tant ! »

# 5

## *Les coups de griffes de la Tigresse*

> « Sa voix était grinçante et âpre. On aurait dit le bruit du couvercle d'un cercueil mal fabriqué. »
>
> Silver Kane, *La hija del espectro* (La fille du spectre)

Derrière la vétuste Poste centrale, au milieu des bistrots, des salles de billard, des vastes fruiteries et des abominables immeubles d'appartements, ouvrait ses portes, telle une fleur absurde, le théâtre Frou-frou... Au fond d'un long corridor dont les murs étaient couverts de photos de la Tigresse, se dressait un cercueil grillagé : le guichet. A l'intérieur, Gloria, une cousine de la vedette, comptait la recette de la représentation déjà commencée. A ma grande surprise – on ne nous avait jamais présentés –, elle sortit de sa cage et m'embrassa avec enthousiasme. « J'ai appris ce qui est arrivé avec ton film au festival d'Acapulco. Le public voulait te lyncher. Bravo ! La patronne sera très contente de te voir, elle adore les scandales ! »

Elle m'accompagna dans le théâtre. Avec fierté elle me montra un vaste salon-bar, décoré dans le « style français », où régnaient deux couleurs : le grenat et le doré. Des angelots, des motifs floraux, des fauteuils Louis XV, des palmiers nains, des rideaux de satin, des affiches frivoles et, au milieu de ce bric-à-brac, une statue d'un mètre quatre-vingts de haut, représentant la Tigresse nue. Le buste étroit, les bras filiformes et les hanches volumineuses reposaient sur deux jambes colossales. Un tel mauvais goût me parut comique, mais le rire mourut sur mes lèvres quand Gloria, me montrant un endroit du sol, me dit : « Là-dessous sont enterrés trois moutons que ma patronne, pour obtenir la prospérité, a égorgés au cours d'une cérémonie en l'honneur de Satan. Depuis, toutes les représentations ont eu lieu à guichet fermé. »

Aussitôt elle me fit entrer dans la salle et m'offrit un siège ; les fauteuils étaient occupés par un public d'aspect populaire, des hommes pour la plupart. Il flottait une odeur d'aisselles et d'encens d'église. « C'est le dernier acte de *Nana*. Une prostituée, entretenue par des comtes et des banquiers, vit dans le luxe, mais à la fin tous l'abandonnent parce qu'elle attrape la vérole... Quand la représentation sera terminée, je t'emmènerai dans sa loge. »

Nana, dans une chambre misérable, étendue sur des sacs de pommes de terre remplis de coton, un voile sombre couvrant son visage purulent, entonnait une chanson d'adieu à la vie quand un gros type ivre, assis au premier rang, se mit à crier : « A poil ! A poil ! » Je me tassai sur mon siège. Le populo venait là pour s'exciter – dans les théâtres où l'on donnait des revues, les danseuses de rumba avaient l'habitude d'interpeller un spectateur, « puisqu'il était si viril », pour qu'il les possède sur scène –, pas pour supporter des chansons d'agonisantes couvertes de la tête aux pieds... La Tigresse le regarda avec fureur tout en continuant à chanter sans que sa voix s'altère. Les « A poil ! » montèrent de ton, se divisant en « Les nichons » et « Le cul ». Sautant du lit, la moribonde quitta la scène. Elle ne tarda pas à revenir, brandissant un revolver de gros calibre dont elle appuya le canon sur la tête du gros. « Ecoutez, fils de la putain de mère qui vous a mis au monde, je viens pas vous déranger quand vous êtes en plein travail ! Alors venez pas nous faire chier, nous les artistes ! Si vous la fermez pas, vous allez vous retrouver en enfer avec un trou au milieu du front ! Compris ? » L'ivrogne, à plat ventre au bord de la scène, lui baisant les pieds, répondit d'une voix d'enfant : « Oui, ma petite mère. » Une ovation nourrie appuya la Tigresse. Celle-ci, le pistolet toujours à la main, se coucha sur les sacs de pommes de terre et termina sa chanson. Un silence religieux l'accompagna jusqu'au tomber de rideau, rouge et doré comme tout le reste. Ils l'applaudirent avec enthousiasme, avec fascination, avec désir, avec peur. Ce fut le gros qui s'agita le plus en frappant dans ses mains.

Gloria vint me chercher et me laissa dans un coin de la scène. « La patronne se rafraîchit. Puis elle signera des autographes et ensuite elle te recevra : elle veut te voir en tête à tête. En attendant, Chucho peut te tenir compagnie. » Chucho avait de longs cils postiches, les lèvres peintes de rouge fluorescent et le poignet droit plâtré. Ne sachant comment réagir à ses clins d'œil ambigus, je lui demandai, afin de combler le silence, pourquoi il portait ce plâtre. « Oh ! dans la scène où la Tigresse, tripotée par ses admirateurs, danse et chante, j'ai trop serré sa jambe. Ça l'a rendue furieuse et d'un seul geste, là, devant le public, elle m'a cassé le poignet. Je suis tombé dans les pommes. Et même si tu me crois pas, en me tirant par les cheveux, elle m'a traîné pour me sortir de scène. » Ma bouche se dessécha. L'anxiété exacerba mes sens. Je remarquai que les machinistes, en me voyant auprès de Chucho, faisaient des commentaires obscènes sur ma virilité. Offusqué, je me dirigeai vers la loge de la diva et donnai un coup vigoureux à la porte.

Une voix rauque et moqueuse m'invita : « Entre, si tu l'oses. »

J'aurais aussi bien pu entrer dans la cage d'un fauve. Une femme pareille, il suffisait de la voir une seconde pour ne plus jamais l'oublier. Le regard carnassier de ses grands yeux semblait dépourvu de toute pitié. Une abondante chevelure noire encadrait un visage de fille de la campagne transformé, par d'habiles opérations chirurgicales, en celui d'une princesse aztèque. Même ses dents étaient limées afin, sans coins angulaires, de ressembler à de minuscules couteaux. Deux seins gonflés par le silicone torturaient un corsage à moitié transparent. Ses jambes, bien plus volumineuses que la normale, reposaient sur la table de toilette. Affalée contre le dossier d'une chaise en osier, elle me regardait dans le miroir. Entre les sourcils, plus vers la droite que vers la gauche, brillait un grain de beauté peint sans soin. Je pensai que ce manque de précision était dû à ses longues griffes en plastique. Son âge ? Impossible à évaluer. Les opérations l'avaient fixée dans la trentaine, mais elle pouvait en avoir quarante. Que dire de sa voix ? Chacune de ses paroles voguait dans un grognement sourd. A tout moment ses phrases pouvaient se changer en coups de poignard. J'essayai de dominer ma timidité.

« J'avais très envie de vous connaître, madame. Je vous félicite pour votre spectacle.

– Si tu veux avoir une liaison avec moi, ne mens jamais, salaud ! Quand je joue, je vois tout le public. Pendant que je pleurais, tu retenais ton rire. Bien sûr, ici c'est pas ton cinéma d'avant-garde... Bref, moi aussi je voulais te connaître. »

Elle rassembla ses jambes et les laissa tomber. Ses chaussures à talons fins produisirent sur le sol un grincement semblable à une lamentation. « Je suis fatiguée d'être debout. Les rembourrages que je porte dans les mollets pèsent deux kilos. Mais la plèbe devient hystérique quand je les montre. »

Elle sortit de la penderie, remplie de costumes couverts de paillettes, une bouteille de mezcal sur l'étiquette de laquelle un corbeau était posé sur une tête de mort. « Voyons si tu es un homme... »

Elle sortit deux verres ordinaires et les remplit de cet alcool corrosif. « Cul sec ! »

J'acceptai le défi et avalai d'un coup le verre plein. Elle fit de même. Elle remplit à nouveau les verres, ordonna à nouveau : « Cul sec ! », et de nouveau nous ingurgitâmes le mezcal.

« Te dégonfle pas, tiens bon !

– Bien sûr que je tiens bon, madame, et bien mieux que vous ! »

Au septième verre, la bouteille, vide, expulsa un halo verdâtre... « Elle appelle sa frangine », dit la Tigresse, et elle posa à côté une autre bouteille, pleine.

Bien que titubant, me tenant à la chaise, je continuai à boire. Elle se mit à pérorer, passant avec difficulté d'une phrase à l'autre. « Je suis ce que je veux, voilà ma loi... Quand je suis arrivée de mon village dans cette ville, je me sentais sans défense devant les hommes... Par chance, Diego Rivera m'a fait poser pour ses peintures murales... Un après-midi, un Indien que le peintre connaissait bien est arrivé de la montagne... "Voilà, patron, je vous apporte de la bonne viande humaine. Je vous garantis que le chrétien était sain. C'est moi qui l'ai tué"... Diego a fait rôtir le morceau sanguinolent, il l'a coupé en petits morceaux et, l'accompagnant d'oignons hachés, de coriandre et de piments verts, il a préparé des tacos qu'il a partagés avec moi... Tandis que je mâchais ce délice, le fauve endormi en moi s'est réveillé... Je pouvais manger les hommes... Les faire tomber à genoux devant moi... Pour cela, il me suffisait de transformer mon corps pour qu'il incarne les rêves de ces singes... De gros seins ? Ils auront de gros seins... Des fesses énormes ? Je les ai gonflées avec trois cents injections de gélatine... Peu à peu, à mesure que mes chansons connaissaient le succès, je me suis payé les pommettes, la fossette du menton, les lèvres épaisses, les paupières raccourcies, les implants capillaires, la taille fine... Merde, c'est aussi admirable de peindre un tableau que de se fabriquer un corps !... Je suis fille de ma volonté... Dans ma silhouette, Dieu lui-même ne commande pas... De toute façon, j'ai envoyé Dieu en enfer et je suis restée avec le Diable... C'est beaucoup plus utile... Il achète ton âme, qui ne vaut rien, et il te donne le pouvoir, qui dans ce monde est tout... Qu'est-ce que tu en dis ?... De toute façon, quoi que tu dises, tu risques ta peau... J'ai un maître très jaloux... »

Au milieu des brumes de l'alcool, luttant contre ma langue enflée et le désir de posséder cette femelle altière, je me mis à réciter un kôan : « Quelle est la voie ?... » La Tigresse, rapide, m'interrompit : « Je suis pas un train pour le savoir. Et toi, tu le sais ? » Cette question, lancée avec mépris, me fit prendre conscience de ma confusion mentale. Le corbeau et la tête de mort, la vie et la mort, le bien et le mal, la vérité et le mensonge, comment choisir ? Voulant à tout prix conquérir la Conscience, j'avais perdu le chemin... Je me mis à larmoyer en balbutiant la réponse de maître Haryo : « Parce que j'étais un œil ouvert, je suis tombé dans le puits. » La Tigresse éclata de rire. Elle s'appuya si fort sur le dossier de la chaise qu'elle tomba à la renverse. Sur le dos, les jambes écartées, me montrant la bouche obscure que tous les Mexicains désiraient voir, elle me dit : « Bon, ouvre bien les yeux et oublie la voie de merde. Immerge-toi dans mon puits, mais je t'avertis qu'il est sans fond. »

Brusquement, ma raison se liquéfia. Sans penser aux conséquences, je me jetai sur le fauve, la relevai péniblement – on aurait dit qu'elle était de pierre –, et ainsi, à demi vêtue, je la mis sur mon dos. Elle rit comme une fillette. Titubant, je sortis avec elle de la loge. Sans arrêter de rire, devant les yeux abasourdis des machinistes, des danseuses et des strip-teaseuses, nous traversâmes le théâtre à la recherche de la rue. Gloria courut derrière nous : « Attention, mon garçon, mets-la vite dans la voiture, que le Calife n'aille pas l'apprendre et ordonner de vous hacher comme chair à pâté ! »

Une longue limousine argentée, avec un chauffeur vêtu en cavalier mexicain, s'arrêta devant nous. Je déchargeai la dame à l'intérieur et pris place à côté d'elle. Nous commençâmes à nous caresser avec une brutalité d'ivrognes. Une petite lampe au plafond nous éclairait de façon lugubre. Elle cria au chauffeur :

« Eteins-la, pédé !

– Je peux pas, patronne. J'ai ordre de la laisser toujours allumée...

– Moi, personne me surveille ! »

Et elle brisa la lampe d'un coup de poing. Puis, essuyant le sang de ses jointures sur la housse des sièges, elle vociféra : « Baisse ce putain de miroir ! Si tu nous espionnes, je t'arrache les yeux ! » Le chauffeur, servile, baissa le rétroviseur central et se guida d'après les latéraux... Alors, sans témoins, nous essayâmes de faire l'amour dans la pénombre, mais nous nous endormîmes.

Quand je me réveillai, j'avais perdu la notion du temps. La Tigresse ronflait, la tête sur mes genoux. La voiture roulait dans les rues solitaires d'un quartier de gens riches, sans façades, mais avec de hauts murs derrière lesquels se cachaient les demeures. Nous nous arrêtâmes devant une vaste construction de ciment qui voulait imiter un château médiéval. Le portail principal se mit à descendre comme un pont-levis. La Tigresse se réveilla brusquement. Elle me regarda étrangement. Je crus qu'elle allait me mordre. Elle sourit. Puis scruta à l'extérieur. « Avance baissé en cachant ta figure et rentre vite. Qu'ils n'aillent pas te photographier. Le Calife a mis des espions dans la maison d'en face. »

Ce que je fis. Je pénétrai dans l'antre. Je me retrouvai face à un diable énorme, avec deux ailes déployées et un long phallus, au pied duquel étaient éparpillés des offrandes florales, des fruits en pâte d'amande et des bâtons d'encens. Comme au Frou-frou, tout était rouge et or.

La Tigresse attendit qu'une vieille, déguisée en Indienne huichol, fasse tourner la manivelle qui levait le portail, puis elle me prit par la main. « Le chauffeur va dormir dans la limousine. Quand tu t'en iras, réveille-le pour qu'il t'emmène quelque part. Dis-lui de te déposer à une station de taxis, le laisse surtout pas te reconduire chez toi. J'ai idée que c'est aussi un espion. S'ils connaissent ton adresse, ils sont capables d'envoyer des gorilles te castrer. Viens ! »

Elle me guida à travers son château. Dans la cuisine, c'est à peine si entrait une énorme table chinoise ainsi que douze chaises décorées de moines et de dragons. Dans le salon-bar, je vis un magnifique tourne-disque des années cinquante et des paravents décorés de photos de présidents de la République, en particulier Diaz Ordaz, avec son énorme bouche et ses petits yeux d'iguane fanatique.

Nous traversâmes un jardin planté de cactus et arrivâmes devant la porte de la chambre. Couché sur le seuil reposait un tigre ! La surprise me fit reculer. Elle lâcha un rire cruel. « Celui qui veut le ciel doit le mériter. Caresse-lui le dos. S'il grogne, c'est signe qu'il t'a accepté et que tu peux passer. Mais si tu lui plais pas... je réponds de rien. »

Bien que l'animal ne fût pas très grand, les cheveux

de ma nuque se hérissèrent et un tremblement secoua mon corps. Cependant, par orgueil, je tendis la main et me mis à pétrir l'échine de la bête. Bientôt, non seulement elle grogna, mais, se tournant de manière sensuelle, me présenta son ventre. La Tigresse dit, moqueuse : « C'est un ocelot inoffensif. Je lui ai fait extraire les dents et les griffes. » Et elle me poussa vers la chambre.

La couche était ronde, avec des draps de soie couleur sang. En guise de tête de lit il y avait un coquillage, doré pour changer, de trois mètres de haut sur deux de large. Sur l'un des côtés pendait une cartouchière avec un gros revolver. « Bon, la visite touristique est terminée, déshabille-toi maintenant... »

Après avoir allumé une bougie violette, elle éteignit toutes les lumières. Je me retrouvai étendu dans le cercle de soie à côté de la Tigresse nue, immobile comme une morte. Je tentai de l'exciter en parcourant de mes mains humides son corps lisse et froid. Je n'eus pas la sensation de toucher de la chair. Ses seins, ses jambes, ses fessiers étaient aussi durs que du marbre. Une telle passivité désintégra mes illusions érotiques. En quelques secondes, mon phallus devint pénis. En voyant un tel échec, sans une once de pitié, elle exigea :

« Tu dois tout faire, j'ai aucune raison de faire quoi que ce soit.

– Mais, balbutiai-je, comme ça c'est impossible. En plus du mezcal, de la fatigue, du danger, si tu ne collabores pas, c'est très difficile...

– Tais-toi, je veux pas entendre d'excuses ! Si ça se dresse pas, j'appellerai les journalistes et tout Mexico saura que tu es impuissant ! »

La menace était sérieuse. Elle avait de très bonnes relations avec la presse people. Si je ne réussissais pas à relever la tête, je serais humilié dans des gros titres sur huit colonnes...

Je me concentrai comme jamais. Je fouillai dans mon musée de rêveries pornographiques, j'ouvris les portes à tout ce qui en moi était animal, et au bout d'un moment, court mais angoissant, j'obtins une érection. Craignant que le phénomène soit fugace, je grimpai sur la statue et, aidé par la salive, commençai à pénétrer son vagin indifférent. Elle m'arrêta. « Du calme, l'artiste. Tu m'as prouvé que tu pouvais et, plus important, tu te l'es aussi prouvé à toi-même. Ça suffit. J'ai pas besoin de ton sperme. Je préfère que tu me donnes ton talent. Avec ça, on a signé un contrat. On va travailler ensemble. J'ai un grand projet. Mais maintenant, laisse-moi dormir et va-t'en au plus vite. A tout moment, à toute heure, le Calife peut arriver. Et lui, ce qui est à lui... Passe au théâtre demain... »

Elle se mit des bouchons dans les oreilles, ferma les yeux, se tourna sur le ventre et sombra dans un sommeil si profond qu'on aurait dit une implosion.

Bien qu'elle fût convoitée par des milliers de Mexicains, non seulement grâce à ses courbes, artificielles ou non, mais aussi à cause de sa légende qui l'élevait au rang de putain présidentielle, seule catégorie féminine pouvant rivaliser en popularité avec la Vierge de Guadaloupe, la Tigresse était devenue le sommet de ma pyramide mentale. Authentique guerrière, elle savait survivre dans ce monde régi par des politiciens corrompus, peut-être en cédant son corps, mais faisant cela sans déshonneur, en s'éloignant de lui, transformée en une créature insensible et implacable. Les citoyens avaient raison de la placer, dans l'échelle de la popularité, aux côtés de la Vierge brune, parce que cette femme, en esprit, était d'une pureté impénétrable... La séduire, réussir à incendier ses désirs, devenir l'âme de son château intérieur me paraissait impossible. Je savais que le présent était pour elle un échiquier où elle essaierait de me déplacer comme un simple pion. Et cela me fascinait. Je voulais voir de quelle façon elle allait m'utiliser. Et de quelle façon j'allais transformer cette situation humiliante en victoire. Un véritable kôan !

Tandis que j'attendais sur scène que l'actrice finît de signer les obligatoires autographes, Chucho se précipita vers moi : « Ecoute, toi, je sais pas pourquoi tu m'es sympathique, mais c'est comme ça. Je veux te prévenir : cette femme est une véritable sorcière. Son chauffeur, qui sait lever la main, m'a raconté, après avoir été suborné par ce serviteur, qu'il avait emmené sa patronne dans un quartier sordide, plus exactement dans le repaire de quelques sorciers, qui lui ont vendu une plante qui naît du sperme d'un pendu. Qui ont-ils pendu pour l'obtenir ? On le saura jamais. L'ont-ils arrosé avec du sang de chien, de chrétien ? On le saura jamais. La Tigresse a payé un paquet de billets pour l'avoir. Aussitôt elle l'a pelée, l'a arrosée de citron et l'a mangée. Pouah, quelle horreur ! Et ce n'est pas tout. Il y a une semaine, on lui a apporté un blaireau. Elle m'a appelé dans sa loge, m'a donné des gants de cuir et m'a demandé d'immobiliser la pauvre bête pendant qu'elle l'égorgeait. C'est ce qu'elle a fait. Avec un couteau noir, elle a fourragé dans les chairs du cadavre à la recherche de quelque chose. Epouvanté, j'ai fermé les yeux. Quand je les ai rouverts, je l'ai vue mettre un petit os dans le mixeur, où il y avait je ne sais quel infâme liquide, mettre la machine en marche, et boire d'un trait cette mixture. De quoi cette femme n'est-elle pas capable pour obtenir le pouvoir ! Toi, fais très attention, qu'il t'arrive pas ce qui est arrivé au petit os du blaireau... »

Chucho regarda avec terreur vers le fond du théâtre.

« Qu'est-ce que tu vois là-bas en haut, dans la galerie fermée par le bureau des spectacles, à gauche de la première rangée ?

– Je crois que c'est un mannequin, vêtu à l'ancienne...

– Exact ! Ce pantin est habité par le diable. Là-haut, vu l'accumulation de vieilleries inutiles, personne ne peut entrer. Pourtant, ce maudit change chaque nuit de place. Mireya, une compagne danseuse, s'est moquée de nos craintes, elle est venue à minuit, est entrée dans la galerie, s'est frayé un passage jusqu'à l'avorton, l'a jeté par terre et l'a piétiné. Le lendemain, elle l'a vu de nouveau installé dans un fauteuil, intact... A partir de ce jour, elle a été poursuivie par la malchance. Son agent s'est tiré une balle dans la tête, son père est mort assassiné, son fiancé est parti avec une autre et elle s'est mise à grossir. Malgré toutes sortes de régimes, elle a pris cinquante kilos. Elle a dû abandonner la danse. Elle a fini par devenir folle parce que toutes les nuits elle rêvait qu'une meute de chiens dorés la dévorait... »

En voyant mon visage incrédule, Chucho haussa les épaules et, tournant brusquement le menton, il partit, m'expulsant pour toujours de son intérêt. Tandis que j'attendais que la Tigresse fût en état de me recevoir, assis sur les sacs de pommes de terre où Nana agonisait deux fois par jour, perturbé par les commérages et les gestes rusés du danseur, je me concentrai sur moi-même pour examiner ce que je ressentais.

Dans ce Mexique où deux vieilles femmes créent un camp de concentration de prostituées, les exploitant puis les assassinant par douzaines ; où un instituteur étrangle sa mère, la dévore tout entière, y compris les os et, dans sa prison, ayant goûté l'aliment suprême, refuse de manger jusqu'à mourir de faim ; où une célèbre chanteuse se suicide en avalant un verre plein d'aiguilles ; où au cœur de la capitale se trouve un marché qui ne vend que du matériel de sorcellerie ; où un prostitué, avant de posséder une vieille touriste, fait bouger son phallus du nord au sud et d'est en ouest, transformant avec cette croix sa vile prouesse en un acte sacré, il m'est facile d'accepter pour vraies les anecdotes de la mandragore et du blaireau, mais de là à croire qu'un mannequin est possédé par le diable, il y a loin... Et pourtant... À Tepozotlán, de respectables vieillards, en période de sécheresse, parlent avec la montagne, qui leur apparaît incarnée en un homme à barbe blanche et, par des offrandes de bougies, de tee-shirts et de pantoufles, obtiennent qu'il fasse venir la pluie... Dans l'arrière-boutique d'une librairie ésotérique, une fois par semaine, un chaman huichol guérit des patients en leur aspirant la maladie pour ensuite la recracher sous forme de petites pierres... Une grand-mère, mangeant des champignons, sort de son corps et pénètre dans les rêves d'autrui... Dans la montagne vivent des sorciers qui disent se transformer en chiens ou en corbeaux... Qu'y a-t-il de vrai dans tout cela ? Sur le monde réel plane un monde imaginaire, le second plus actif que le premier. Si tout est illusion, je dois apprendre à imiter la vie. Lorsque le saint Marpa[8] perdit son fils, il pleura, inconsolé. Ses disciples lui dirent : « Mais, maître, pourquoi pleurez-vous si vous dites que tout est illusion ? » Le vieux répondit : « C'est vrai, mon fils était une illusion, mais la plus belle... » Inconnue, agressive, assassine, la réalité est moche. Seule l'illusoire beauté peut la rendre supportable. Si la vérité est un inaccessible mystère, il ne nous est permis d'édifier que dans le mensonge... Et me voici, moi, faisant comme si j'étais un artiste, dans une imitation de théâtre italien, en train de regarder une pièce qui imite un mélodrame français, jouée par une diva ayant un corps qui imite Vénus, propriétaire d'une maison qui imite un château, avec un ocelot dompté qui imite un tigre féroce et un lit dont la tête est un coquillage, imitation d'une peinture de Botticelli... Et si l'histoire selon laquelle la Tigresse est la maîtresse du président du Mexique n'était qu'un mensonge de plus, une rumeur lancée par elle-même ? Et si le gros à qui elle a mis un revolver sur le front était un comparse payé ? Et si elle n'avait jamais connu Diego Rivera ni, par conséquent, mangé avec lui des tacos de chair humaine ? Et si cette histoire de vendre son âme au diable n'était qu'un truc publicitaire ? Et si le portier gagnait une prime pour changer chaque nuit le mannequin de place ? Même ainsi, mon intérêt ne retomberait pas. Je serais face à une magicienne, capable d'organiser le monde imaginaire et de vivre en lui.

Jusque-là, si j'excepte Ejo Takata, j'avais évolué parmi des humains incapables d'être eux-mêmes, voulant toujours avoir ce que l'autre avait, s'inventant une façade, copiant des valeurs, complotant pour obtenir des diplômes, dansant pour de l'argent dans un féroce carnaval... Je ne dis pas que je me sentais supérieur à eux, mais certainement étranger, non pas d'un pays connu mais de l'Etrange, la zone immatérielle des inadaptés. « Etre dans le monde sans être du monde » ne me convenait pas davantage, car mon âme, tel un oiseau exténué volant au-dessus des eaux d'un déluge, n'avait pas de demeure. Si en tant qu'intellectuel j'apprenais à mourir, aucun lieu dans l'illusion ne pouvait me servir de port. La réalité – cela qui n'avait ni début ni fin –, étant impalpable, indifférente, n'avait rien à voir avec ma vie, vie qui à quatre-vingt-dix-neuf pour cent était antisociale... Je compris alors, sur ces ridicules sacs de pommes de terre, que la Tigresse, reine du monde de l'imitation, pourrait, à travers ses vénéneuses machinations, devenir le guide qui me donnerait la maturité nécessaire pour édifier un temple dans la dimension des mirages.

Quand j'entrai dans sa loge, la Tigresse, tout juste couverte d'une minuscule culotte, était en train de teindre en noir les longs poils qui lui poussaient sur les jambes. « Qu'ils voient bien que je suis pas une Indienne sans poils, que je suis une descendante d'Espagnols ! » Je pris conscience que pour son esprit félin j'étais une proie vaincue. Elle me considérait tellement à elle que, devant moi, elle ne cachait pas ses trucs... Je ne vis pas une femelle séductrice, mais un froid stratège... « On va faire sauter la baraque ! Et leur donner le scoop de l'année. Toi, le metteur en scène d'avant-garde, suivi par un public qui ne dépasse jamais mille personnes, les critiques t'encensent parce qu'ils croient que tout ce qui vient d'Europe est admirable. Moi, au contraire, ils me démolissent. Ce que je fais leur paraît méprisable. Cependant, mon public ne descend pas au-dessous des cinq cent mille spectateurs... Je pense que nous devons unir nos forces. Tu vas me diriger, en utilisant tout ton talent, dans une pièce qui plaise au peuple. On va leur présenter une géniale et fastueuse *Lucrèce Borgia.* Tu auras un pourcentage sur les gains. Avec tes navets incompréhensibles, tu n'as jamais gagné un sou. Avec moi, tu deviendras riche. Ça te va ? »

L'idée de diriger un monstre pareil me fascina.

« Ça me va !

– Je savais que l'idée te plairait. Mais allons-y mollo. Il ne s'agit pas de lancer la charrette sur une pente qui nous précipite dans l'abîme. Le cocktail moi-toi, offert d'un coup, serait imbuvable tant pour les intellos que pour le populo. Nous devons limer les aspérités. Créer une immense attente, non pas artistique – ça, ça ne fera pas venir un chat au spectacle – mais cancanière. La célébrité n'est rien, la notoriété est tout, seul le scandale apporte le succès. Je vais te proposer quelque chose qui en aucune façon ne mettra ta vie en danger parce que le Calife, comme la chose est fausse, approuvera mon plan. Nous annoncerons la nouvelle que nous sommes tombés amoureux et que nous allons nous marier !

– Je regrette... Bien que l'idée soit excellente, elle ne peut être annoncée comme ça, parce que je suis déjà marié...

– Avec qui crois-tu que tu traites ? J'ai accès à de nombreuses sources d'information. Ton épouse, Valérie, qui veut devenir comédienne, te voit comme un soleil et tourne autour de toi. Si tu lui promets un bon rôle, avec son nom en gros sur l'affiche, elle fera tout ce que tu lui demanderas...

– Elle fera tout, sauf divorcer. Chose que je ne veux pas moi non plus...

– Ni moi. Tu m'as compris : la chose sera fausse de A à Z. Quand on dira que le metteur en scène de théâtre moderne divorce par amour pour la vulgaire Tigresse, ça défraiera la chronique. Pendant les répétitions de la pièce, ta femme commettra un suicide manqué. Toi et moi, magnanimes, pour la sortir de sa dépression nous lui donnerons le rôle d'une sorcière, ennemie de Lucrèce. Les gens, toujours morbides, rempliront le théâtre pour voir sur scène notre relation tourmentée. On va se faire un paquet de fric !...

– Quand annonçons-nous la nouvelle ?

– La semaine prochaine, dans un hôtel de l'avenue Reforma, les journalistes fêtent le Jour de la presse. Comme le dîner et les boissons seront gratuits (en échange d'une promotion publicitaire), tous ces pique-assiette y assisteront : reporters, critiques, rédacteurs, photographes, vedettes du sport, de la télévision et du cinéma, enfin la crème de la merde filmée et imprimée. Ce soir-là, en pleine fête, on lancera la bombe ! »

Valérie et moi suivîmes point par point le plan imaginé par la Tigresse. La première barrière que nous devions vaincre étaient les portiers, cinq gorilles qui exigeaient impitoyablement une carte portant le nom et la photographie de l'invité. La Tigresse avait obtenu une invitation pour elle et une autre pour moi, parce que nous étions des artistes connus, mais Valérie, encore anonyme, ne pouvait avoir accès au Parnasse. Nous l'introduisîmes couchée dans le coffre de la limousine.

D'après le plan, elle devrait rester là pendant une heure. Chose d'autant plus incommode que la Tigresse avait demandé qu'elle se fasse plâtrer une jambe afin qu'elle apparaisse en boitant.

A l'intérieur, les obscurs reporters se pavanaient d'un air indifférent. Pour une fois, ceux à qui on rendait hommage, c'étaient eux, pas les vedettes. Pourtant, les déclics de leurs appareils photo cachés ne cessaient de résonner comme un essaim de grillons nocturnes. Les « vedettes » se déplaçaient avec un naturel artificiel, à tout moment conscientes d'être réduites à des images.

L'assistance se pétrifia pendant une minute quand nous fîmes notre entrée, la Tigresse et moi, en nous tenant par la main. Puis tous continuèrent leur comédie, dissimulant les regards de curiosité sous une grotesque indifférence. Personne ne paraissait nous voir, mais nous étions les seuls occupants de leurs esprits... J'étais vêtu d'un costume noir très strict, mais ma compagne portait une audacieuse chemise transparente, des chaussures en cuir avec des talons de douze centimètres, ses jambes nues montrant ses longs poils, pour l'occasion teints de couleur argentée, et une jupe couverte de paillettes vertes, blanches et rouges, les couleurs du drapeau mexicain, si courte qu'à chaque pas le bord rutilant ondoyait en laissant voir l'entrejambe. Afin de ne pas exhiber sa bouche intime, ma complice s'était fait fabriquer une coquille tapissée de poils semblables à ceux de son pubis. Collée à la vulve, elle interdisait toute possibilité de pénétration. Ce détail fit exploser les flashes cyniques des appareils photo.

Nous allâmes nous asseoir dans le coin le plus reculé. C'était la nuit de la presse. Par accord tacite, aucun journaliste ne pouvait nous proposer une interview. Ils passaient et repassaient près de nous avec des yeux de chien affamé. Une heure s'écoula. Sur la table du banquet ne restaient que des os rongés. Un rhum bon marché remplaçait les alcools fins. Les invités se balançaient comme des barques sur un océan convulsé. Les voix, claires au début, se mêlaient en une rumeur gélatineuse... C'était le moment que la Tigresse avait choisi pour l'entrée de Valérie.

Elle apparut avec sa jambe plâtrée, appuyée sur deux béquilles, portant une robe ordinaire pleine de taches, les cheveux gras, le visage sans maquillage et les yeux remplis de larmes artificielles. Elle semblait plongée dans la plus profonde tristesse. Tel un corbeau aux ailes brisées, elle traversa la salle, vint directement vers nous. En un instant les vapeurs alcooliques se dissipèrent, Valérie arriva devant notre table, laissa tomber une béquille qui, dans ce silence mortel, rebondit avec fracas, me prit la main et commença à remuer les lèvres. Comme personne ne l'entendait, tout le monde pensa qu'elle était en train de me supplier... En réalité, elle murmurait les tables de multiplication. Je remuai les lèvres, montrant la Tigresse de ma main ouverte. Ils interprétèrent : « Il lui dit qu'il aime l'autre ! » Valérie se laissa tomber sur une chaise. Je ramassai ses béquilles, l'appuyai dessus et l'accompagnai vers la porte, jusqu'à sa sortie de scène. Puis je revins à l'endroit où se trouvait la Tigresse et, la tête sur sa poitrine, je fis semblant de sangloter. Elle, sans cesser de montrer sa coquille, sortit avec moi presque en me traînant. A peine avions-nous fermé la porte que s'éleva derrière nous un brouhaha assourdissant.

Comme l'habile stratège l'avait prévu, la presse, des torchons les plus abjects aux journaux « sérieux », annonça la nouvelle en gros titres. Ce jour-là furent vendus d'avance trois mois de représentations... Les événements se précipitèrent. En deux heures je fis un cocktail de situations extraites de romans populaires et de films de série Z, j'y ajoutai quelques chansons et obtins une tragédie érotico-musicale que la Tigresse exigea de signer comme coauteur. Je réunis une compagnie d'acteurs respectables. J'obtins un décorateur de qualité, un musicien de grand talent, un excellent chorégraphe et, pour le rôle important de Jules César, un chanteur argentin très à la mode. En dix jours, répétant douze heures par jour, je marquai le style de l'interprétation, des décors, des danses, des costumes et des accompagnements musicaux, tout cela sans la présence de la future Lucrèce qui, d'après notre planning, préparait les chansons. Lorsque vint son tour de répéter, nous l'attendîmes remplis d'enthousiasme, impatients de la voir créer le personnage complexe de l'empoisonneuse. J'étais certain que, en travaillant intensément, je pourrais la présenter au public convertie en grande actrice. Nous avions pris rendez-vous à neuf heures du matin. La Tigresse ne vint pas. Cinq heures passèrent. Nous partîmes manger quelques crêpes au fromage. Nous revînmes. Elle n'arrivait toujours pas. A six heures, les machinistes nous chassèrent de la scène et commencèrent à monter les décors de *Nana*, pour la séance de sept heures et demie. Inquiet, je demandai à Gloria si sa cousine était malade. Elle haussa les épaules, enterrant mes espoirs.

« Ma patronne est comme ça, elle aime pas répéter. Elle sort fatiguée des représentations, dort très tard, s'occupe de la presse, se maquille et sa journée se passe comme ça.

– Mais qu'est-ce qu'on va faire si elle ne répète pas ?

– Fais-lui confiance ! Le jour de la première, au milieu de ta sévère mise en scène, elle improvisera tout. Quant à la mémorisation du texte, t'inquiète pas. On lui mettra des petits appareils électroniques dans les oreilles et un souffleur lui soufflera les mots. »

Je pâlis. Je voulus protester. Gloria changea de sujet.

« Comment va ta femme ? Elle répète bien ? Elle a pas de problèmes ?

– Aucun. C'est une personne responsable. Elle fait de sa sorcière une véritable création.

– Je te supplie de faire attention. Pour ma patronne, bien que ce soit elle qui lance les rumeurs, ce qui sort dans la presse est plus vrai que la vérité. Ce matin, elle m'a envoyée au magasin où on vend des animaux acheter un chat noir. Elle m'a aussi demandé des rubans de soie et de la cire d'abeilles. Je suis sûre qu'elle va préparer le maléfice qui sépare les couples. Avec la cire elle va confectionner deux figurines, une de femme et l'autre d'homme ; après les avoir barbouillées de rouge avec son sang menstruel, elle collera sur leur tête, avec des aiguilles, les photos de ton visage et de celui de Valérie. Elle attachera ces poupées sur des planches avec des rubans tressés blancs, rouges et noirs, pour aller ensuite les jeter dans des bouches d'égout, très loin l'une de l'autre... Je te le répète : attention ! Ne buvez rien de ce qu'elle vous offre. Elle va égorger le chat et, mélangé à n'importe quel liquide, elle vous donnera son sang. En plus, elle gardera dans son frigidaire la tête du félin – après avoir introduit dans sa bouche ton nom et celui de Valérie écrits sur un morceau de ruban de couronne volée dans un cimetière – jusqu'au jour où vous vous séparerez... »

Bien que ne sachant pas si ce que j'avais entendu était vrai ou un délire de la cousine, un frisson parcourut mon corps. Je me souvins d'un kôan du livre secret que je n'avais pas compris jusqu'alors : « Alors que maître Rinzaï se déplaçait vers le grand salon pour donner une conférence, un moine l'interrompit : "Et si on nous menace avec une épée ?" Rinzaï murmura : "Désastre ! Désastre !" Commentaire : "Quand les vagues se dressent comme des montagnes et que les poissons se transforment en dragons, il est idiot d'essayer de vider l'eau de l'océan avec un seau." »

Rinzaï va faire un discours à ses disciples, c'est-à-dire leur communiquer une connaissance par la voie intellectuelle. Le moine qui lui barre le chemin veut lui dire : « Maître, les belles idées ne servent à rien pour éviter un ennemi qui menace de nous tuer. » Rinzaï, lorsqu'il lui répond, en répétant à deux reprises le mot « désastre », ne fait pas référence à l'impuissance de l'intellect lorsqu'on se retrouve avec une épée sur le cou, pas plus qu'il n'affirme qu'en danger de perdre la vie, malgré toutes les doctrines consolantes, c'est une catastrophe. Ces deux « Désastre ! » font référence à la vision que le moine a du maître et de lui-même. Désastre parce qu'il considère que les enseignements sont de simples élucubrations, désastre parce qu'il s'identifie à son propre intellect. Lorsque nous nous identifions à un système d'idées, lorsque nous croyons que nous sommes ce que nous pensons, en nous trouvant face à la mort nous sommes saisis par la terreur de nous perdre nous-mêmes. Mais Rinzaï, qui a réalisé son éveil, s'est abandonné au simple bonheur d'exister, il a cessé de s'identifier à sa propre image, il a trouvé le silence intérieur. Ses enseignements ne sont pas lui, ils sont des tentatives de décrire, de manière impersonnelle, le chemin qui mène à la paix. Devant ce kôan, Takata commenta : « Les uns vont, les autres viennent, je suis une pierre du chemin... » Rinzaï, avec son « Désastre ! Désastre ! », veut dire : « Tu me vois et tu te vois sous la forme de deux intellects, désastre/désastre, c'est pourquoi tu crois qu'une épée nous troublerait. Si un assassin peut me couper en deux sans sourciller, je peux le laisser me couper en deux sans sourciller. Même lorsque les vagues et les poissons t'attaquent (la réalité ne se comporte pas comme tu t'y attendais), ton silence intérieur reste égal. Il est idiot d'essayer de vider l'océan à l'aide d'un seau. Tu ne peux mesurer la vie avec ton intellect. Le zen, dans la paix du monastère ou au milieu d'un combat, est le même. Qu'on t'attaque n'est pas un désastre. Laisse le moi individuel de côté et abandonne-toi avec joie au combat, comme si celui-ci était une danse avec toi-même. »

Je réunis les membres de la compagnie, leur exposai calmement le problème et proposai que nous abandonnions la Tigresse et que nous allions dans un autre théâtre pour ensuite présenter une pièce honnête avec une véritable actrice. Tous, sauf le chanteur argentin, reconnurent qu'il était dégradant de servir uniquement de faire-valoir à une diva capricieuse et ils décidèrent de me suivre. La presse n'eut pas assez de colonnes pour annoncer en lettres criardes la fin de la romance. Quelqu'un osait enfin défier l'énergumène... La réponse de la Tigresse ne tarda pas à venir. Ce fut un coup bas, quelque chose à quoi je ne m'étais absolument pas attendu. Dans plusieurs tabloïds, sous des titres tels que « Un artiste d'avant-garde a escroqué la Tigresse ! », « Il reste caché pour ne pas être jeté en prison ! », furent publiées des déclarations de la diva m'accusant de lui avoir volé une grosse somme d'argent. Dans la pratique, ces mensonges étaient inoffensifs, mais du fait d'être imprimés à l'encre noire sur du papier journal, ils donnaient de moi une image publique parfaitement méprisable. Il me fut facile de démentir la calomnie, mais dans l'esprit du Mexicain, marqué par le proverbe : « Il n'y a pas de fumée sans feu », je fus considéré comme un filou... Ce mauvais coup, ouvrant une fissure dans ma raison, me fit l'effet d'un kôan. La honte dont je souffrais se transforma en leçon. Pour moi, jusque-là, la dispute avec la Tigresse avait été un jeu, une sorte de marchandage artistique. En la traitant de paresseuse, il est vrai que je m'étais moqué, mais avec un humour sain, en respectant la stricte vérité. Elle avait répondu avec les armes qu'elle avait à sa portée : scandale dans la presse et emploi habile du mensonge. Si je la discréditais artistiquement, elle me coulait socialement. Je me souvins des mots que la Tigresse avait déclamés, la nuit de notre beuverie, avec beaucoup de conviction : « Un boxeur faible et petit affronte un adversaire grand et fort. Le fort démolit le petit. Or je suis le petit boxeur. Le grand se jette sur moi en essayant de me mettre KO. De l'un de mes gants je sors un revolver et je le tue. Il faut jamais lutter à égalité ! »

A cette attaque s'en ajouta une autre, je ne sais si elle fut organisée par elle ou le produit d'un hasard révélateur. Tard dans la nuit, des inconnus lancèrent des pierres contre les fenêtres de ma maison. Je louai un appartement dans les environs de la ville. Je me mis à marcher dans les rues en rasant les murs, la bouche sèche et l'haleine fétide. J'avais l'impression qu'à tout moment un gorille pouvait me liquider d'un coup de revolver. Au bout de quelques jours, j'eus honte de m'abandonner à une telle panique. Je pensai à un kôan du livre secret : « Maître Ungo méditait avec ses disciples dans un endroit appelé la Porte des Dragons. Un jour, l'un des moines fut mordu à la jambe par un serpent. Le maître Botsugen dit à Ungo : "Si c'est la Porte des Dragons, comment ton disciple peut-il être mordu par un serpent ?" En guise de réponse Ungo, étirant la jambe et feignant d'être mordu par un serpent, s'exclama calmement : "Aïe !" »

En Chine le mythique dragon est le gardien du trésor caché. Un puissant adversaire que le héros doit vaincre pour avoir accès à l'immortalité. Le dragon terrestre à qui poussent des ailes se transforme en dragon céleste. En d'autres termes, le moi ne peut triompher tant qu'il n'a pas dominé et intégré les pulsions de l'inconscient.

La question de Botsugen insinue que le « parfait dragon » (un moine éveillé) ne doit pas être affecté par les maux du monde matérialiste (la morsure du serpent). Ungo ne tombe pas dans le piège et suggère qu'être éveillé ne l'exclut pas de la nature animale. Lorsque, feignant d'avoir été mordu, il s'exclame : « Aïe ! », il montre que c'est une erreur de concevoir l'« éveil » comme une libération de la douleur. Lorsqu'il a mal, l'homme réalisé accepte la douleur sans que son esprit en soit troublé.

La compréhension de ce kôan me fit accepter les symptômes de la peur sans en avoir honte... Je me souvins d'un autre kôan : « Le Sûtra du Diamant[9] dit : "Quand une personne est ridiculisée par les autres, les péchés de sa vie antérieure en sont la cause. Mais à cet instant, parce qu'il souffre de la moquerie, les péchés de ses vies antérieures sont effacés." En est-il ainsi ? Réponse : "Idiot répugnant accouché par un anus !" »

Le sûtra, interprétant les maux du présent comme le résultat de péchés commis dans des vies antérieures, affirme que dans ces maux résident la rédemption et la libération. Cependant, d'une certaine façon, la réponse insultante du disciple veut dire : « Il est inutile de s'arrêter à justifier un mal en cherchant sa cause dans des vies antérieures. Faisons face tout de suite à la situation nocive sans nous arrêter à interroger ses causes ni nous préoccuper des conséquences de nos propres actions. Face à l'attaque, ce qui compte, c'est une réponse qui ne soit pas entravée par des doutes mentaux. Si entre l'être et le non-être nous laissons un espace aussi fin qu'un cheveu, nous perdons la vie. »

Ce second kôan me rendit à moi-même. Je compris qu'avoir peur était naturel, mais que cette peur ne devait pas se transformer en lâcheté... Je cessai de me cacher, téléphonai à l'Association nationale des acteurs (ANDA) et, invoquant mes droits syndicaux, exigeai une rencontre avec la Tigresse afin de décider légalement qui avait le droit de présenter la pièce.

A dix heures du matin, le lendemain, se forma un tumulte devant les portes de l'ANDA. Mes comédiens arrivèrent, les acteurs de la compagnie rivale, un essaim de journalistes et deux robustes gardes du corps de la diva qui, avec des regards torves, me firent voir les mitraillettes qu'ils cachaient dans des sacs de golf... La Tigresse ne daigna pas apparaître. Pour ce démêlé, qu'elle était certaine de gagner grâce à ses appuis politiques, elle envoya le chanteur argentin qui, comme sa patronne, proclama ma malhonnêteté devant les délégués syndicaux... Quand je vis que les fonctionnaires me regardaient avec un mépris mal dissimulé et que les journalistes, moqueurs, me harcelaient de leurs flashes, je décidai d'utiliser moi aussi l'arme du mensonge, mais à une plus grande échelle... Au lieu de limiter le scandale à une simple bagarre de saltimbanques, je décidai d'en faire une affaire politique qui affecterait tout le pays. Je déclarai : « La Tigresse m'a raconté que tous les deux mois elle se rend en Suisse avec un passeport diplomatique, dans un avion de l'armée, en emportant une malle pleine de l'or que le président vole au Trésor public, pour le déposer dans les coffres d'une banque. » En entendant une telle dénonciation, les fonctionnaires abandonnèrent leurs bureaux et se retirèrent pour consulter leurs supérieurs. Un silence mortel envahit l'immeuble. Les journalistes s'en allèrent peu à peu. Le chanteur fut appelé au téléphone. Il écouta le message en inclinant la tête à plusieurs reprises, puis il raccrocha et, me traversant de son regard comme si j'étais invisible, quitta l'édifice, suivi de ses compagnons et des deux gorilles. Les fonctionnaires apparurent avec le verdict : la compagnie de la Tigresse et la mienne devaient jouer la première de *Lucrèce* le même jour, à la même heure, avec les mêmes musiques, costumes et décors. Le public déciderait quelle œuvre méritait qu'il y assiste.

Je compris ce qui s'était passé : le peuple murmurait que les présidents volaient l'argent du pays. Un scandale qui déshonorerait le mandataire suprême pourrait provoquer une crise nationale. Sûrement, de très haut, était arrivé à la Tigresse l'ordre de mettre fin au scandale. Comme par enchantement, les journaux cessèrent de m'attaquer et il ne fut plus question de l'affaire.

Un imprésario ambitieux nous signa un contrat afin que nous débutions au Théâtre lyrique, édifice vétuste contenant plus de mille fauteuils... Comme mes acteurs étaient effrayés par la réputation de sorcière de notre ennemie, je demandai à un ami qui étudiait la sorcellerie populaire de « nettoyer » le théâtre. Il désinfecta l'orchestre et la galerie avec des fumigations d'encens. Puis il jeta de l'eau bénite dans les couloirs, sur les chaises et dans les coins au moyen d'un goupillon fait de sept herbes fraîches. Nous nous sentîmes tous soulagés, mais la peur revint lorsque nous apprîmes que, ce soir-là, il avait fallu opérer le sorcier improvisé d'un énorme furoncle qui lui était venu à l'anus.

J'eus la chance de rencontrer une actrice, très connue pour son grand talent, qui accepta d'interpréter Lucrèce à condition qu'elle n'ait jamais à se montrer en vêtements collants. Nous répétâmes au moins dix heures par jour et arrivâmes à la première avec un spectacle impeccable. La Tigresse au contraire, qui d'après certaines rumeurs ne s'était pas donné la peine de répéter, le soir de la première, après s'être déplacée dans les premiers moments comme un animal aveugle, tendant l'oreille vers un souffleur dont on pouvait entendre la voix jusqu'aux dernières rangées de fauteuils, soudain, défiant la censure, s'était complètement déshabillée, arborant en guise de vêtement pendant le reste de la pièce les poils ébouriffés de son pubis teints en vert. Cette audace lui valut le triomphe. Les voyeurs gloutons accoururent en masse. Ma *Lucrèce Borgia* dura quatre mois. Celle de la Tigresse resta à l'affiche pendant deux ans.

Lorsque nous eûmes fermé boutique, j'envoyai un télégramme à la diva pour la féliciter de son triomphe.

Elle me répondit par un autre télégramme m'invitant à prendre un café à la pâtisserie du Frou-frou.

Comme symbole de paix, pour cette rencontre – qu'aucun des acteurs des deux compagnies ne put comprendre, car ils nous considéraient comme des ennemis mortels – je m'habillai d'un costume blanc. La Tigresse arriva avec un « petit retard » d'une heure quarante minutes, également vêtue de blanc ! Nous nous mîmes à rire : nous savions tous deux que sous le masque du hasard se cachait le miracle. Nous prîmes tranquillement un café en partageant une tarte aux pommes. Une chose était la vie publique, une autre la vie privée. La bataille terminée, nous pouvions communiquer comme deux simples êtres humains. Un courant de sympathie nous unissait. Celui-là même qu'on doit trouver entre vieux soldats d'armées adverses. « Ce fut un beau scandale, me dit-elle. Grâce à la guerre que tu m'as faite, j'ai gagné une fortune. Permets-moi de te faire un cadeau... » Je ne pus refuser : je la laissai me mettre à l'annulaire gauche un anneau d'or orné d'une tête de mort.

# 6

## *L'âne n'était pas hargneux, on l'a rendu tel à coups de bâton*

> « Les balles à pointe blindée font sauter la cervelle à dix mètres de distance, chef.
> – Ainsi, le cadavre pèsera moins. »
>
> Silver Kane, *Sheriff provisional* (Le shérif intérimaire)

Arrivé chez moi, j'eus beau m'escrimer, je ne pus ôter l'anneau de mon doigt. Je sentis, alors que je caressais ma femme, que la tête de mort dorée émettait des effluves nocifs. Ma main se glaça, mon bras me fit mal. A cinq heures du matin, je sautai du lit et, conduisant à vive allure, me dirigeai vers le *zendô*. Lorsque j'arrivai, je trouvai sur la terrasse, sous un ciel sillonné de nuages rouges, Ejo Takata en train de méditer. Debout face à lui, j'attendis que le bâton d'encens finît de se consumer. Enfin Ejo eut l'air de remarquer ma présence. Son regard ne se tourna pas vers mon visage mais vers l'anneau. Je fis un geste d'impuissance. Souriant, il me l'ôta du doigt sans le moindre effort. La douleur de mon bras cessa. « Si tu penses que c'est une tête de mort, ton membre souffre. Si tu ne t'attaches ni à la forme ni au nom, c'est de l'or pur. Clarifie ton esprit et cet anneau sera un anneau ; et toi, tu seras toi. »

En entendant ces mots, bien que ne les comprenant qu'à moitié, je me mis à ronchonner. « Je n'y peux rien, Ejo. Je ne m'adapte pas à ce monde vulgaire. J'ai cru pouvoir prendre racine au Mexique, mais je me sens comme une poule dans un poulailler étranger. Ma conscience augmente ma douleur. »

Ejo se mit à rire, avec une telle intensité que le rire me gagna. En voyant que ma peine cessait, il prit le livre secret et lut un nouveau kôan. « Un moine demande à maître Sozan[10] : “La neige couvre mille collines, mais pourquoi le pic le plus haut n'est-il pas blanc ?” Sozan lui répond : “Tu devrais connaître la plus absurde des absurdités.” Le moine demande : “Quelle est la plus absurde des absurdités ?” Sozan dit : “Etre d'une couleur différente de celle des autres collines !” » Commentaire 1 : « Dans les branches du pin, le singe paraît vert. » Commentaire 2 : « Le disciple, secouant de sa tête d'imaginaires flocons de neige, dit : “Mes cheveux ont commencé à blanchir !” »

J'eus beau me creuser les méninges, il me parut impossible de déchiffrer le kôan et ses commentaires, si différents l'un de l'autre. Angoissé, je m'agenouillai devant le maître. « Je ne peux pas ! » Rugissant un « *Kwatsu !* » qui naissait de son ventre, Ejo m'asséna six coups de bâton sur les omoplates. « Transforme-toi en colline ! »

Sa voix, tel un grand vent, balaya mes nuages mentaux. Je me vis comme une colline couverte de neige au milieu de mille collines également couvertes de neige. Le haut sommet préservé de la pluie de flocons était une illusion. Qui peut, dans les intempéries, ne pas être blanchi par la neige ? Qui peut éviter que son corps vieillisse ou meure ? Pourquoi moi, pour avoir développé mes talents, ne souffrirais-je pas des coups que donne la vie ? En hiver nous avons tous froid. Le pin est un végétal, le singe un animal, certes différent, mais quand il saute dans l'arbre de branche en branche, il prend sa couleur verte... Possédant une autre couleur de peau, une autre culture, un autre niveau de conscience, il était absurde que je me sente à l'abri des assauts de la réalité commune. Si les mille collines se couvrent de neige, le plus haut sommet lui aussi est tout blanc.

La Tigresse, avec ses coups de griffes, m'avait donné une leçon importante. Lorsqu'elle avait accepté de collaborer avec moi, j'aurais dû, laissant de côté mon orgueil de metteur en scène, l'incorporer à la pièce sans essayer de changer sa manière d'être. A nous deux, l'un et l'autre couverts de neige, nous aurions obtenu une *Lucrèce* admirable. L'actrice n'essayait pas d'être différente de son public ; moi, au contraire, ayant le sentiment que mon art était supérieur et me détachant des spectateurs parce que je les considérais comme vulgaires, je les avais perdus. L'infanterie ne doit pas donner des batailles en l'air, mais en terrain connu. « Ejo, en m'offrant cet anneau précieux, la Tigresse a voulu me dire : “L'art populaire lui aussi est noble.” »

En entendant mes paroles, le moine s'exclama : « Offre-le au premier mendiant que tu rencontreras ! » et, lançant un nouveau « *Kwatzu !* », de nouveau il me donna six coups de bâton sur le dos. Puis il partagea avec moi un déjeuner frugal. Ensuite, nous méditâmes pendant deux heures. Enfin, il me fit lire un autre kôan. « Joshu visite un ermitage. Il demande au maître : “Il y a ? Il y a ? Il y a ?” Le maître lève un poing. Joshu dit : “Dans ces eaux peu profondes je ne veux pas ancrer ma barque.” Et il s'en va. Il visite un autre ermitage. Il demande au maître : “Il y a ? Il y a ? Il y a ?” Le maître aussi lève son poing. Joshu dit : “Il peut donner, il peut prendre, il peut tuer et cependant donner vie !” Et il fait une courbette. » Commentaire : « Le même arbre agité par le vent printanier présente deux aspects : sur son côté sud, des branches chaudes ; sur son côté nord, des branches froides. »

Ejo croisa les jambes et se remit à méditer. Je l'imitai. Une heure passa, deux heures, trois heures. J'eus beau le retourner en tous sens, je ne parvins pas à déchiffrer le kôan. Le silence, comme un éléphant, pesa sur mes épaules. Une douleur atroce me raidit les jambes. Une mouche atterrit dans mon oreille. Sans bouger, je supportai le picotement. Une voix résonna à l'intérieur de mon crâne : « Ou tu comprends ou tu meurs ! » Comme s'il avait entendu cette pensée, Ejo cria trois fois : « Il y a ? Il y a ? Il y a ? »

Je m'entendis répondre : « S'il n'y a pas d'ici, où ? S'il n'y a pas de maintenant, quand ? S'il n'y a pas moi, qui ?

Soudain, je suis Joshu. Je gravis un sentier abrupt pour atteindre un lointain ermitage. Là se trouvent les moines émaciés, loin du bruit du monde, occupés à découvrir le joyau lumineux qui gît dans les profondeurs de l'âme, autour d'un vieux maître, un être réalisé, c'est-à-dire étant lui-même et non le simulacre d'un autre. Devant ma triple question, le maître, qui a déjà dû croiser la frontière où les mots se dissolvent dans la vacuité, lève un poing pour indiquer son unité présente : s'il n'est pas complètement là, il n'est nulle part... Toutefois, son geste ne me convainc pas, je le trouve superficiel. Malgré mon grand âge, j'ai probablement plus de cent ans, je parcours péniblement un autre sentier escarpé. Pourquoi me donner une telle peine ? J'ai besoin de me convaincre que je ne suis pas l'unique, que mon éveil n'est pas un phénomène anormal, que le but de tous les sentiers est unique... Dans le second ermitage, le maître, devant mes trois cris, lève son poing. Et alors, bien qu'apparemment les deux réponses soient semblables, je me reconnais dans le vieillard qui se trouve devant moi. Ce qui gît dans l'obscurité de notre âme peut nous donner, nous prendre, nous tuer, et néanmoins nous accorder sa propre vie qui est impersonnelle, éternelle.

« Ejo, si Joshu a voulu rester dans un endroit et pas dans l'autre, ce n'est pas parce qu'il y avait une différence entre les deux poings. La différence se situait dans le regard de Joshu. Nous donnons toujours une interprétation personnelle aux êtres, aux choses et aux événements. Peut-être Joshu n'a-t-il pas vu l'expression de l'unité dans le geste du premier maître. Peut-être a-t-il compris que celui-ci lui disait : "Ce que j'ai réalisé, je ne le lâche pas. Il y a, mais exclusivement pour moi." Ou bien : "Intrus, ne viens pas me mettre en doute. Voici mes disciples, je les défends comme une poule ses poussins. S'ils perdent la foi en moi, ils s'écroulent. Si tu ne t'en vas pas, je te brise la tête." En fermant la main, cet égoïste ne garde qu'une poignée de sable, mais s'il l'avait ouverte, tout le sable du désert passerait à travers elle... En revanche, Joshu interprète le poing levé du second maître comme un signe de ce qu'il ne faut pas faire : "Ce qui est mien, si ce n'est qu'à moi, n'est pas mien. Ce qui m'appartient n'est à moi que lorsqu'il est pour les autres." »

Ejo hocha la tête de gauche à droite et de droite à gauche. Il inspira l'air frais du soir, poussa un long soupir et fit claquer la langue plusieurs fois, comme s'il essayait de calmer un enfant blessé. « Certaines branches sont tiédies par le soleil, d'autres refroidies par le vent printanier, mais chaudes ou froides elles font partie du même arbre. Les deux maîtres donnent la même réponse, ils ont réalisé la même vacuité, bien que devant le premier Joshu agisse comme un vent printanier et devant le second comme un soleil. Si toutes les branches sont nourries par la même racine, pourquoi va-t-il d'un maître à l'autre, d'une magicienne à l'autre ? Quand te rendras-tu compte que ce qu'il y a en toi, les autres ne peuvent te le donner ? Tant que tu ne trouveras pas le trésor en toi-même, tu continueras à projeter tes doutes sur les autres. Un jour l'anneau sera maudit, un autre jour il sera une œuvre d'art pleine de noblesse. Tu diras que la tête de mort symbolise la mort ou tu diras qu'elle symbolise l'éternité... Le mendiant à qui tu l'offriras ne verra dans cet anneau qu'une valeur monétaire. »

Je me sentis blessé. Je grognai, moqueur : « Merci beaucoup, don Ejo, enfin je comprends : pour m'éveiller je dois être un mendiant, me dépouiller de mes angoisses personnelles, accéder à la pauvreté de l'âme, me transformer en une écuelle et attendre que mon être essentiel, gros Bouddha, m'accorde l'aumône de l'éveil ! »

Lançant le plus tonitruant des « *Kwatzu !* », le Japonais m'obligea à toucher le sol de mon front, pour me donner une volée de trente coups de bâton. Puis il dit : « La sagesse du maître dépend de ta capacité de l'employer pour te trouver toi-même. » Après quoi, comme s'il s'agissait d'un poème sacré, il récita un proverbe mexicain : « Celui qui a le plus de salive avale le plus de *pinole*[11]. »

Endolori, je lui répondis par un autre proverbe : « On ne peut pas siffler et manger le *pinole.* »

Il se mit à rire en se frottant le ventre : « Exact, chaque chose en son temps ! »

Il descendit à la cuisine et remonta bientôt avec des assiettes de riz, des sardines frites et un thermos plein d'un thé amer et fumant. Entre deux gorgées il me confia : « Mumon Yamada m'a proposé un kôan. Je n'ai jamais réussi à comprendre son sens. Toi, tu peux probablement... »

Je vis briller dans ses yeux bridés une lueur malicieuse. Je pressentis un piège. Sans doute le kôan qu'il allait me transmettre n'avait-il aucun sens. Quelle est la signification de la vie ? La vie n'a ni sens ni non-sens, il faut la vivre !

« Tokusan est le moine supérieur d'un monastère zen. Son travail consiste à enseigner. Seppô est le moine en chef. Son travail consiste à administrer [12]... Un jour que le petit déjeuner est retardé, Tokusan, son bol à la main, entre dans le réfectoire. Seppô lui dit : "Je n'ai pas entendu la cloche annoncer le petit déjeuner et on n'a pas non plus fait sonner le gong. Que fais-tu là, avec ce bol ?" Tokusan, sans dire un mot, incline la tête et retourne dans sa cellule. Seppô s'adresse à un autre moine : "Tokusan est peut-être grand, mais il n'a jamais compris le dernier vers." » Ejo, en guise de commentaire, fredonna très doucement : « Le vent a emporté les nuages. Maintenant, la lune brille sur les collines vertes comme une pièce de monnaie de jade blanc. »

Je me mis à penser : si Tokusan est un maître, il ne peut se comporter comme un vieux gâteux, et si Seppô est un sage qui a réalisé son éveil, il ne peut le traiter de façon agressive. Tokusan n'a pas perdu sa capacité d'attention, il ne va pas au réfectoire mû par une habitude ; nul doute qu'il s'est rendu compte que le petit déjeuner a du retard parce que la cloche n'a pas sonné. Lorsque Seppô semble lui faire comprendre que sa vieillesse l'a diminué, il ne baisse pas la tête parce qu'il reconnaît en lui une incapacité, ni ne méprise l'administrateur parce qu'il le voit perdre la tête. Entre les deux maîtres il ne peut y avoir d'aversion, uniquement du respect. Lorsqu'il s'aperçoit que le petit déjeuner a du retard, Tokusan va au réfectoire parce qu'il sait qu'il y verra Seppô en train de houspiller les moines pour qu'ils servent la nourriture au plus vite. Sans dire un mot, il tend son bol vide à l'administrateur. « Les contrariétés de la vie n'affectent pas la paix de mon esprit. Essaies-tu de faire un travail parfait ? S'il en est ainsi, tu te trompes : pour les humains, la perfection est inaccessible, l'excellence oui. Fais ton travail du mieux que tu peux, en acceptant les erreurs inévitables. » Seppô comprend le geste de Tokusan. De façon métaphorique il lui répond : « Pourquoi, ayant réalisé la vacuité, veux-tu montrer le chemin à ceux dont tu crois qu'ils sont dans l'obscurité ? Tant d'années à méditer et tu gardes toujours le bol vide entre tes mains. Ton grand défaut est ce pouvoir que tu as de connaître ta propre pensée et ta propre nature. Vaniteux, ton bol contient une épine, méfie-toi. »

Tokusan incline la tête, reconnaissant que la conscience est le dernier piège. Les paroles de Seppô, comme le vent qui emporte les nuages, permettent à Tokusan de se rendre compte qu'il voit sa perfection, ce qui implique une imperfection. Pour atteindre l'unité, il doit vaincre la dualité acteur-spectateur... Tokusan retourne dans sa cellule, c'est-à-dire à lui-même. Il lui faut encore apprendre à se dissoudre, à donner sa conscience comme ultime offrande au vide éternel, en laissant de côté les recherches métaphysiques... Le mystérieux commentaire de Seppô : « Tokusan n'a pas encore compris le dernier vers » fait référence à une tradition que les maîtres zen ont empruntée à la Chine antique. Dans leurs derniers instants, les hommes éclairés écrivaient un poème, léguant à leurs enfants ou à leurs disciples l'essence de leur expérience de vie. Le moine bouddhiste Zhi Ming[13], condamné à mort, dicta ceci avant qu'on lui coupe le tête :

*Illusoire la naissance, illusoire la mort.*
*La grande illusion ne survit pas au corps.*
*Mais il y a une idée qui calme l'esprit :*
*Si vous cherchez un homme, aucun homme n'existe.*

Je fis part de mon interprétation à Ejo : « Esprit vide : rien à attendre, rien à recevoir. »

Ejo, pour toute réponse, me cita un autre poème également écrit par un moine moribond :

*En ce monde brûle un arbre sans racines,*
*ses cendres, le vent les emporte.*

A ce moment un bref coup de vent agita nos kimonos. Nous avions passé toute la journée à commenter des kôans. Bien qu'il fût déjà nuit, accoutumés à l'obscurité qui tout doucement avait envahi la terrasse, nous n'avions pas allumé de bougie. Un autre coup de vent, plus long, agita mes cheveux. Ejo, qui avait le crâne rasé, sourit comme un enfant. Le souffle cessa tout à coup et nous laissa un cadeau ravissant : une luciole ! L'insecte, libéré de la tyrannie du vent, s'envola en émettant des battements phosphorescents.

Ejo murmura : « Petite étoile, ton langage de lumière nous transmet un enseignement. »

Nous restâmes un bon moment silencieux. Puis, pour la première fois depuis que je le connaissais, Ejo, d'une voix d'enfant où se mêlaient la nostalgie, la douceur et la fascination, se mit à me parler de son enfance.

« Fils unique, lorsque j'eus cinq ans, par une nuit sans lune où des milliers de lucioles volaient comme un fleuve d'étoiles fuyant devant le temps, ma mère, voyant les premières rides qui annonçaient le déclin de sa beauté, décida de se noyer dans le lac Omi. Mon père ne se consola jamais de ce suicide. N'ayant pas le courage de mettre brutalement fin à ses jours, il se mit à boire. Cette lente destruction nous plongea dans la pauvreté. La plus grande partie de l'année nous vivions de la charité publique. Emergeant de son ivresse à l'arrivée de l'été, il prenait un long bambou, enroulait un sac de tulle autour de sa taille et, au coucher du soleil, m'emmenait avec lui jusqu'au bois de saules plantés sur les rives du lac... Dans la région d'Ishiyama, province de Goshu, où nous vivions, plusieurs commerçants se spécialisaient dans l'achat et la vente des lucioles, qu'ils expédiaient vers les grandes villes dans des petites boîtes d'osier. Les riches citadins, lors de leurs fêtes, adoraient lâcher ces petits animaux pour admirer leur scintillement.

Plus les lucioles sont effrayées, plus elles brillent. Si on les dérange, elles se paralysent et mettent quelques secondes à prendre la fuite... Kyubei, mon père, qui les rendait coupables d'avoir causé la dépression mortelle de ma mère, avec une haine sourde, tel un félin silencieux, détectait leur éclat entre les feuilles des saules. Soudain, bondissant, il se mettait à frapper vigoureusement les branches avec son long bambou. La peur faisait briller les coléoptères, qui tombaient au sol telles des pierres précieuses immobiles. Pour en chasser le maximum, et ne pas perdre de temps, mon père les mettait dans sa bouche. Lorsque celle-ci ne pouvait plus en contenir, il les crachait intactes dans le sac ouvert que je lui tendais et que je m'empressais de refermer.

Tout cela, comme maintenant, se passait dans l'obscurité de la nuit. Mon père s'habillait de noir pour ne pas alerter les lucioles sensibles par l'impertinence d'une couleur. Tout à coup, dans la pénombre épaisse, ses joues commençaient à briller. Dans sa bouche les insectes, au comble de la terreur, lançaient d'intenses scintillements. Cette lumière traversait les joues et transformait le visage de mon père en une lanterne rouge. Lorsqu'il crachait ses prisonnières, un jet lumineux lui sortait de la bouche. Lumière que je recueillais dans ce sac de tulle qui devenait mon âme. Je voyais mon père comme un dieu démon déversant sa puissance en moi, quelque chose comme la transmission de la connaissance, un legs mystérieux.

Lorsque nous revenions à notre humble foyer, moi portant dans mes bras un paquet d'au moins cinq cents lucioles et mon père, content de punir ces insidieux fantômes qui lui avaient volé ma mère – il croyait fermement que la lumière de chaque luciole était la combustion de l'âme d'un mort –, récitant des haïkus que lui avaient légués ses ancêtres, je versais des larmes de bonheur, souhaitant que cet été ne finisse jamais... »

Ejo poussa un profond soupir, il murmura : « Permanente impermanence », sécha ses larmes avec l'une de ses amples manches, alluma une bougie et lança un éclat de rire tonitruant. Alors il récita :

*Mizu e kite,*
*Hikuu naritaru*
*Hotaru kana !*

D'une voix rauque, de nouveau il récita, cette fois en séparant et comptant les syllabes de chaque vers :

*Mi-zu e ki-te,* cinq...
*Hi-ku-u na-ri-ta-ru,* sept...
*Ho-ta-ru ka-na...* cinq !

Il sourit, satisfait. « Cinq, sept, cinq : un haïku. Le cinq, comme les doigts d'une main, symbolise la réalité de l'homme ordinaire. Le sept, comme les sept chakras, symbolise l'esprit éveillé, l'unité universelle. Le cinq final, avec une nouvelle expérience, retrouve la réalité ordinaire, mais cette fois habitée par la lumière de la Conscience. » Ironique, je lui dis : « Ton poème sonne très bien, Ejo, il a un rythme initiatique, mais je ne le comprends pas. Rappelle-toi que je ne suis pas japonais. Aurais-tu la bonté de me le traduire ? » Et à ma grande surprise, bien qu'il ne parlât pas un espagnol correct, il traduisit le poème en gardant la structure 5-7-5.

*Llegando al agua*
*hace una reverencia*
*la luciérnaga !*

*(Arrivant à l'eau,*
*elle fait une révérence*
*la luciole !)*

C'était la première fois que le moine évoquait sa vie personnelle. Voyant en lui cet enfant fragile, nostalgique, que les innombrables heures de méditation n'avaient pas effacé, peut-être parce que ces souvenirs n'étaient pas une gêne mais un trésor intime, je me sentis ému. L'espace d'un instant mes limites personnelles s'estompèrent, mon corps se prolongea dans le cosmos, les astres furent les racines de ma pensée et le passé d'Ejo devint mien. Je m'aventurai à commenter le poème.

« L'eau dont parle ton haïku est celle d'un étang millénaire, calme, sans vagues, sans naissance, sans mort, là pour toujours, comme l'éternité. Suspendant les labyrinthes que dessine son vol, c'est-à-dire se libérant de l'identification à ses paroles, la luciole, l'homme éveillé, en arrivant à la frontière où les concepts se dissolvent dans la vacuité infinie, avant de boire, avant de communier avec le monde, acceptant le changement de tout ce qu'il voulait immobile pour toujours, s'incline plein de respect, remerciant la fugacité de sa vie. »

Lorsque Ejo entendit mon interprétation, un invisible pont s'étendit entre son esprit et le mien. Je supposai, d'après son large sourire, que nous allions nous plonger dans un nouveau jeu : il réciterait et j'interpréterais. Je ne me trompais pas. Il descendit à la cuisine et en revint quelques instants plus tard avec une bouteille de saké chaud pour, après quelques toasts, me proposer un autre haïku :

*Akenureba*
*Kusa no ha nomi zo*
*Hotaru kago !*

*(Revient l'aurore*
*Luciole dans sa cage*
*Seulement l'herbe !)*

Je répondis : « Quand l'aurore arrive, la lumière du soleil rend l'éclat des insectes opaque. Ni éveil ni non-éveil, ni maître ni disciple, soumis à l'ivresse ensemble nous allons chanter, comme les grenouilles qui avalent les lucioles et croassent à la lune, le ventre phosphorescent. »

Satisfait, Ejo lança un grave « Hoo ! », il fit une sympathique courbette et, chantant à moitié :

*Ame no ya wa*
*Shita bakari yuku*
*Hotaru kana !*

*(Nuit de giboulées*
*Les lucioles voltigent*
*Au ras du plancher !)*

« Je pense, mon cher Ejo, que les bouddhas doivent s'adapter aux circonstances. Même si elles frôlent la boue, les lucioles ne cessent de briller. Si les circonstances sont adverses, l'esprit éveillé, sans céder au désespoir, fidèle à lui-même, ne se laisse pas troubler.

– Hoo ! Très facile à dire mais très difficile à réaliser... Ma mère et mes quatre grands-parents étaient morts, j'étais un enfant qui n'avais pour famille qu'un père ivre neuf mois par an... Malgré mon jeune âge, je pouvais comprendre sa tristesse de veuf, mais lui ne percevait pas ma tristesse d'orphelin. Au cours de ces longues nuits de pluie, m'obligeant à sourire, accomplissant ses devoirs filiaux, mon cœur volait au ras de la boue. A neuf ans, en revenant de l'école, je trouvai un jour mon père en compagnie d'un moine zen. Devant mon nez, Kyubei agita une feuille de papier : “Ceci est un contrat qui donne droit à Heikisoken Kodaishi de te tuer s’il considère que tu ne t’appliques pas à pratiquer ses enseignements. Comprends que, pour toi, arriver à être un bon moine sera une question de vie ou de mort... Mange ton riz et va dormir. Demain, à l’aube, tu partiras avec ton précepteur au monastère de Horyuji. Je suis indigne de m’occuper de ton éducation. Si tu restes avec moi, tu deviendras un mendiant. C’est la dernière fois que tu me vois.” Et, me serrant dans ses bras, il mêla ses larmes aux miennes... A minuit, j’entendis ses pas légers. Je regardai par la fenêtre et le vis s’éloigner vers le bois de saules. Prenant soin de ne pas troubler le sommeil fragile de mon futur précepteur, je mis une demi-heure à me vêtir pour sortir de la maison et épier mon père. Je le vis agenouillé au bord du lac, tellement immobile qu’à la lumière de la lune il ressemblait à une sculpture d’argent. A ma grande surprise, malgré le froid hivernal, une luciole solitaire fit son apparition, femelle à en juger par sa grande taille et par l’intensité de sa luminosité. L’insecte, après avoir volé à plusieurs reprises autour de la tête de mon père, se posa sur son front. Alors lui, avec une lenteur de rêve, se leva, en traînant les pieds, à petits pas, il avança en ligne droite vers le miroir que formait le lac immobile et, sans produire de vagues, entra peu à peu dans l’eau jusqu’à disparaître. La luciole resta collée à son front. Pour mon esprit d’enfant, le lac avait avalé Kyubei et ma mère. »

Ejo but une longue gorgée, puis il récita :

*Moe yasuki*
*Mata kie yasuki*
*Hotaru kana*

*(Vite tu éclaires*
*Encore plus vite t’éteins*
*Insecte de lumière.)*

Alors je nous vis, le moine et moi, au milieu du fleuve du temps, au centre d'une sphère infinie, brûlant comme deux bûchers, joyeux feux d'artifice qui dans le ciel ne laisseraient pas de trace, savourant le paradis de l'instant, moment qui jamais plus ne se répéterait... Devrons-nous pleurer parce que nous nous précipitons dans le vide ? Sans croyances qui nous consolent, sans nous inventer un destin à force d'actes compulsifs, que ferons-nous de cette inévitable vie ?

Comme s'il lisait dans mes pensées, Ejo, en guise de réponse, récita deux haïkus à la suite :

*Yo no fukuru*
*Hodo ôkinaru*
*Hotaru kana*

*(Plus l'obscurité*
*Se fait impénétrable*
*Plus ton éclat luit)*

*Yo ga akete*
*Mushi ni naritaru*
*Hotaru kana*

*(L'aube apparaît*
*Les lucioles ne sont plus*
*Que des insectes)*

Les premiers rayons du soleil nous donnèrent une teinte dorée. Nauséeux et somnolent, persuadé que je serais pardonné à cause de mon ébriété, je m'aventurai à interpréter ses vers. « Si je compare l'interdépendance sublime de toutes les choses – lucioles, nuit obscure –, l'idée fixe que j'ai de moi et du monde, je me rends compte que je ne suis pas un étranger mais un participant. Rien n'est mien, pas même ma conscience, tous les lieux sont des portes ouvertes, le moi est impossible sans l'existence de l'autre. Lorsque apparaît l'amour – l'aube – nous nous fondons dans le monde en devenant personne. »

Ejo, aussi saoul que moi, lança un long « Hoooooo ! », il balbutia un dernier souvenir : « Le magasin du marchand de lucioles était éclairé par des centaines de ces pauvres insectes entassés dans de petites cages. Lorsque mon père recevait l'argent et s'enfonçait dans la nuit obscure avec son sac de tulle vide, il me disait toujours avec une grande tristesse : "Maintenant nous devons avancer en portant notre corps qui ne brille pas" », puis il s'endormit profondément sans quitter sa posture de méditation. Je me levai en titubant et le laissai là, tel un Bouddha d'or, ronflant bruyamment...

Je conduisis en essayant de faire le moins de zigzags possible. En ces heures matinales, les rues étaient déjà pleines de voitures. A chaque carrefour, quand le feu rouge nous arrêtait, des mendiants apparaissaient, chacun effectuant un acte différent pour attirer l'attention. Au premier arrêt, je déposai l'anneau d'or dans le chapeau que me tendait un gamin squelettique après avoir lancé des flammes par la bouche en crachant de la benzine sur une torche. Au second arrêt, je donnai tout l'argent que j'avais dans les poches à trois petits déguisés en clown avec d'énormes fesses. Au troisième arrêt, je fis cadeau de ma veste et de ma chemise à un vieux qui faisait faire de l'équilibre à un petit singe debout sur son nez. Au quatrième arrêt, je donnai mes chaussures et mes chaussettes à une femme qui jonglait avec quatre petites têtes de mort en caoutchouc. Au cinquième arrêt, j'offris mon pantalon à une mère qui portait un enfant aveugle. J'arrivai chez moi en caleçon. En m'écroulant sur le lit, avant de m'immerger dans un sommeil profond, je me souvins que mes parents ne m'avaient jamais caressé.

Je fus réveillé dix heures plus tard par les douloureux miaulements de ma chatte Mirra en train d'accoucher avec difficulté. Je l'emmenai d'urgence chez le vétérinaire. Sur la table d'opération, ma jeune angora noire put seulement donner le jour à un beau chaton au poil gris court et doux. En voyant le petit orphelin sucer désespérément les tétons de sa mère morte, je pensai à Ejo. J'eus énormément de peine à imaginer ce garçonnet de neuf ans, sans famille, abandonnant ses amis, ses endroits préférés, ses jeux d'enfant, pour s'enfermer dans un monastère, loin de la douceur du contact féminin, obligé, peut-être sans l'avoir jamais voulu, de méditer, de prier, de travailler, de mendier, de servir, considérant la négation de lui-même comme le mérite suprême. Je le vis dans le monastère, avant de recevoir son premier petit déjeuner, se diriger, tremblant de faim et de timidité, vers la cellule du sévère *shika*, le moine en chef, pour le saluer et le remercier de son hospitalité. Je le vis assis, immobile, retenant ses larmes, tandis qu'un novice plus âgé lui rasait le crâne. Avec ses cheveux s'en allaient les illusions qui l'attachaient au monde. Je le vis en train de laver les sols, de vider les excréments des cabinets collectifs, de cultiver le jardin, d'aider à la cuisine et à la buanderie, d'occuper sa place sur l'estrade du *zendô* après avoir promis de ne pas cesser de méditer avant d'avoir atteint l'éveil. Au milieu de ce groupe d'adultes sévères, où il ne peut pas être seul une seconde, il lui est permis de posséder un tatami, rectangle de paille de sept pieds de long, afin que sur cet espace réduit il puisse méditer, dormir, rêver. Un morceau de bois lui sert d'oreiller. On lui concède aussi un espace dans l'armoire commune pour y garder un bol, un rasoir pour les cheveux, un sûtra et un fin matelas plié en quatre. Rien d'autre. Aucun jouet. Chaque fois qu'il sort du *zendô* ou y entre, il peut lire sur une planche grossière : « C'est une question de vie ou de mort. Rien ne dure. Le temps passe vite, n'attends personne, tu ne dois pas le gaspiller. » Le matin, lorsque le moine responsable regarde sa main et peut distinguer les lignes de sa paume, il frappe la planche avec un maillet et cette suite de sons secs réveille brusquement l'enfant, lui annonçant le début des épuisantes tâches quotidiennes. Quand, dans la soirée, le responsable ne peut plus voir les lignes de sa paume, il frappe à nouveau sur la planche. Alors on lui donne un maigre dîner pour lequel, une fois qu'il a fini, il doit remercier en chantant des sûtras et en faisant de profondes révérences. Enfin le soir, à neuf heures exactement, les coups répétés annoncent que la journée est terminée. Avant de déplier son petit matelas, pour dormir à côté des autres moines dans une position réglementaire, il a lu sur une autre planche, plus large et plus longue, les strictes règles de la vie monacale. On lui indique comment saluer avant et après la méditation, comment marcher, comment boire le thé, comment ôter ses sandales, comment uriner et déféquer. Tout est écrit. Aucun geste spontané ne lui est permis. Les conversations privées non plus. Il est interdit de faire des commentaires, interdit de murmurer. Pour se laver, le matin, il ne peut utiliser que trois coupes de bois pleine d'eau. Il doit tenir la coupe dans une main et se laver le visage avec l'autre, comme un chat. Tandis qu'il fait cela, le *roshi*, pour lui apprendre à ne pas gaspiller un bien qui n'est pas à lui mais à l'humanité, lui conseille : « Utilise deux coupes et économises-en une pour tes descendants. » Et ainsi chaque jour pendant trente ans, cérémonies du thé, visites au *roshi* pour recevoir un kôan, nettoyage du jardin, aller mendier de l'argent ou du riz, bains collectifs dans un silence strict, dormant en hiver sans chauffage ni chaussettes de laine, recevant des remontrances et des coups de bâton sur les omoplates, changeant d'habit deux fois par an, hiver et automne habit de laine, printemps et été habit de lin, passant continuellement des examens devant des moines importants qui déterminent s'ils le gardent au monastère ou s'ils l'expulsent. Au bout de combien de temps cet enfant orphelin, devenu adolescent, puis adulte, a-t-il obtenu cet éveil que la fatalité l'a contraint à chercher ? Il était dans les mains généreuses de Bouddha, se sachant un noble outil que le destin utiliserait peut-être pour réaliser une grande œuvre... mais également conscient que – sauf s'il s'était échappé certaines nuits avec d'autres novices en sautant un mur pour aller s'amuser et boire dans un bar du village – il n'avait aucune expérience de la vie. Sortir de ce sévère monastère pour voyager aux Etats-Unis, puis s'ancrer au Mexique, a dû être un choc spirituel énorme. Difficile de changer les mécanismes acquis au cours de toute une vie. Bien qu'il fût dans une immense ville, Ejo était toujours enfermé dans son monastère japonais. A force de contrôler paroles et gestes, de rester immobile à méditer, de laver son corps pour le purifier de toute tache morale, il avait perdu la tendresse, méconnaissait les caresses, le plaisir des mouvements spontanés, purement animaux...

Je décidai de lui faire cadeau du petit chat gris.

Je trouvai Ejo Takata, comme d'habitude en ces heures matinales, en train de méditer. Je m'approchai lentement de lui et déposai le petit animal entre ses jambes. Le chaton s'installa aussitôt et s'endormit en ronronnant. Ejo, telle une statue, garda sa position jusqu'à ce que le petit bâton d'encens fût totalement consumé. Alors il bâilla, s'étira, sourit et, en caressant le doux pelage gris, me proposa un kôan. « Un matin les moines de la salle est et ceux de la salle ouest se disputèrent pour la possession d'un chat. Voyant cela, maître Nansen prit l'animal et, le levant d'une main tandis que de l'autre il montrait un couteau, il dit : “Si l'un de vous peut me dire la signification de ceci, je ne couperai pas ce chat en deux." Les moines ne purent répondre. Alors Nansen le coupa en deux... »

Ejo lança un cri aigu : « *Gyaaa !* » (un chat mourant), puis il continua : « Dans l'après-midi, Joshu arriva au monastère. Nansen lui raconta ce qui s'était passé en lui demandant un commentaire. Joshu retira une sandale, se la mit sur la tête et commença à s'en aller. Nansen dit : "Si tu avais été là, tu aurais pu sauver le chat." »

Ejo lança de nouveau un cri : « *Nyaaan !* » (un chat naissant), il courut à la cuisine, revint avec un couteau et, soulevant le chaton, me dit avec une lueur implacable dans les yeux : « Si tu me dis la signification de cela, je ne le coupe pas en deux ! »

Je me mis à transpirer et à respirer de façon saccadée. Je sentis que l'air me manquait. À quoi Nansen et Takata faisaient-ils référence lorsqu'ils demandaient qu'on leur expliquât la signification de « cela » ? « Cela » pour le geste de lever le chat, donnant à entendre que la vie et la mort sont une seule et même chose ? « Cela » pour la réalité même, rêve dans lequel nous croyons exister ? Ou bien « cela » pour un illusoire moi, capable de se disputer pour la possession de quelque chose d'également illusoire ? « Cela » pour la vacuité qui ne peut être définie par des mots ? Et pourquoi cette absurde sandale sur la tête et ces deux cris imitant l'agonie et la naissance d'un chat ?

Me voyant dans cet état lamentable, pressurant mon intellect pour essayer de trouver une réponse, Ejo leva le couteau, prêt à donner le coup fatal. Le félin, pendu par la peau du cou pincée entre le pouce et l'index du moine, se mit à crier.

Je perdis tout contrôle et, poussant Ejo, je le jetai à terre. D'un coup de pied je lui fis lâcher l'arme et lui arrachai le chat. Puis, serrant l'animal contre ma poitrine, je reculai, terrifié. Un sacrilège ! En renversant le

Bouddha de son socle, mes illusions mystiques s'étaient brisées en mille morceaux. Jamais plus je ne pourrais compter sur l'amitié du moine. J'eus la certitude que lorsqu'il se remettrait il m'expulserait du *zendo*. Tel un flot irrésistible, certains souvenirs douloureux inondèrent mon esprit. Pour mes quatre ans, un voisin m'avait offert Pepe, un très beau chat gris. Entre cet animal et moi s'était établi un lien profond. J'avais réussi à le dompter, comme un chien. Il obéissait quand je l'appelais par son nom, s'asseyait et agitait en l'air ses petites pattes de devant pour me demander un bout de ce que j'étais en train de manger, jouait avec mes mains sans jamais les griffer, avait un langage de miaulements que je comprenais. Toutes les nuits il venait me tenir compagnie, dormant sous mes draps. Mon père, persuadé que les chats, lorsqu'ils respirent près du visage d'un enfant, lui transmettent la tuberculose, le tua un jour d'une balle dans la tête, devant moi, dans le jardin. Mon bonheur avec Pepe avait duré six mois. A quatre ans et demi j'avais appris à quel point la mort d'un être aimé laissait le monde vide. Ou plutôt, comment elle le remplissait de son absence. Cette tristesse coula dans la moelle de mes os. Je portai au fond de mon cœur une impuissante rancœur à l'égard de Jaime. Et maintenant, tout en me sentant coupable d'avoir frappé le maître, je souriais, soulagé. Enfin j'avais fait ce que je n'avais pu faire lorsque j'étais enfant : sauver mon chat... J'eus la surprise de voir Ejo se lever, souriant comme moi d'une oreille à l'autre. Il se planta devant moi et ouvrit les bras en s'exclamant : « Tu l'as résolu ! Lorsque Nansen, avec son "cela", demande qu'on lui affirme qu'il n'y a pas de différence entre la vie et la mort, Joshu, sa sandale sur le crâne, se moque de son intellect. Je mets la réalité quotidienne dans mon esprit ! Parce que j'aime le chat, je l'arrache de tes mains ! Si pour conduire les moines à l'éveil tu te mets à tuer les félins, ton zen n'a aucun sens ! *Kwatzu ! Kwatzu ! Kwatzu !* Joie ! Bien que la vie soit un rêve fugace, un chat vivant est différent d'un chat mort ! » Et, m'étreignant fortement, il me fit sauter et danser avec lui en riant aux éclats.

Moi, sans lâcher le chat, qui participait en ronronnant, je m'abandonnai à ces réjouissances avec une certaine méfiance. Ejo, se rendant compte de mes doutes, prit le félin dans mes bras, murmura : « *Arigato* » et le caressa avec une tendresse surprenante. Puis il le porta à la cuisine pour lui donner à manger. Je le suivis. Bien que dans cette pièce tout parût en ordre, je sentis se dégager de chaque objet une tristesse d'orphelin. La joie du petit chat léchant le plat accentuait la froideur de cette ambiance... Je ne pus me retenir de lui dire :

« Ejo, je crois que tu as besoin d'une femme !

– C'est vrai ! » s'exclama-t-il en étirant le bras gauche vers le plafond, poing serré.

Le lendemain il prit l'avion pour aller au Japon chercher une compagne.

# 7

## *De la peau à l'âme*

> « Chaque personne que l'on doit pendre exige une technique différente. Tout dépend de son physique. »
>
> Silver Kane, *Verdugo a plazos* (Bourreau à crédit)

Ces quarante jours d'absence du maître me firent prendre conscience de l'importance qu'avait pour moi sa présence. J'avais besoin qu'il soit devant moi et confirme chacune de mes paroles. Sans son approbation, j'avais le sentiment que mes empreintes s'effaçaient avant d'avoir fait les pas qui auraient dû les imprimer.

Pendant son séjour au Japon, personne n'eut la certitude qu'il reviendrait. En réalité, étant donné la vie de privations qu'il menait – il se nourrissait le plus souvent de légumes, fruits et poissons qu'il récupérait dans les détritus du marché – et son petit nombre de disciples, son retour nous semblait absurde. Cependant, afin de rester en communion avec son esprit, nous continuâmes à venir chaque jour au *zendô*.

Irrité de ce qu'Ana Perla, alléguant qu'elle était la seule à pouvoir croiser les jambes en position du lotus, avait pris la place du *sensei* et se permettait de diriger les méditations, je ne cessais de tousser, plongeant dans l'espace mon souffle changé en lance. Personne ne semblait faire attention à moi. Chacun s'était entouré de plus ou moins de petites statues de Bouddha, de vases avec des fleurs et de reproductions d'objets mayas. Ana Perla, lesbienne à cent pour cent, arborait entre ses bracelets de facture tibétaine de grosses cicatrices, vestiges de ses multiples tentatives de suicide par déception amoureuse. Maintenant, le crâne rasé, elle avait l'impression d'être une sainte, à l'abri d'une nouvelle passion. Pour sublimer les hormones, elle nous faisait inlassablement répéter, telles des grenouilles chantant à la lune au bord d'un lac millénaire, le Sûtra du Cœur : « *Gate, gate, parâgate, pârasamgate, bodhi, svâhâ*[14] », qu'elle traduisait de manière traîtresse : « J'enfonce, j'enfonce, plus à l'intérieur, plus en profondeur, orgasme, bénédiction. »

Convaincu qu'Ejo s'était dissous dans son pays natal, écœuré par le fétichisme de ses disciples, je pris congé pour toujours en essayant d'emporter le chat. Voyant le scandale qu'ils armèrent, je me rendis compte qu'ils l'avaient élevé au rang de représentant du maître. Ana Perla affirmait qu'elle pouvait voir une aura dorée autour de la tête du félin... Une fois de plus j'étais dans l'avenue Insurgentes, ruminant ma rage. A un carrefour, j'aperçus le garçon que j'avais rossé quelques mois plus tôt, accompagné de quatre autres habillés comme lui, jean serré et débardeur, faisant des signes ambigus en direction des voitures. J'eus la flemme de changer de trottoir. Me souvenant d'un kôan d'Ejo : « Pourquoi ne vois-tu pas ce que tu ne vois pas ? », je me dis : « Ce que je vois je le vois uniquement de mon point de vue, cela dépend de ma bonne ou mauvaise humeur. Le monde est l'extension de mon esprit. Si je les ignore, ces gamins m'ignoreront aussi. Invisible, je passerai à côté d'eux. »

Soit je ne les avais pas bien effacés de mon esprit, soit mon interprétation du kôan était erronée : dès que je fus près d'eux, ils se jetèrent sur moi, me précipitèrent à terre et commencèrent à me rouer de coups de pied. « Macho de merde, on va t'apprendre à nous respecter ! » Que pouvais-je faire ? Ils étaient cinq contre un. Je couvris mon crâne comme je pus, abandonnai sans protester mon corps au châtiment et me réfugiai dans mon esprit. Les coups ne m'empêchèrent pas de me souvenir d'un autre kôan : « Un moine demande à maître Ummon [15] : "Qu'arrive-t-il quand les feuilles flétrissent et tombent de l'arbre ?" Ummon répond : "De mon cœur surgit un vent d'automne." »

Ce qui est irrémédiable mérite d'être aimé... Pensant de la sorte, j'acceptai avec calme la raclée que je ne pouvais éviter, parce que d'un côté je la méritais et que, d'un autre, à part des contusions gênantes, j'étais certain de rester en vie. Ces garçons n'allaient pas prendre le risque de commettre un crime... Mon calme s'évapora lorsqu'ils me traînèrent dans une ruelle voisine et commencèrent à baisser mon pantalon. Dans cette pénombre malodorante je vis briller leurs phallus. Mes cheveux se hérissèrent. Aucun kôan ne me permettrait d'accepter d'être violé. Je me mis à donner des coups de pied et à crier. Ils m'immobilisèrent, la bouche contre le sol, les fesses en l'air et les jambes écartées. Accompagné d'un chœur de moqueries, une main adroite enduisit mon anus de salive. Leurs rires se glacèrent quand une voix féminine s'exclama : « Laissez-le, il est à moi !... »

Obéissant à l'ordre, les agresseurs se signèrent comme s'ils étaient devant une sainte vierge et s'éloignèrent au trot... Je croyais, par mes méditations zen, avoir dompté mon ego. Je me considérais débarrassé de tout orgueil. Cependant, dans ce coin sombre, mon pantalon baissé à hauteur de mes genoux comme un mollusque mort, assailli de tremblements nerveux, d'une absurde voix d'enfant je me mis à sangloter d'humiliation.

« N'aie pas honte, mon garçon. Ne donne pas tant

d'importance à la pénétration. Ces jeunes ne sont pas mauvais. Je les connais bien : ils viennent me voir chaque fois qu'ils sont malades. S'ils se sont comportés comme ça avec toi, c'est que tu as offensé l'un d'eux. Et de toute façon, comme ce sont des professionnels, ils t'auraient possédé sans te faire de mal. Peut-être voulaient-ils te faire accepter le côté réceptif que tout homme qui a du poil sur la poitrine réprime par mépris de la femme. Allez, viens avec moi. Je vis tout près, à côté du marchand de tacos. Tu as les genoux écorchés. Je vais te les désinfecter. »

La dignité qu'il y avait dans les gestes de cette dame, vêtue avec une rigoureuse simplicité, me donna confiance en elle. Tandis que nous marchions vers le marchand de tacos, elle me dit : « L'autre jour, après avoir donné des coups de pied à ce pauvre enfant, tu as parlé tout seul en marchant, sans t'en rendre compte. Tu m'as croisée, mais tu ne m'as pas vue. Tu t'insultais toi-même. (Elle fit une imitation parfaite du ton de ma voix et de ma façon de parler.) "Je suis une pute spirituelle attendant que Bouddha vienne me posséder et qu'en contrepartie il me donne un éveil !" Tu te méprises et tu méprises ces garçons sans te rendre compte que, comme toi, ils rendent un service. Eux à leurs clients – en majorité des pères de famille qui libèrent des pulsions homosexuelles – et toi aux déesses... En méditant tu développes la conscience, et c'est précisément pour cela que les déesses nous ont créés. Leur jeu consiste à obtenir que la totalité de la matière devienne consciente. A la fin des temps, cet univers doit être pur esprit. En rendant ton corps plus subtil, tu aides les Créatrices suprêmes à réaliser leur œuvre. Avec raison tu t'exclamais (de nouveau elle m'imita) : "Assez ! Méditer, immobile comme un cadavre, ne me sert à rien !" En transformant ton corps en statue, tu suis le chemin contraire, celui que les déesses ont déjà parcouru et qu'elles ont épuisé : matérialiser l'esprit... Tout ce que voient tes yeux, tout ce que tu entends, goûtes et touches, ce sont des divinités pétrifiées. Chaque pierre, chaque plante, chaque animal enferme une conscience qui doit être libérée, non pas au moyen d'une destruction, mais par une mutation... Même si tu ne le crois pas, ce que tu appelles réalité est par essence un chant d'amour. Tout peut avoir des ailes, même les excréments. Tu dois te rendre compte que ces prostitués sont d'une certaine façon des saints... Aussi saints que cette mendiante qui dort à côté des poubelles. L'autre est celui que tu vois en toi... »

A côté de l'échoppe de tacos, entre de hautes murailles écaillées, s'ouvrait une ruelle. Au fond nous attendait un escalier en colimaçon décrépit. Le nuage graisseux qui provenait de la cheminée de la cuisine où l'on préparait les crêpes de maïs au charbon pénétra mes narines. Je me mis à tousser. La puanteur me devint insupportable. Sans se troubler, doña Magdalena continua à monter avec une dignité de reine. Nous arrivâmes face à une porte de tôle très basse. Pour la franchir, il nous fallut baisser la tête. Je l'entendis murmurer : « La clé de toute porte, c'est l'humilité. » Dans son petit appartement, un doux parfum atténuait l'odeur de graisse. « C'est du copal. On l'utilise pour parfumer les temples, mais aussi les tombes. »

C'était une pièce rectangulaire, avec une seule fenêtre, aux murs blancs sans ornements. Au lieu d'une ampoule électrique, à chaque coin se dressait une bougie de cire, longue et épaisse. Au centre, sous un petit abat-jour, une table de massage. Derrière un rideau, un cabinet de toilette. Derrière un autre, une cuisine. Une caisse en bois de taille moyenne servait de penderie.

Doña Magdalena m'invita à m'asseoir sur la table de massage. Dès que j'eus posé mes fesses sur la surface recouverte de cotonnade, avec une grande douceur elle m'enduisit le visage et les endroits contusionnés d'une crème qui sentait le benjoin. Bientôt mes douleurs s'apaisèrent, en même temps qu'elle semblait changer de personnalité. Je la sentis d'un autre monde. Son regard profond et pur me fit l'effet d'une drogue. Les bruits qui venaient de l'avenue cessèrent, les voix et les odeurs s'estompèrent, la réalité prit la consistance d'un rêve... Elle parla lentement, sur un ton grave, précis et monocorde, comme si elle faisait une dictée : « Pour le moment, tu ne sais pas qui tu es, mais tu te cherches avec une telle intensité que nous avons décidé de t'aider, nous, les particules élémentaires de la conscience éternelle... Ce que nous allons t'enseigner n'est pas seulement pour toi ; la semence, on la donne au semeur pour qu'il fasse fructifier la terre. Ce qui te sera donné sera aussi pour les autres. Si tu le gardes, tu le perds. Si tu le donnes, tu parviendras enfin à l'avoir... Jusqu'à maintenant tu as travaillé en immobilisant ton corps, en considérant qu'étant éphémère il ne t'appartient pas ; cadavre où tu dois trouver ce que tu es : un esprit immortel. Cependant, notre fils, ton esprit t'a également été prêté, et il est condamné à disparaître... Aussi bien lui que le corps doivent perdre l'espoir d'être immortels afin, en cessant de vivre séparés, de s'unir comme mâle et femelle, libérés de la tyrannie du temps, plongés dans un instant sans fin, s'adonnant à la tâche de créer un sublime état de bonheur. Lorsque tu dissoudras les contraires, que tu les coaguleras, et qu'ayant été deux tu deviendras un, dans la nuit obscure brillera une étoile... Ce bonheur d'être vivant nourrit l'œil divin qui t'épie depuis le centre de ton être éphémère. Si ta joie est authentique, si tu as brûlé tous les espoirs, si tu cesses d'être un corps qui entretient un esprit ou un esprit chargé d'un corps, si tu es à la fois matière dense et transparence, tu seras reçu dans le sein de la Déesse comme une brebis égarée de retour au bercail. Ta chance individuelle sera la même que celle du cosmos... Si jusqu'à présent tu as cheminé avec le mental, nous te guiderons sur le chemin du corps. Si tu es d'accord, reviens demain à midi. »

Lorsque je sortis de la ruelle, je fus submergé par une fatigue si profonde que je pus à peine lever le bras pour faire signe à un taxi. En arrivant chez moi je m'écroulai sur mon lit, sans avoir seulement la force de me déchausser. Je dormis de quatre heures de l'après-midi jusqu'à onze heures du matin. Je me levai d'un bond, me lavai le visage et les dents en deux minutes et sortis en courant pour arriver à temps au rendez-vous. Dès que j'eus frappé à la petite porte de tôle, mon anxiété se dissipa et je fus envahi par un calme étrange. Doña Magdalena me reçut entièrement nue.

Pour moi, jusqu'alors, voir une femme sans vêtements avait été un motif d'excitation sexuelle ou, si elle était laide, de dégoût. Mais Magdalena nue semblait être vêtue de son âme. Son calme, sa dignité, l'harmonie de ses mouvements, le ton brun uni de sa peau lui donnaient l'apparence d'une idole en terre cuite. Devant un tel naturel, j'eus honte de mes pudeurs, du mépris avec lequel je portais mon organisme, du contenu sexuel catégorique que je projetais sur ma chair. En réalité, j'avais toujours considéré mon corps comme une tumeur de ma raison, une future vieille baderne, un nid d'asticots...

« Ça suffit, jeune homme, cesse de te torturer... Nous commencerons le travail par les parures qui te couvrent. Les costumes sont la nuit obscure, en t'en dépouillant tu connaîtras les premières lueurs de l'aube. Enlève ta montre, cesse de mesurer le temps ! »

Son ordre péremptoire me plongea dans une sorte de transe. Je perdis la hâte. Une lenteur de rêve m'envahit. Magdalena, se déplaçant avec la tranquillité d'une particule de poussière qui flotte dans un rayon de soleil, commença par m'enlever ma veste en cuir. Elle l'ouvrit millimètre par millimètre, comme si elle m'écorchait, faisant durer chaque seconde une éternité. Mes vêtements ainsi retirés un à un prirent des formes diverses, se changeant en une grosse amibe noire... Je pris conscience de la multitude des mouvements que je devais faire pour sortir les bras des manches... Se déshabiller à cette vitesse minimale devenait une expression artistique où la danse, mêlée à la sculpture, donnait une vie sacrée aux vêtements.

« Tu es arrivé couvert des restes d'un animal assassiné. Cette douleur, amalgamée à ton corps, traverse ta chair et s'installe dans ton âme. La peau tout entière est un œil qui absorbe le monde. Fais attention aux matériaux avec lesquels tu la couvres. Tout objet a son histoire. Le lin, la soie, le coton, la laine sont des éléments purs qui ne ternissent pas ton esprit. Le reste est malin, cela attaque tes cellules, déséquilibre ton système nerveux, injecte de la souffrance dans ton sang. »

Possédé par ses gestes d'une extrême lenteur et par sa voix, délicate mais ayant la profondeur d'un lac, je sentis que je me perdais dans un labyrinthe de nuages. Quand je me réveillai, j'étais debout, nu. Magdalena terminait de ranger mes vêtements, les pliant avec le plus grand soin, comme si elle confectionnait des cocottes en papier...

« Le vêtement utilisé sans conscience est un déguisement. La femme et l'homme sacrés ne doivent pas se vêtir pour paraître, mais pour être... Les habits ont une forme de vie. Lorsqu'ils correspondent à ce que tu es essentiellement, ils t'apportent de l'énergie, ils agissent comme des alliés. Lorsqu'ils correspondent à ta personnalité déviée, ils aspirent ta force vitale. Et même étant tes alliés, si tu ne te soucies pas d'eux, si tu ne les respectes pas, ils se vengent en troublant ta conscience.

Comprends-tu maintenant pourquoi nous devons plier nos vêtements comme on plie le drapeau de la patrie ou un ornement sacré ? Suis-moi, je vais te faire prendre un bain !

– Mais, Magdalena, j'ai lavé mon corps avant de venir.

– Lequel ? Tu en as sept. Et celui que tu t'imagines unique est un cadavre... Comporte-toi donc comme tel ! »

Je ne sus que répondre. Je fis ce qu'elle me demandait : j'oubliai ma volonté et me laissai tomber par terre. M'attrapant en des endroits très précis, elle me souleva sans aucune difficulté, me porta dans la pièce voisine et me plongea dans une baignoire remplie d'eau tiède. « Tes ancêtres avaient l'habitude de laver leurs défunts avant de les enterrer, non parce qu'ils croyaient qu'ils étaient sales, mais pour libérer leur chair et leurs six corps immatériels de leurs liens défectueux avec la matière. »

Elle me savonna vigoureusement des pieds à la tête, me rinça, me savonna de nouveau, et ainsi sept fois de suite. Elle le fit avec une telle force et une telle minutie qu'au fur et à mesure qu'elle répétait les lavages je me sentais de plus en plus léger, je respirais mieux... Elle me sortit de l'eau pour m'appliquer un parfum qui sentait l'encens. « C'est du galbanum, mon garçon. Les prêtres juifs en parfumaient leurs autels d'or. Chaque corps humain est un autel. »

Je me levai sur la pointe des pieds, envahi par une sensation de bonheur, j'avais envie de danser. « Ne chante pas encore victoire. Si tu te sens bien maintenant, tu te sentiras beaucoup mieux lorsque j'aurai terminé de te racler... »

Me racler ? Sans s'occuper de mon expression de surprise, elle m'assit sur la table de massage, prit un couteau en os et, à l'aide de la pointe émoussée, se mit à me gratter la peau, centimètre par centimètre, comme si elle lui enlevait une croûte invisible. « Avec les années, les innombrables peurs, comme celle de mourir, de perdre les êtres aimés, le territoire, l'identité, le travail, la santé, se condensent en forme de grains minuscules sous la peau. D'autre part, les auras des six corps impalpables, leurs capacités d'expansion étant inhibées, se recroquevillent l'une sur l'autre jusqu'à former une cuirasse invisible collée à la peau et qui nous empêche de nous unir au véritable monde, non pas celui qui est pensé, mais celui qui nous pense... Cette armure t'enferme en te séparant des autres, de ta planète, du cosmos. Elle te fait vivre dans l'obscurité de l'enfer parce que la lumière de l'âme est l'union... Tu vas te rendre compte que le corps humain est immense ; le gratter entièrement n'exige pas moins de trois heures. Et même ainsi, pour te débarrasser de la peur et te sortir de ta prison charnelle, une séance ne suffit pas : nous devrons la répéter neuf fois. »

Fredonnant une berceuse, elle se mit, avec une infinie patience, à racler tout mon corps, y compris le cuir chevelu, les dents, la langue, le palais, l'intérieur des oreilles, les paupières, les ongles, les testicules, le pénis, l'anus. Elle le fit avec une telle précision que je ne sentis de chatouilles nulle part, pas même sur la plante des pieds. Ses mains décidées, enfonçant le couteau à la profondeur nécessaire pour dissoudre les grains, ni douloureusement ni trop doucement, me parurent celles d'un sculpteur qui en éliminant l'inutile révèle la forme que contient la matière.

Lorsque je rentrai chez moi, il faisait nuit. Une mangue me suffit pour dîner. J'étais si plein d'énergie qu'il me fut impossible de m'endormir avant l'aube. A huit heures du matin, je me levai sans ressentir le moindre manque de sommeil. Pendant neuf jours, doña Magdalena répéta le raclage, enfonçant chaque fois un peu plus la pointe émoussée. Mon opacité disparut. Je commençai à me sentir transparent. Je vis la ville et ses habitants d'une autre manière. Je cessai de critiquer, je me sentis responsable. La joie de vivre balaya comme un coup de vent mes angoisses coutumières.

Chaque fois qu'elle me recevait, Magdalena, comme les nuages, changeait de personnalité, j'oserais même dire d'apparence. Je ne pus jamais saisir son esprit. Je me souviens l'avoir entendue dire : « Je suis une chaise vide... » Avec ses mains, elle me transmit le sublime, injectant son humble sagesse dans mon cœur comme certains insectes déposent leurs larves dans le corps d'un autre, afin qu'elles se nourrissent de son sang, se développent et plus tard surgissent transformées en splendides petits... Après avoir raclé tout mon corps dix fois, avec une petite baguette elle nettoya mes oreilles, me les parfuma et enfin les enduisit d'un peu de miel.

« Maintenant oui, je peux te parler, car tu auras des oreilles douces pour entendre mes paroles... Concentre-toi... Sens ton corps. Rends-toi compte que tu le traites comme une machine, comme un bourreau qu'il faut punir. On lui permet de voir, d'entendre, de sentir, de savourer, mais on attribue à son toucher des projets morbides. A tout moment, mêmes nues, nos mains portent des gants. La civilisation en a fait des outils, des armes, des doigts pour presser des touches. Au service de la parole, comme des animaux savants, elles ne servent qu'à souligner des concepts, elles ont cessé d'être des transmetteuses d'âme. Tu n'as pas de mains, mon garçon, tu as des pinces coupables : chaque fois que tu touches, tu voles. Tu dois réapprendre à sentir tes mains... Voyons si tu peux les ouvrir. Ecarte les doigts, tends les paumes... Encore plus... Tu vois ? Tu ne peux pas le faire complètement. Tu as du mal à lâcher ce que tu crois être à toi. Tu portes accroché un poids mort invisible : tes sécurités, tes craintes de ne plus posséder, de perdre ce que tu crois nécessaire. Tu te contentes d'une poignée de pièces sans savoir que l'argent de toute la planète t'appartient. Ouvre tes mains jusqu'à sentir qu'elles perdent leurs limites, qu'elles contiennent la terre entière, le ciel infini, l'univers éternel... Ne désire rien garder, ne désire rien posséder, accepte de tout donner, de tout recevoir. Sens comme elles aspirent et expirent, en suivant le rythme de tes poumons ; sens le flux et le reflux du sang, inclus-les dans la palpitation de ton cœur, laisse-les se nourrir de la chaleur de la vie. Une vie qui n'a pas de fin parce que étant pur amour elle est impérissable... Replie tes doigts maintenant. Vois la force noble qui transcende tes poings, ce sont deux guerriers prêts à lutter jusqu'au bout contre la mort et ensuite, comme deux fleurs sacrées, à s'ouvrir pour que jaillisse de tes paumes le parfum de la nouvelle vie... Je t'en prie, mon fils, retrouve la mémoire... Sens tes mains rapetisser... Plus petites... Encore plus... Tu portes en elles les sensations que tu avais lorsque tu étais fœtus : palpe l'eau divine qui te submerge dans le sein de ta mère, sens l'innocence, l'immense tendresse qui se loge dans chaque cellule de ta chair, la reconnaissance vis-à-vis du mystère qui leur permet de naître, le plaisir de l'énergie qui revient au monde, une fois de plus le don de la matière, âme née au centre de ta chair... Deviens mère de tes mains, promets-leur le monde, apprends-leur à aller au-delà du dense, laisse-les connaître la secrète poésie de l'espace, mets-toi à sculpter des volumes en l'air. Visualise les formes que tu crées peu à peu, que ton toucher ne soit pas seul à connaître ces sculptures invisibles... Maintenant grandis... Laisse venir le souvenir, que de tes paumes naissent ces premières caresses... Tu n'avais pas d'expérience sensuelle, tout était nouveau... Tu tâtais peu à peu les distances, il n'y avait pas de séparation, tu savais qu'en étirant tes bras tu pourrais toucher les étoiles... Dans ces mains, tu portes maintenant tout le passé. Sens qu'elles sont encore des griffes, des sabots, des tentacules, va plus en profondeur, arrive à l'époque où elles furent métal, pierre, énergie primordiale. Maintenant, reviens, palpe en direction du futur, sens tes doigts s'allonger, devenir transparents, devenir ailes, ondes lumineuses, chant angélique... Vois-tu la force que tu peux transmettre ? Si tu leur enlèves leurs gants mentaux, tes mains exsuderont une aura dorée... »

Alors Magdalena ouvrit ses mains devant mon visage. Je les vis entourées, comme elle le disait, d'une luminosité dorée. Elle les appuya sur ma poitrine. Je me mis à pleurer. Je me rendis compte que ce que je recevais ne venait pas d'elle. Par un contact apparemment simple, mais en réalité magique, elle me transmettait une information qui me manquait depuis que mes parents m'avaient conçu : l'amour divin.

« Tu n'as pas encore de structure. Tu es un homme sans squelette. Si tu n'as pas d'os, comment peux-tu caresser ? »

Elle m'étendit sur le petit lit et se mit à me palper. Il me sembla que ses doigts s'enfonçaient dans ma chair jusqu'à saisir mes os. Une partie essentielle que, par peur de la mort, j'avais voulu oublier. Elle pressa os par os, entrant dans les recoins les plus cachés, dessinant les formes, me faisant sentir sa force médullaire... Jamais plus je ne me déplacerais de la même façon ; jusque-là, mes gestes étaient superficiels, uniquement de chair, ils avaient maintenant un axe solide mais débordant de vie, leur blancheur était du temps concentré que la terre n'avalerait pas, ma différence en même temps que ma similitude : j'étais un squelette semblable à tous les autres squelettes, mais imprégné d'une âme personnelle.

« Tu sais demander, tu l'as fait depuis que tu es né : lève tes bras, étire les mains, ouvre la bouche vers le ciel en attendant la chute de la manne... Mon fils, tu as oublié que la terre t'apprend à tourner autour d'un axe, comme la galaxie, comme l'univers. Si tu n'as pas d'axe, tu es un marécage, un magma d'espoirs qui ne s'élève jamais, une plante grimpante à laquelle manque un mur pour croître... Tes os se développent en tournant autour d'eux-mêmes. L'inclinaison et la translation trouvent leur racine profonde dans la rotation... »

Magdalena, les mains transformées en tenailles, saisit l'un après l'autre, patiemment, le péroné, l'humérus, le cubitus, le fémur, la rotule, le tibia et se mit, lentement mais implacablement, à les faire tourner vers l'extérieur, comme si elle ouvrait un cercueil longtemps fermé. Tendu au début, après avoir dépassé de légères douleurs, je commençai à me sentir libéré d'une carapace qui débutait dans mes os et se prolongeait dans mon esprit.

« Tes bras, tes jambes, ta colonne vertébrale, par peur des autres, sans que tu t'en rendes compte, tendent à tourner vers l'intérieur, obéissant à une mémoire fœtale. Ton squelette a des réactions de hérisson : au moindre danger il s'enroule. Mais le temps avance sans possibilité de recul. Tu ne peux devenir une boule, séparé du monde. Ces os savent qu'un jour ils flotteront dans le cosmos. Ton squelette, attiré par le futur, a la possibilité de s'ouvrir, comme une fleur dont tu es encore le bouton fermé. Et c'est assez de marcher avec un mur noir dans ton dos. Tu portes dans la nuque le monde changé en nuit. Tourne la tête, que tes yeux éclairent l'inconnu... Encore plus... Vers la gauche, comme ça, jusqu'à ce que s'efface le concept de nuque... maintenant vers la droite... Tu n'es pas obligé d'avancer en traînant une obscurité. Ton corps n'a ni devant, ni derrière, ni côtés, c'est une sphère brillante. »

Et, peu à peu, Magdalena me fit tourner la tête jusqu'à ce qu'il n'y eût plus un seul endroit que je ne pusse voir. Je cessai de me sentir attaqué par un ennemi caché dans la nuit qui nichait dans mon dos.

« Passons à autre chose... Si les os sont des êtres, les articulations sont des ponts par où le temps doit passer. Chacun de tes âges continue à vivre en toi. La petite enfance se réfugie dans tes pieds. Si tu laisses ton bébé enfermé là, il entrave ta marche, te plonge dans une mémoire qui est un berceau et une prison, te coupe du futur, t'embourbe dans la demande sans donner et sans faire... Laisse l'énergie accumulée dans la plante, les orteils, le cou-de-pied monter jusqu'aux jambes, te transformer en enfant : joue, danse, agite les pieds en l'air comme si c'était un géant que tu dominais. Mais ne reste pas là, attaque cette forteresse apparemment inexpugnable que sont tes genoux. Par-devant ils présentent une cuirasse au monde, mais derrière, dans l'intimité, ils t'offrent la sensualité de l'adolescent. Les genoux conquièrent le monde, ils te permettent d'occuper comme un roi ton territoire, ce sont les chevaux féroces de ta voiture, mais si tu ne continues pas à monter, en mûrissant, tu restes là, enfermé dans ton château. Allons, pénètre à l'intérieur et monte le long de tes cuisses, deviens adulte ; dans les articulations qui unissent tes humérus au pelvis, découvre la capacité d'ouverture de tes jambes... Devant toi, mon héros, se présente la colonne sacrée, chaque vertèbre est une marche qui te conduit de la terre jusqu'au ciel. Depuis la grandeur et la puissance des lombaires, grimpe vers les dorsales sentimentales et arrive aux lucides cervicales pour recevoir la boîte crânienne, coffre des trésors qui culmine en dix mille pétales s'ouvrant vers l'énergie lumineuse qui pleut du cosmos... Maintenant que tu as appris à t'ouvrir, ne reste pas enfermé... »

Elle décida alors de pincer des régions de ma peau pour l'étirer, de la poitrine, des épaules, des jambes, des bras, des paupières, de la nuque, du crâne. Elle étira également l'enveloppe de mes testicules. Je la vis s'ouvrir comme un grand éventail, déployant ses énergies retenues. Cette bourse qui depuis toujours s'était plissée comme une écorce abandonna son désir de protéger le sperme et s'ouvrit au monde, avec joie, sans appréhension, dans un immense sourire.

« Vers l'extérieur, entre dans l'air et ses parfums cachés, sens des prolongements jusqu'à l'infini, transforme en ailes tes omoplates, offre la peau du ventre comme une coupe aimante absorbant sans crainte le destin mortel. Ta peau n'est pas une prison qui te prive du monde, tu ne vis pas enfermé dans une illusion que tu appelles “dedans”. Permets qu'elle te porte vers le “dehors”, afin que cesse l'enfer de la séparation. Que ton corps s'étende vers les six directions, vers l'avant où s'accumulent les projets, vers l'arrière où dix mille saintes mains te poussent vers la vie, vers ton côté droit par où naissent les innombrables soleils et aussi vers la gauche, déclin où le départ est une promesse de retour ; vers le bas, abîmes où règne la torche qu'il est impossible d'éteindre, et vers le haut, au-delà des étoiles, lumineuse absence dans laquelle s'évanouissent les mots. Continue ainsi à t'étendre afin qu'en arrivant au bord qui se submerge dans la volonté invisible, tu sentes que tu es une sphère en expansion et découvres ton centre. Reconnais ce diamant, cet œil en flammes, mystère qui nourrit le bien autant que le mal, en fonction de l'usage que tu en fais. »

Je perdis la notion du temps. Lorsqu'elle eut fini d'étirer ma peau et que je me sentis aussi léger qu'un nuage, je m'aperçus qu'il était déjà minuit.

« C'est l'heure où la vision de la chouette devient parfaite. La terre lui apparaît comme un être vivant composé d'ondes amoureuses. L'une d'elles est l'aliment. Le mulot le sait et il s'offre à elle sans essayer de fuir. Il entrera dans l'énergie qui le triture et deviendra oiseau. L'essence est immortelle. Elle ne fait que changer de forme... Comme le rapace, tu verras le monde amoureux t'envoyer toutes sortes d'aliments. Pour ton corps et ton âme. Ne te demande pas ce qu'ils sont, accepte-les, ils viennent du plus profond de toi-même... Maintenant, tu peux t'en aller. Sur le chemin, ne parle à personne. Contente-toi d'écouter... »

Je descendis par l'avenue Insurgentes sans aucune crainte bien qu'une panne électrique ait plongé le quartier dans l'obscurité. Les assaillants passèrent à côté de moi comme des lambeaux de velours noir, sans me voir. Ma réalité n'était plus la leur. En revanche, un papillon de nuit, de la taille de ma main, vint se poser sur ma poitrine, battant des ailes comme s'il voulait entrer. Pour lui, peut-être mon cœur brillait-il comme un petit astre.

Lorsque je revins le lendemain matin, doña Magdalena faisait chauffer au bain-marie une cruche en terre pleine d'un épais liquide. Lorsque celui-ci commença à bouillir, elle y versa des plantes qu'elle avait broyées dans un mortier. Pendant que ça refroidissait, elle remua la mixture jusqu'à ce qu'elle se solidifie.

« C'est de la vaseline à laquelle j'ai ajouté de la sarriette, de l'ilang-ilang, de la sauge, du romarin et, surtout, de la marijuana. Avec cette pâte, je vais vaincre ta volonté. Tu ne veux pas lâcher la rage ni les souvenirs douloureux. Tu les accumules dans tes muscles sous forme de contractions qui te donnent la sensation d'exister. Si tu les relâches, lorsque disparaissent tes exigences d'être aimé, tes angoisses d'abandon, tes rancœurs, tu te sens disparaître. Tu crois, enfant triste, que la souffrance est ton identité. Ma pâte donnera de l'énergie et du plaisir à ta peau. Tu connaîtras le bien-être corporel, ce qui apportera la paix à ton âme. Le monde cessera d'être ton ennemi, tu te sentiras invulnérable, tu accepteras la matière comme une amie en ayant la sensation que le cosmos est un berceau... Oublie le mâle, laisse apparaître la femelle, abandonne-toi, ne résiste pas, élimine toute activité, fais-toi eau, épouse la forme de mes mains... »

Lorsque je fus nu, elle me fit allonger sur le côté et commença à masser mes muscles un à un.

« Concentre-toi, assure-toi que tu les sens. Cesse de toujours voir une image mentale de toi-même. Chaque fois que tu te surprends en train de t'observer, reviens à la sensation de ton corps. Tu n'es pas le personnage d'un film. Si tu t'échappes de ton organisme pour devenir observateur, celui-ci se transforme immédiatement en cachot. Allons, avance vers toi, plus que ça, plus près encore, entre dans ta chair ! Et restes-y pour connaître l'humilité ! Tu comprends ? Jusqu'à maintenant tu as cru qu'être humble revenait à diminuer tes valeurs, à les cacher derrière un masque soumis, sans te rendre compte que tu avais marché de par le monde sans le voir directement, distrait par ce que tu croyais valoir ou ne pas valoir. L'humilité, mon enfant, c'est cesser de protéger tes croyances, d'affirmer à chaque instant ton existence, de démontrer à qui cela importe peu que tu mérites d'être vivant. Va, lâche prise, tu n'as rien à justifier. Entre dans ton corps, dépouille-le de toute finalité, ne l'envahis pas de tes doutes et de tes défenses, abandonne-toi, que te mangent les vautours, que les furies t'arrachent les intestins, que tu pourrisses, que tu deviennes cendres, lâche prise, chacun de tes muscles est un coffre fermé, je vais te les ouvrir... »

La vaseline mélangée aux plantes produisit en moi un bien-être que je n'avais jamais connu jusqu'alors. Magdalena, de ses doigts savants, pénétra peu à peu, millimètre par millimètre, dans ma chair jusqu'à identifier chaque muscle, traitant ces corps striés comme si c'étaient les fœtus d'un être supérieur qui voulait naître. Enfonçant en leur centre les deux pouces joints, tandis qu'avec les autres doigts elle les prenait par en dessous, elle les étirait vers les côtés de la même façon qu'on ouvre la cara-

► La guérisseuse Pachita.

▼ María Sabina, la prêtresse des champignons.

▲ La chanteuse chilienne Violeta Parra.

▼ L'écrivain espagnol Francisco González Ledesma, qui écrivait aussi sous le pseudonyme de Silver Kane.

▲ Le maître zen de mon maître, Mumon Yamada, un bouddha élégant.

► Et mon maître, le moine zen Ejo Takata, quand il arriva au Mexique.

◄ « Intellectuel, apprends à mourir », m'avait-il dit à l'époque. J'avais une trentaine d'années.

▲ Je réfléchis à une mise en scène dépouillée pour le *Zarathoustra* que je monte d'après l'œuvre de Nietzsche.

▲ Mon maître accepta de méditer sur scène deux heures sans bouger au milieu des acteurs nus récitant leur texte.

◄ L'artiste peintre surréaliste Leonora Carrington...

▼ ... et son mari Chiki qui portait jour et nuit un béret.

▲ L'actrice María Felix...

► ... et le tableau de Leonora Carrington qui la représente.

▲ J'acquis une célébrité dou teuse lors de ma relation ave cette femme, avant de me fâch avec elle...

▲ La Tigresse et son tigre Salgari.

► La Tigresse monta ensuite une Lucrèce Borgia concurrente qu'elle joua nue le pubis teint en vert, et qui resta à l'affiche deux ans.

▼ Ma pièce à moi dura quatre mois !

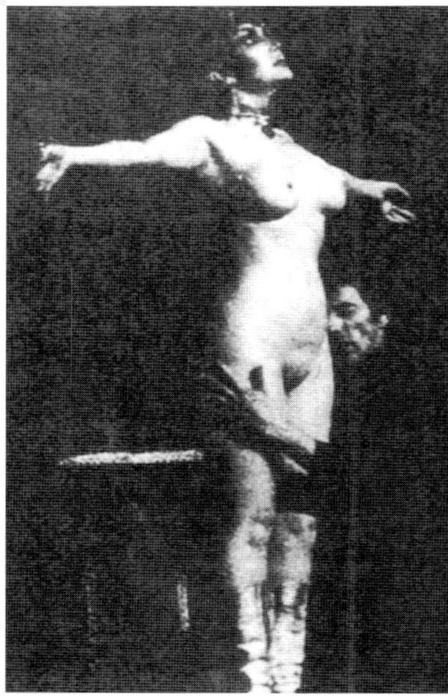

► L'unique photo connue de doña Magdalena.

▲ Je joue le personnage d'El Topo dans mon film du même nom.

► « Je suis la fille de Gurdjieff », me dit Reyna D'Assia, ici avec son père.

▲ Le mont Albán, centre de cérémonies zapotèques, érigé à deux mille mètres sur une montagne dont la cime fut arasée, où je me rendis avec Reyna.

► Dans une enveloppe expédiée par Reyna D'Assia de Bali, cette photo avec ces mots : « Moi avec Ivanna, ma fille. Je ne sais si son père est toi ou don Prudencio ».

▲ Je mets en scène et je joue *Hamlet Gonzalez* dans une version apocalyptique.

▼ Avec le producteur Allen Klein lors de notre réconciliation.

pace d'une grosse crevette. Cette sensation d'ouverture se répandit dans tout mon corps jusqu'à me faire éclater en sanglots. Je gardais de douloureux souvenirs enfermés dans ces muscles. Dans les mollets, les coups de pied que ma mère me donnait sous la table pour me faire taire quand ma grand-mère venait dîner, toute phrase que je disais lui semblant un manque de respect envers cette vieille femme sévère. Dans le bras droit, la fureur contre mon père, le coup de poing retenu pendant des années, celui avec lequel je souhaitais mettre son visage en sang pour m'avoir tellement terrorisé en essayant de me rendre courageux... Dans le dos, entre la colonne vertébrale et les omoplates, l'insupportable vide de caresses... Et dans les chevilles, comme des entailles de faux, la tristesse d'avoir été déraciné de mon village natal à l'âge de neuf ans. En un seul jour, en perdant mes amis et mes lieux préférés, le ciel sans nuages, le parfum de la mer et des collines arides, la caresse de l'air toujours sec, j'acquis une tension dans les jambes qui changea mes pas agiles en pas traînants dans les rues de villes étrangères...

« Tu vois ? Tu étais plein de coffres fermés qui gardaient des tristesses, de la souffrance, des colères, des frustrations... Quand j'ai ressuscité tes os, je t'ai fait aller vers l'intérieur ; quand j'ai étiré ta peau, vers l'extérieur ; en ouvrant chacun de tes muscles je t'ai poussé vers les côtés, à la fois aube et crépuscule. Maintenant que je t'ai vidé de ces souvenirs pris dans les fibres comme des mouches dans des toiles d'araignée, apparaîtront tes viscères, amis ignorés, toujours dans l'ombre, travaillant pour toi jour et nuit, sans que tu daignes les remercier... Sens, j'introduis les doigts dans la partie supérieure de ton abdomen, comme ça, sur le côté droit, et je le palpe, je le caresse, je le parcours pour que tu sentes sa forme généreuse ; c'est ton foie, mon enfant, ton organe puissant, honnête, fidèle, qui vibre parce qu'il sait que tu le reconnais... Ecoute sa voix grave : “Je suis le portier, celui qui essaie d’empêcher le passage du venin, non seulement celui que tu ingères par la bouche, mais aussi celui qui infecte ton esprit : chaque parole mordante m’oblige à la combattre, chaque colère contenue me ronge, les attaques inattendues du monde viennent me frapper, et je fais ce que je peux pour te préserver, en sollicitant ton attention par de petites douleurs, en augmentant la sécrétion de ma bile, en emmagasinant des vitamines... Je veux pour toi l’innocence, que comme de l’eau pure les paroles descendent de tes oreilles à ton âme, je veux que tu arraches la critique à la racine pour que ton sang coule comme un fleuve limpide. Donne-moi la force suffisante pour interdire le passage aux démons de la gloutonnerie, de l’envie, de la déception ! Ne deviens pas mon ennemi, ne m’attaque pas avec des substances que je ne peux assimiler, non seulement tu es ce que tu manges, mais tu manges aussi ce que tu es : si tu introduis dans mon temple des matières, des pensées, des sentiments, des désirs qui te sont étrangers, ils se transforment en toxines...” »

Lorsque Magdalena imitait la voix du foie, il me semblait entendre le ronronnement d’une panthère noire. Ses manipulations répétées et caressantes me firent peu à peu sentir un viscère mou, chaud, grand et plat comme une sole, dégageant des ondes de fidélité et d’énergie en tout point comparables à celles d’un chien. Je me rendis compte que mon corps, pris dans les glaces de l’indifférence de mes parents, recevait de lui, constamment, une liqueur régénératrice, ce qui le fatiguait. Pour la première fois de ma vie j’eus pitié de mon foie. Pour lui permettre de se reposer, je demandai à Magdalena de me libérer de la souffrance.

« Cher enfant de l’âme, ce que tu me demandes, tu ne peux l’obtenir qu’en entrant dans ton cœur... Seconde après seconde, cet ami qui est pure dévotion, telle une noria divine, fait circuler la vie en toi. Il bat à un rythme qui vient de l'instant où l'esprit ancestral s'est manifesté. Si tu te concentres, tu sentiras dans ta poitrine la parole première, le redoublement du tonnerre qui engendre l'existence, la danse de la matière obéissant à l'ordre incessant de la multiplication. Sous tes côtes tu portes un moteur têtu, empressé, sûr comme une flèche qui avance dans un ciel vide, oiseau géant qui te porte vers l'éternité. C'est pourquoi tu ne dois pas le contrarier, n'importe quelle frustration contracte l'un ou l'autre de tes muscles, et ton cœur, étant leur roi, ressent ces tensions, aussi infimes soient-elles, et il les accumule au fil du temps, ce qui lui fait peu à peu perdre tout intérêt de te conduire au port divin. Alors il te punit, en se punissant. Il s'affaiblit, s'embourbe, détonne, bégaie... Et cette perte de rythme annonce que les portes célestes sont en train de se fermer pour toi... Laisse mes massages lui rendre la confiance, crois en lui afin qu'il croie de nouveau en toi, sens-le, envoie-lui un sang rempli d'amour, ne le rejette pas en ignorant sa présence et en l'imaginant comme une horloge qui compte les minutes te menant à la mort. Le cœur ne menace ni ne compte rien, son travail essentiel consiste à verser l'espoir dans tes veines... Laisse-le palpiter, imagine que c'est un aigle, monte sur son dos, regarde comme il ouvre ses ailes immenses, comme il te porte vers un avenir miraculeux... Tu es tellement habitué à vivre comme une victime que le bonheur que tu reçois à cet instant te fait pleurer... Cette souffrance d'orphelin doit cesser, je vais réveiller la conscience de tes poumons, eux connaissent le plaisir de l'air, du chant, la victoire d'avoir surgi de l'eau pour toujours ; mâle, trois lobes le droit, et femelle, deux lobes le gauche, aspirant la transparence du monde ils t'invitent à t'élever jusqu'au-delà des étoiles. Laisse aller tout l'air, ne pense pas que tu es en train de t'étouffer, sens ces deux amis spongieux ainsi, vides, et comprends peu à peu qu'ils adorent l'espace infini. Garde-les au repos, sans te contracter, calme, le plus que tu peux tandis que tu observes ton squelette, ta chair, ta peau implorer son invisible aliment... Et maintenant, doucement, laisse entrer cet oxygène nécessaire, ce mets exquis. Garde-le en toi, le plus longtemps possible, fais-en un élixir qui pénètre dans chaque cellule en enrichissant son noyau de conscience... Expire lentement, enrichis à ton tour le monde : quand les poumons reçoivent le don du ciel, tu donnes à l'air respiré les énergies de la terre, tu es le pont, pour toi les anges vont et viennent, montent et descendent comme le rêve de Jacob... »

Je sentis que j'étais une partie essentielle du monde. Que ma respiration donnait vie à la terre et aux plantes, que mon rythme cardiaque et pulmonaire s'unissait au rythme de la totalité des animaux, il n'y avait pas de séparation entre nous et les nuages, aspirant et expirant je pouvais créer des astres dans mes mains...

En voyant mon visage rouge d'extase, Magdalena se mit à rire.

« Tu comprends ? Tu avais vécu toute ta vie sans prendre conscience de l'immense plaisir, du miraculeux échange qu'est respirer. Lorsque tu nettoies ton esprit, l'air que tu exhales purifiera les êtres et les choses... Ton passage par le monde sera un ensemencement continuel... Ecoute bien, enfant chéri de l'âme : il y a deux manières de sculpter, celle des artistes et celle des dieux. Les artistes prennent un bloc de matière et créent leur sculpture de la surface vers l'intérieur. Les dieux partent d'un centre, la source d'origine, où ils se concentrent, et de là font croître l'œuvre, le corps, de l'intérieur vers l'extérieur... Les viscères qui t'ont parlé aujourd'hui s'appellent ainsi parce qu'ils habitent dans l'intérieur de ton corps. S'ils étaient à sa surface, ils s'appelleraient organes. Notre sexe interne, à nous les femmes, est un viscère. En vous, les hommes, le viscère devient organe. Nous, nous sentons notre vulve comme un centre créateur ; vous, vous sentez le phallus comme un compagnon, un outil agréable, et vous le séparez du centre émotionnel... Couche-toi, je vais donner des racines à ton sexe... »

Le massage que Magdalena me fit alors n'avait absolument rien à voir avec la masturbation ou les caresses érotiques. Elle m'en avait bien averti avant de commencer : « Ne te trompe pas, regarde, je prends l'un de tes pieds, sens la qualité de mes mains, elles sont tendres, n'est-ce pas ? Je le tiens comme une mère tient son nourrisson ; maintenant, je prends tes parties génitales, la qualité ne change pas, c'est la même tendresse maternelle, celle qui protège et soigne... N'aie pas peur, ne te défends pas et n'aie pas honte, il est normal d'avoir une érection, laisse-toi manipuler, ne cherche pas le plaisir mais la compréhension... »

Magdalena saisit mon membre de sa main droite et appuya l'index de sa main gauche sur le trou de mon urètre. Elle exerça une pression vibrante, entièrement concentrée au bout de son doigt. J'eus la sensation qu'elle créait un tout petit soleil qui au lieu de brûler émettait de la vie... Elle descendit par la partie supérieure du gland, puis traça un invisible sillon dans le corps, traversa par le pubis et remonta jusqu'à mon nombril, puis au plexus solaire, et enfin arrêta son tracé au sommet de mon crâne.

« Ça, c'est la première racine de ton organe, elle arrive au sommet de ton crâne et en guise de nourriture absorbe l'énergie qui pleut des cieux... »

Aussitôt elle replaça l'index sur la bouche de l'urètre, attendit quelques instants pour créer le point intense et descendit le doigt vers la partie inférieure en passant par le frein du prépuce pour arriver aux testicules, traverser le périnée, monter entre les fessiers, parcourir la colonne vertébrale, la nuque et arriver de nouveau au sommet du crâne.

« Si la première racine absorbe les énergies lumineuses, la deuxième entre dans la nuit qui loge dans ton dos, arrive à la volonté qui se fabrique dans ta nuque et retrouve l'autre racine au point le plus haut, celui qui te relie aux étoiles... Le principal est fait, maintenant je vais te faire sentir les multiples racines qui s'incrustent dans les différentes parties de ton corps... »

Et Magdalena, infatigable, établit des lignes sur tout mon organisme : commençant à la tête du phallus, elles s'étendaient vers les paumes de mes mains, la plante de mes pieds, mes côtes, la base de ma gorge, mes yeux, mes oreilles, mon front... Je perçus peu à peu que j'avais entre mes jambes un arbre aux puissantes racines qui, passant par mon corps et sortant par mes pieds et ma tête, s'incrustaient pour arriver au centre de la Terre et à chaque astre du cosmos.

« Enfant chéri de l'âme, la femme ne doit pas chercher de racines, car elle les sent dès sa naissance ; elle doit faire des branches... Pousser depuis les ovaires, descendre par l'utérus et le vagin, ouvrir les lèvres et faire croître un labyrinthe d'énergie en direction du vaste monde. Pour s'unir à son sexe, l'homme doit l'enraciner jusqu'à atteindre la semence première ; la femme, elle, doit le garnir de branches jusqu'à atteindre le fruit ultime... Tout comme ton phallus, tu vis à l'écart de ton corps, sans racines. Tu crois que la réalisation suprême consiste à se libérer de la chair, à extraire la conscience du corps comme on extrait une main d'un gant ou une épée de son fourreau. Au début, bien sûr, le corps, avec sa vie mystérieuse, ses sensations, ses manifestations incontrôlables, se présente comme un épais rideau qui empêche le contact avec la lumière de l'âme... Mais n'es-tu que chair qui possède une conscience, conscience qu'elle-même a exsudée ? Et si tu étais aussi un esprit qui exsude un corps ? L'esprit est symbolisé par le ciel ; le corps par la terre. Entre le ciel et la terre se trouve l'être humain, comme le dieu Seth de l'Egypte antique, séparant au commencement le ciel de la terre pour se rendre compte, à la fin, que les étoiles et les racines font partie d'une même plante. Certaines énergies baissent en même temps que d'autres montent. S'il n'y a pas un moi individuel après la mort, la conscience et le corps sont une unité éphémère, qui doit accepter le mariage, la coagulation, avec joie. Lorsque tu médites, immobile, tu vas vers les branches, lorsque tu t'abandonnes au massage, tu enrichis tes racines... Mais le corps que tu m'offres est-il un tout ou un fragment ? Reconnais que tu le vis comme un fragment... Tu te préoccupes de ta matière palpable, mais jamais de ton aura. Allez, étends-toi sur le sol. Concentre-toi, sens toute ta matière, pousse de dessous ta peau, traverse-la, répands-toi sur le sol comme une tache de sang invisible... Je commence par te masser la poitrine, je vais vers les côtés et mes mains suivent leur élan en caressant sur le sol ton aura qui arrive pour le moment – car tu ne sais pas encore l'étendre – à deux mètres de toi... Aiguise ta sensibilité, si mes pressions se prolongent sur ton corps invisible, tu le sens, et cela t'apporte la sérénité. Je te transforme en noyau d'un gros fruit. En entrant dans la tache invisible dans laquelle tu te prolonges, je sens des nœuds, des enchevêtrements, des tensions, comme si c'était une chevelure non démêlée depuis des années. Mets-toi debout, je vais peigner ton aura jusqu'à ce qu'elle soit lisse et en ordre. »

Magdalena, utilisant ses mains à la manière de peignes, les passa et repassa autour de moi. Bien qu'à aucun moment elle ne m'eût touché, je sentis que mon esprit s'ordonnait peu à peu, que de vieilles rancœurs se dissolvaient, que des espoirs frustrés se volatilisaient ; l'état constant d'attente angoissée, comme si mon être n'était pas là mais m'attendait dans le futur, se calma et, telle une méduse flottant tranquillement dans l'océan, mon esprit s'abandonna au présent, c'est-à-dire au monde tel qu'il était et non comme je pensais qu'il était.

« Maintenant que ton aura est bien peignée, je vais devoir laver ton ombre. »

Elle ouvrit l'unique fenêtre. La lumière de l'après-midi entra à flots. Elle me plaça le dos vers l'extérieur, afin que mon ombre se projette dans le rectangle brillant qui s'étendait sur le sol.

« Mon fils, ne bouge sous aucun prétexte. Voici ta compagne, celle qui, sans que tu daignes l'entendre, te dit ce que tu es vraiment : un cadran solaire. A chaque instant ton corps proclame l'heure qu'il est. Et cela est important parce que chaque heure a une âme, une énergie différente, qui exige que tu la manies de manière spéciale. Si tu forces tes heures en commettant des actions au moment qui ne convient pas, tu vis mal, tu tombes malade. Ne prêtant pas attention à leur ombre, la plupart des gens la portent comme si c'était un animal sale. Cela empoisonne leurs pas... »

Magdalena, à genoux, avec de l'eau parfumée à la lavande, savonna mon ombre, la brossa vigoureusement, essuya la mousse avec une éponge, la sécha et ensuite, satisfaite, m'empêchant encore de bouger, me la montra comme si elle exhibait une œuvre d'art.

« La voilà toute propre. Regarde comme elle est belle. Maintenant qu'il y a encore du soleil, rentre chez toi et sens-la... Je suis sûre que tu te rendras compte du changement... »

Tandis que je marchais, le soleil dans le dos, je voyais mon ombre comme une agréable compagne. Mieux encore, comme une alliée respectable... J'avais plaisir à observer la manière dont cette tache noire, oiseau immatériel, passait sur les objets, les gens, les murs, laissant une invisible trace qui rendait la pureté et la joie à la matière citadine torturée. Je me rendais compte que les passants n'étaient pas conscients de l'ombre qui les accompagnait. Elles, n'étant pas vues, n'étant pas prises en compte, avaient l'air de guenilles noires, lourdes, sales et tristes, qui freinaient les pas, ajoutant de l'impureté aux objets sur lesquels elles passaient.

Mon expérience avec Magdalena dura quarante jours. Avec dévotion et patience, elle vainquit peu à peu mes résistances pour me montrer différentes façons de masser le corps.

« Enfant chéri de l'âme, tu ne vis pas dans un corps, tu vis dans une blessure unique. Pour que tu te sentes comme tu es en vérité, matière spirituelle, je dois avant tout te soigner. Comme les crevettes roses enrobées que vend le marchand de tacos, là en bas, tu es enveloppé de souffrance, non seulement la tienne mais celle de tes frères, de tes parents, de tes oncles, de tes grands-parents, de tes lointains ancêtres. C'est le charbon qui obscurcit ton diamant. Je te guérirai. Je suis femme, je suis serpent, je peux te donner non seulement avec mes mains, mais avec tout mon corps. »

Et Magdalena, commençant à onduler, se colla à moi, m'entoura, se glissa de mes pieds à ma tête, me frotta avec ses cheveux, son visage, ses seins, son dos, sa poitrine, ses jambes, ses pieds... En pressant, elle fixa des points et ensuite les unit à d'autres points, me couvrant de méridiens et de parallèles, me donnant la sensation d'être un filet serré où chaque partie était unie au tout. Elle appuya ses lèvres sur chacun de ces points pour aspirer avec force et cracher qui sait quelle énergie maligne. Elle me souffla partie après partie avec une extraordinaire intensité, son fil d'air coupant comme un couteau. Ensuite, là, sur ces points rendus extrêmement sensibles par des coups de dents, d'une voix douce et puissante elle m'injecta des mots mayas. C'étaient des noms de dieux androgynes ou des mots d'amour, quelle différence ? De tout son poids, et peut-être aussi avec le poids d'entités d'autres dimensions, elle m'écrasa contre le sol pour faire de moi une masse amorphe à laquelle, au moyen de rythmes lents, rapides, tremblants, explosifs, délicats et brutaux, elle fit renaître ma mémoire fœtale. Je sentis grandir mes yeux, ma bouche, mes membres, palpiter le centre qui devait être le cœur et, surtout, je vis mon âme, telle une rose, s'ouvrir brusquement en exhalant ses immenses angoisses de vivre... Elle fit de moi un enfant, un jeune homme, un homme mûr, un vieillard, un androgyne millénaire, un ange, un dieu illimité. Elle avait réveillé mon énergie vitale en faisant sortir de mon nombril, qu'elle appela éden, quatre fleuves impalpables qui se répandirent par treize centres dans mon corps qu'elle appela temples. Au moyen de pressions mystérieuses, elle les fit s'ouvrir comme des cruches en énumérant les différents dons qu'ils pouvaient déverser.

« Ça suffit, me dit-elle au bout de quarante jours, tu as tout capté. Tu n'as pas besoin qu'on te donne. Ce que je t'ai donné maintenant, tu peux te le donner toi-même. »

Sur le dos de mes mains elle posa la paume des siennes, avec une telle assurance et une telle fermeté que je sentis nos deux peaux se coller. Elle se mit alors à guider mon automassage... Au fur et à mesure que je prenais de l'assurance, elle relâcha la pression de ses mains et tout à coup, presque sans que je m'en rende compte, leur fit prendre leur envol comme deux lentes colombes... Tout ce que Magdalena m'avait appris me vint peu à peu : je palpai mes os, étirai ma peau, établis un contact avec mes viscères, enracinai mes pieds dans le sol après avoir apaisé mon ombre, peignis mon aura, établis des parallèles et des méridiens, me situai dans la colonne vertébrale et de là envoyai de l'énergie vers les flancs en ayant la sensation de déployer deux immenses ailes.

« Vole, mon fils, répands-toi, ton corps ne s'arrête pas à ta peau, il se continue dans l'air, occupe la totalité de l'espace, croît avec le cosmos, englobe la création divine. La terre est tienne, les galaxies sont tiennes, tu es éternel, tu es infini, dans l'ombre de ta raison habitent les innombrables déesses, elles aussi sont tiennes. Sont également tiens les êtres humains, les plantes, les animaux, ceux qui vont naître, les légions de morts. Décide-toi, deviens maître de ta vie ! Tu es une fleur aux pétales innombrables qui s'ouvre et se ferme à chaque instant, jaillissant comme une explosion de lumière du ventre noir qui n'est ni énergie ni matière, marécage créateur. Et tu habites dans tout cela, dans la corolle qui est conscience collective, tel un diamant, traversé par les rayons amoureux des êtres conscients, d'autres diamants, pour former le collier qui brillera éternellement autour de l'énigme que nul ne peut nommer... »

Lorsque je marchai dans les rues, je sentis le poids de mon corps non plus comme un châtiment mais comme un lien d'union avec ce mirage que j'appelais réalité. Chacun de mes pas était une caresse, chaque bouffée d'air qui entrait dans mes poumons, une bénédiction... Les sensations que j'avais étaient tellement surprenantes que d'un côté il me semblait habiter un nouveau corps et, de l'autre, que mon corps habitait un nouvel esprit. Penser recevoir d'autres massages m'angoissa : l'oiseau qui vole sans obstacles n'a pas besoin de plus d'air, le poisson qui avance sans limites n'a pas besoin de plus d'eau. Je laissai passer une semaine au cours de laquelle changèrent même mes habitudes alimentaires : il me devint impossible de manger de la viande, de prendre du café ou des produits lactés. Ce que mon estomac tolérait le mieux, c'était le riz... Riz qui me rappela Ejo

Takata. Dès que son image apparut dans mon esprit, je reçus une carte postale avec un Bouddha de mauvais goût, de style hindou, où Ana Perla m'annonçait le retour imminent du maître.

J'achetai un grand bouquet de roses blanches et allai faire mes adieux à Magdalena. Je trouvai la porte ouverte. Sa chambre était vide.

Je descendis voir le marchand de tacos pour demander où elle était. Pour toute réponse, les serveurs haussèrent les épaules. J'interrogeai l'un des garçons qui s'offrait au coin de la rue : « Doña Magdalena est comme l'air, elle arrive chargée de graines, les sème et s'en va. Personne ne peut l'enfermer... », me répondit-il.

Je murmurai : « Sous les nuages immobiles le vent emporte la ville. »

# 8

## *Comme neige dans un vase d'argent*

« Bon, et à propos, toi, pourquoi est-ce que tu parles autant, fils de chienne ? Je t'ai dit de la fermer ! Je vais finir par me fatiguer et te ficher une balle dans les couilles ! »

Silver Kane, *Madison Colt*

Ana Perla, à la tête des disciples, reçut le maître à l'aéroport. Il venait accompagné d'une gentille religieuse du nom de Michiko et d'une fillette de dix ans, Tomiko, orpheline adoptée. Ejo, irrité par le manque de sommeil après un si long voyage, empêcha les discours d'une brève courbette et demanda qu'on le déposât immédiatement au *zendô* pour dormir. Ce qui fut fait, mais Ana Perla décida que pendant que la famille se reposait, les disciples attendraient le réveil du maître en méditant le temps nécessaire. Ce qu'ils firent pendant deux heures. Ensuite, imitant le chat qui dormait en ronronnant entre les genoux de la patronne tondue, ils s'abandonnèrent dans les bras de Morphée. Au petit matin, un tonitruant « *Kwatzu !* » les réveilla. Le maître, d'un doigt accusateur, montrait le félin : ils lui avaient rasé les poils du crâne pour imiter un moine, l'avaient vêtu d'une petite soutane couleur café et lui avaient coupé les oreilles et la queue. Ejo Takata resta immobile au centre du *zendô* décoré dans le style hippy-aztèque, retenant difficilement le torrent de sa fureur. A la déception de voir son enseignement dévié de la sorte venait s'ajouter celle que lui avait récemment infligée Fernando Molina...

Cela faisait deux ans que je méditais avec Ejo lorsqu'un soir quelqu'un vint tambouriner à ma porte. Je m'inquiétai. Bien que vivant dans la zone centrale de la ville, ma petite maison – un rez-de-chaussée, un étage et la terrasse – se trouvait isolée, sans voisins. En face s'étendait un terrain vague, champ de batailles entre gros rats et chats teigneux. A côté se dressait avec difficulté une rangée de cinq maisonnettes en ruine, collées les unes aux autres, soutenues par des poutres complètement sèches. Entre ces murs logeaient tant d'araignées et de scorpions que même les mendiants les plus alcooliques n'osaient pas y passer la nuit. Vainquant mon inquiétude, j'ôtai la chaîne de sécurité et ouvris la porte. Je me retrouvai face à un garçon mince, aux yeux petits mais brillants comme des braises et des dents si grandes qu'elles lui donnaient un aspect chevalin. Il tenait à la main un bouquet de tournesols. C'était Fernando Molina, l'un de ces comiques qui dans les théâtres de revues, entre deux numéros de strip-tease, apparaît pour débiter un flot d'histoires piquantes. Je le fis entrer. Après m'avoir donné les tournesols, il leva un poing devant mon nez et me dit, avec un irrespect que ne se permettent que les fous : « Si tu me le dis, je te casse la figure, et si tu ne me le dis pas, je te casse la figure ! Quoi ? » A une vitesse supersonique, une multitude de pensées envahirent mon esprit. « Ce barbare délire. Il a appris que les kôans existent et, de façon vulgaire, veut me mettre à l'épreuve. Si je lui donne la réponse correcte que j'ai étudiée avec Ejo, il ne la comprendra pas et me cassera le nez. » Je décidai d'appliquer ce que j'avais appris avec le maître. Je vainquis la peur, décontractai mes muscles et, vidant mon esprit de mots, je le regardai dans les yeux, sans rien donner ni demander, existant aussi simplement qu'une pierre ou un oiseau. Molina, avec un mépris implacable, recula son poing pour donner plus de force à son coup. Moi, sans baisser les paupières, avec une mansuétude chrétienne, je me préparai à recevoir le coup. Alors advint l'impensable, l'un de ces hasards extraordinaires qui arrivent avec une incroyable précision juste au moment où l'on en a besoin : toute la rangée de maisons délabrées s'écroula ! Cela résonna comme l'explosion d'une bombe et un nuage de poussière, entrant par la fenêtre, nous submergea. Je profitai de la surprise de Fernando pour me libérer de ses griffes et lui crier : « Voilà la réponse à ton "Quoi ?" ! » Dans la rue, rats et chats fuyaient épouvantés. Le comique, agitant ses dents de cheval, éclata de rire, hésita cinq secondes, et enfin s'agenouilla devant moi.

« Demain, je devais prendre l'avion pour le Pérou, où l'on dit que vit un maître. Mais hier soir je me suis couché tôt et j'ai rêvé de toi. Comme un sage millénaire, tu étais assis en train de méditer. Je me suis prosterné devant toi, je t'ai donné un bouquet de tournesols et je t'ai dit : "Sauve-moi, donne-moi l'enseignement qui me manque, fais que je m'illumine..." Alors tu m'as répondu : "Réveille-toi et viens me voir tout de suite..." Ce que j'ai fait : en chemin, sur la place Rio de Janeiro, j'ai trouvé un massif de tournesols plantés autour de la copie du *David* de Michel-Ange. J'en ai volé onze et je te les ai apportés. Tu comprends ? Onze tournesols plus moi égalent douze disciples qui s'inclinent devant le soleil central. Toi, celui qui est capable de faire tomber une rue entière !

– Un moment, Fernando, les maisons étaient délabrées, elles sont tombées par hasard. Ton rêve est juste, tu devais venir me voir : pas pour que je sois ton maître, mais pour que je te présente celui qui rendra inutile ce voyage au Pérou. C'est Ejo Takata, un authentique moine zen. Lui te donnera l'enseignement que tu désires. Il est deux heures du matin. Dans trois heures, Ejo commence à méditer. Buvons un café, ensuite je te conduirai au *zendô.* »

Le comique, avec tristesse, me montra ses dents.

« J'ai eu un accident de moto. Je me les suis toutes cassées. On m'en a mis des fausses. Aucun maître ne me prendra au sérieux avec cette tête de cheval...

– Ne crains rien, lui dis-je, Ejo verra ton être essentiel... »

Lorsque nous fûmes devant lui, Takata prit affectueusement le menton du comique, regarda ses dents, poussa un profond soupir et lui dit : « Un jour tu auras de très beaux yeux. »

A partir de ce moment, Molina serra les lèvres, décidé à rester muet jusqu'à la fin de sa vie, et il s'installa au *zendô,* dormant sur l'estrade où l'on méditait. Il balaya, lava les sols, peignit les murs à la chaux, fit cuire le riz, aida Michiko à éliminer les pucerons des plantes, accompagna Tomiko à l'école, vida la litière du chat, se promena parmi les méditants en brandissant son *kyosaku* pour en frapper les omoplates du disciple dont la colonne vertébrale se courbait sous le poids de la fatigue, alla au marché ramasser les fruits et légumes abandonnés... Satisfait d'un tel dévouement, Ejo fut rempli d'espoirs, imaginant un avenir où les antiques cultures japonaise et mexicaine s'uniraient en une religieuse étreinte. Lorsqu'il lui rasa le crâne et lui donna un costume de moine, Ejo écrivit ce poème :

*Celui qui n'a que des bras*
*aidera avec ses bras*

*et celui qui n'a que des jambes*
*aidera avec ses jambes*
*dans cette grande œuvre spirituelle*
*où de nombreux êtres*
*perdront leurs cheveux.*

Peu de temps après, Ejo décida d'envoyer son premier moine mexicain au monastère où lui-même avait été formé. Molina, montrant ses dents après les avoir tenues cachées pendant plus d'un an, lança un hennissement de plaisir. Tous les disciples, nous participâmes financièrement pour compléter le prix du billet d'avion, qui pour la plus grande partie fut payé par l'ambassade du Japon. Un mois plus tard, le maître reçut une carte de Mumon Yamada le félicitant d'avoir formé un moine exemplaire, qui montrait plus de résistance pour la méditation et les épuisantes tâches quotidiennes que ses disciples japonais. Mais la joie d'Ejo, lorsqu'il rentra au Japon pour chercher une compagne, reçut un énorme seau d'eau froide. Juste le jour où il rendait visite à son vieux maître, les moines chargés de lire la correspondance que les internes recevaient de leurs familles découvrirent que Molina se faisait envoyer de Mexico, dans des boîtes de chocolats, plusieurs sortes de drogues, entre autres de la pâte d'opium, de l'héroïne et du LSD. Ils découvrirent en outre qu'une partie du paquet était destinée à être vendue aux novices. Ils expulsèrent avec perte et fracas le premier moine mexicain en lui interdisant l'entrée de tous les temples et monastères zen du Japon.

A en juger par la terrible rage avec laquelle il fit irruption dans le *zendô* ce matin-là, la honte et la déception de Takata avaient dû être immenses. Molina, qui avait pris l'avion deux jours avant lui, comme si de rien n'était, encore vêtu de l'habit de moine, ronflait à côté d'Ana

Perla. Au parfum des encens – santal, patchouli et myrrhe – s'ajoutait celui intense de la marijuana... Ejo Takata sortit de son immobilité et, écumant de rage, à coups de bâton mit en miettes les vases de fleurs, les sculptures précolombiennes, les shivas et shaktis [16], les bouddhas dorés ; il arracha des murs les posters aux symboles cabalistiques et astrologiques, déshabilla le chat, lança son petit costume de moine par la fenêtre ainsi que les coussins de méditation qui, étant noirs, avaient été recouverts de housses blanches avec des broderies huitcholes et enfin, à coups de poing et de pied, expulsa du *zendô* Ana Perla et les autres, qui épouvantés prirent la fuite sans oser protester. Sauf Fernando Molina, qui se laissa tomber assis, prit ses genoux entre ses mains et y plongea la tête. Ainsi ramassé en boule, Ejo le fit rouler jusqu'au milieu de la rue. Celui aux grandes dents ne bougea pas. Les voitures s'écartèrent pour l'éviter. Il resta ainsi presque toute la journée, sans réussir à éveiller la compassion du moine, jusqu'à ce qu'arrive une ambulance. Enroulé comme il l'était, ils le mirent sur une civière et l'emportèrent... Nous ne l'avons plus jamais revu. (J'appris que trois ans plus tard, lors d'un happening, arborant des dents de taille normale, il avait brûlé l'habit de moine et sur les cendres copulé avec sa femme devant un nombreux public.) Tard dans la nuit, Ana Perla, accompagnée de six acolytes, arriva avec un pot de peinture rouge pour écrire sur la façade du *zendô*, en grandes lettres : « BOUDDHA EST UNE FEMME ! »

Dans cette période ténébreuse, j'eus l'imprudence de lire au maître un essai que j'avais écrit et qui avait été publié dans le supplément culturel du journal conservateur *Heraldo de Mexico* :

## DONALD LE CANARD ET LE BOUDDHISME ZEN

*L'une des bandes dessinées du canard Donald correspond exactement au message des kôans 42 et 44 du livre* Mumonkan[17].

*Le capitaine des pompiers invite Donald à faire partie du corps des volontaires. Celui-ci le raconte à ses trois neveux. Eux aussi voudraient participer, mais leur oncle, les considérant comme des sots, les oblige à rester à la maison. On donne un équipement complet au canard, avec la condition qu'il se rende immédiatement sur les lieux de l'incendie dès qu'il entendra sonner l'alarme. S'il est ponctuel, il recevra une médaille de bronze. Donald, très fier, vide un coffre en disant qu'il servira à conserver les médailles que sans nul doute il obtiendra. Cette nuit-là, l'alarme sonne, mais le canard ne se réveille pas. Ses neveux le tirent de son sommeil. Le canard se précipite vers l'incendie en oubliant son casque, puis sa hache, puis son pantalon. Lorsqu'il réussit à s'équiper, il est trop tard. La maison qu'il voulait sauver est un tas de décombres et les pompiers sont partis... Le lendemain, le chef l'appelle et lui donne un poste moins important. On lui a retiré la hache et à la place on lui confie un petit extincteur. Au cours de la nuit, de nouveau l'alarme sonne et de nouveau le canard reste endormi. Ses neveux le réveillent. Cette fois, il s'habille avec soin, mais dans sa hâte, au lieu de prendre l'extincteur, il attrape une bombe d'insecticide. En essayant d'éteindre le feu, il l'attise. Le lendemain, le chef le rétrograde pour la seconde fois. Désormais, il éteindra le feu avec un sac. Ses neveux, voulant l'aider, décident d'organiser dans la rue un petit incendie afin qu'il ne soit pas trop déprimé et qu'il travaille. Pendant ce temps, le canard trouve un paquet de fusées et, les jugeant dangereuses, les met dans sa poche. « Oncle, il y a un incendie dans la rue, tu dois prendre ton sac et sauver la ville ! » Donald éteint le petit feu, mais sa veste s'enflamme. Il court chez lui. Les fusées explosent. Le salon commence à brûler. Les enfants apportent un tuyau et éteignent le feu. Le chef arrive et les admet dans la compagnie des pompiers... Cette nuit-là, lorsque l'alarme sonne, les enfants se réveillent et, en criant : « Il faut y aller très vite ! Aucun obstacle ne nous arrêtera ! », ils partent en direction de l'incendie dans un camion moderne et équipé tandis que debout dans la rue, avec son misérable sac à la main, le canard Donald les voit s'éloigner en murmurant : « Ils ont bien de la chance... »* [...]

*Plusieurs doctrines ésotériques signalent cette erreur qui nous fait unir nos petits états de conscience et oublier qu'entre eux s'étendent de grands lacs de sommeil. Le zen se fonde sur un éveil total appelé* satori. *« Le satori est l'alpha et l'oméga du bouddhisme zen. Il peut être défini comme un regard intuitif sur la nature des choses par opposition à la compréhension logique ou analytique. En pratique, il signifie la découverte d'un monde nouveau, inaperçu jusqu'à présent à cause de la confusion d'un esprit éduqué dans le dualisme. Lorsque nous atteignons le satori, tout ce qui nous entoure est vu sous un angle de perception jusqu'alors inconnu... »* (Essais sur le bouddhisme zen, *D.T. Suzuki).*

*Dans le kôan 44, « Le bâton de Pa-tsiao », le maître dit dans son sermon aux moines : « Si vous avez un bâton, je vous donne le bâton. Si vous n'avez pas le bâton, je vous l'enlève... »* [...] *Analysons ce kôan à la lumière de Donald le canard. Notre personnage reçoit un « appel mystique » qui lui demande d'éteindre le feu. En le recevant, Donald pèche par orgueil. Il se pavane avec les récompenses qu'il va obtenir : un poste de grande responsabilité dont son moi narcissique obtiendra des caresses et des médailles de bronze (si c'était une vraie valeur, la médaille serait d'or). Il a en outre l'intention de conserver ces prix dans un coffre, symbole de son ego fermé. Ses neveux, au contraire, représentent la pensée collective, la réalisation sociale avant celle individuelle. Ils sont trois et un à la fois. Ils prononcent une phrase en divisant les mots : « A. L'alarme sonne... B. ... et notre oncle doit... C. ... être endormi. » Ce sont ces neveux méprisés par la pensée égolâtre qui se réveillent lorsque l'alarme sonne, eux qui se préoccupent anonymement d'éteindre le feu, eux qui pensent à l'œuvre et pas à la récompense et, enfin, eux qui essaient d'aider l'Autre. Ils « ont », et c'est pour cette raison qu'on leur donne le meilleur camion de pompiers. Le canard Donald « n'a pas », c'est pour cette même raison qu'on lui retire peu à peu. [...]*

*Dans le kôan 42, une religieuse tombe en concentration à côté de Bouddha. D'autres saints se plaignent parce qu'elle seule mérite l'honneur d'être tout près du Maître. Celui-ci leur dit de la tirer de sa méditation. Personne n'y parvient. Le Bouddha appelle « Ignorance », qui s'approche de la femme, fait claquer ses doigts et celle-ci se réveille sur-le-champ.*

*Le contenu est clair : ni la science, ni la discussion, ni la recherche ne peuvent donner le satori. Seul l'esprit qui n'a pas conscience de lui-même le provoque. [...] Donald le canard, Prométhée moderne, reçoit l'appel pour éteindre son petit feu mental, produit de quelques fusées, puis il se submerge dans le grand Feu-Inconscient-Univers. Il est évident que l'anormalité de l'excès de pensée dualiste fait souffrir l'homme. Voilà pourquoi le canard pousse des cris quand sa maison se met à brûler. Il a besoin du satori, mais il en a peur. Il perd l'opportunité et tristement, accroché à son sac intellectuel, voit s'éloigner les nouvelles générations en disant pour se consoler : « Ils ont bien de la chance ! » Imaginant qu'ils n'ont pas obtenu grâce à un travail intérieur constant (en répondant à tous les appels), mais qu'on leur a donné sans qu'ils aient à travailler.*

*Pauvre Donald ! On lui retirera tout parce que, accroché à ses concepts ankylosés, il attend qu'on lui donne, sans se donner la peine de l'obtenir... Et comment obtenir ? Pour Donald le canard, le chemin est tracé dans le conte : il doit s'employer à nettoyer son coffre, en le vidant de toutes les médailles de bronze.*

Mon sourire de satisfaction se pétrifia quand, alors que je terminais de lui lire mon essai, Ejo se mit à s'éventer en murmurant : « Comme neige dans un vase d'argent... » A la manière dont il le dit, je compris que malgré une forme apparemment précieuse, mes mots se dissoudraient sans laisser de trace.

Après un silence qui me parut interminable, d'une voix très basse, lasse, Ejo ajouta : « Au moment où tu ouvres la bouche pour dire "la vérité", tu te trahis toi-même. » Rouge de honte, je compris qu'aussi exacte que soit ma vision du zen à travers le canard Donald, du fait d'expliquer la doctrine, je la rendais inutile.

Ejo me passa le livre secret. « Lis le premier kôan de la troisième partie. Il n'est pas pour les novices mais pour ceux dont le but est de devenir maître. En recevant ce kôan et cent quarante-trois autres, après les trois années de noviciat, l'aspirant doit s'enfermer dans le monastère et pratiquer au moins dix ans. Seul quelqu'un qui a réussi à être un maître zen a le droit et la capacité de poser ces kôans à une nouvelle génération de novices. La vanité, l'orgueil, l'inconscience du señor Fernando Molina quand, sans même savoir sa structure originale, ni non plus la réponse correcte, il t'a posé le kôan en menaçant de te casser ce que lui-même, par sa bêtise, s'était cassé, les dents, est impardonnable. J'ai été aveuglé par une ambition enfantine quand je l'ai ordonné moine. Je voulais que mes "pères" me félicitent d'implanter la doctrine au Mexique. Je mérite cent coups de bâton. Donne-les-moi... »

Il me donna le *kyosaku*, se mit à genoux, inclina la tête et le tronc, appuya ses mains sur le sol et cria : « Cent ! »

Que pouvais-je faire ? Je savais qu'en aucune façon je n'allais le convaincre d'abandonner un tel dessein. Si j'insistais, il était probable que j'allais réveiller sa fureur. Si je le laissais dans cette position, non seulement je le décevrais, mais en plus je l'humilierais. Je lui donnai trois petits coups. Il se remit à crier : « Plus fort ! » Je continuai à le frapper et, à mesure des coups, un amer sanglot monta de mon ventre à ma gorge, jusqu'à ce qu'il jaillisse de ma bouche sous forme de longue lamentation, un serpent de tristesse qui s'enroula en nous deux, tristesse pour mon enfance, pour la sienne, deux enfants qui n'avaient pu jouer, au milieu d'adultes qui nous avaient enfermés en nous-mêmes, îles sans espoir de rencontrer deux yeux bienveillants qui nous acceptent en oubliant d'exiger de nous de réaliser des valeurs, religieuses ou politiques, en nous acceptant simplement comme des âmes vierges... Au centième coup, je m'agenouillai à côté d'Ejo et essayai de le prendre dans mes bras. Il me repoussa avec dignité, se leva sans se plaindre et me passa le livre. « Lis ! »

« Le maître zen Kyogen[18] dit : “Supposons qu'un homme grimpe à un arbre et s'accroche à une branche avec ses dents. Il reste là sans que ses pieds touchent terre. D'en bas, un moine le questionne sur le sens de la venue de l'ouest de notre fondateur. Si l'homme ne répond pas, il éludera honteusement la question. Mais s'il ouvre la bouche et prononce un mot, il tombera en se tuant sur le coup. Dans de telles circonstances, que doit-il faire ?”... Un moine du nom de Koto répondit : “Une fois que l'homme est en haut, suspendu à la branche, il ne peut répondre à aucune question. Si l'homme a quelque chose à demander au moine, il doit le lui dire avant que celui-ci monte à l'arbre.” Entendant cela, Kyogen éclata de rire... Plus tard, maître Setcho commenta : “Il est facile de lui répondre pendu à l'arbre. Lui répondre sous l'arbre est difficile. Au vu de quoi je dois moi-même me pendre à une branche. Venez, posez-moi une question !”

– Maintenant, lis les réponses classiques, me dit Ejo. Il y en a une pour quand l'homme est pendu à l'arbre et une autre lorsqu'il est à terre...

– Dans l'arbre : le disciple, mettant un doigt entre ses

dents pour figurer une branche, agite le corps et murmure : “Ouh... Ouh...”, en imitant quelqu’un qui essaye de répondre sans pouvoir le faire. Sous l’arbre : le disciple fait comme s’il tombait de la branche en atterrissant par terre, sur le derrière. Il se le pétrit en s’exclamant : “Aïe, j’ai mal !”

– Réponds-moi la bouche fermée ! » me cria Ejo.

Je lui donnai la réponse classique : « Bien qu’on puisse ou non répondre, essaie toi le premier ! » En lui disant cela, je couvris sa bouche de la paume de ma main.

Il la repoussa. « Tu vois ? me dit-il. Que tu parles ou que tu ne parles pas, ton cerveau se gonfle de mots... Peux-tu monter à l’arbre et te suspendre par les dents à une branche ?... Le moine Koto voit la fumée mais pas le feu. Plus que l’effort terrible de l’homme, entre la vie et la mort, pour se trouver lui-même, c’est-à-dire dans sa vacuité, il lui paraît important de savoir où et comment on peut avant une question donner une réponse avec des mots qui révèlent la vérité de la doctrine. Cela, maître Setcho le comprend, car il établit très clairement la différence entre penser et expérimenter. Sous l’arbre, l’homme cherche le sens du Bouddha sans comprendre que ce Bouddha dont il parle n’est pas un être extérieur à lui mais un niveau de conscience qui doit être atteint au-delà des concepts... En se suspendant à l’arbre, on met fin au discours intellectuel, à la recherche d’idéaux, de buts et on entre dans un processus vital, une agonie semblable à celle de la larve qui se tord pour devenir papillon... »

En entendant cela – c’est-à-dire ce que mon esprit organisa avec les mots prononcés par Ejo de façon fragmentaire à cause de ses maigres connaissances de l’espagnol –, je crus comprendre les deux réponses. Dans l’arbre : si je parle, si j’intellectualise, je me perds. Sous l’arbre : si je réponds, en traduisant la vérité en mots je la détruis... Des phrases qui, quoique belles, ne sont que neige dans un vase d'argent.

« Je veux me pendre à l'arbre, Ejo !

– Résisteras-tu ? Le zen n'est pas un jeu ou un vernis mystique pour hippies fortunés... L'éveil ne s'achète ni ne se vend... Il se gagne, en perdant tout, parfois la raison, parfois la vie...

– Je t'en supplie, apprends-moi !

– Je ne peux que t'apprendre à apprendre de toi-même. »

Ejo Takata changea d'attitude, il parut se défaire d'un manteau de plomb. Il se redressa, irradiant de l'énergie, un sourire illumina son visage.

« Nous allons faire une *rôhatsu*... Nous méditerons sept jours de suite...

– Quoi ?

– C'est une technique zen qui équivaut à se suspendre à une branche avec les dents. Tu auras droit à un bol de riz par jour, quarante minutes de sommeil et un quart d'heure pour déféquer. Le reste du temps, tu devras rester assis, sans avoir le droit de bouger...

– Mais Ejo, nous sommes en saison des pluies. Les moustiques nous envahissent...

– Ils auront un bon banquet ! Et assez de discussions. Si tu te décides à le faire, retire tes chaussures et commence tout de suite. Si tu n'oses pas, va-t'en brûler ton livre secret. Les kôans ne sont pas des jeux poétiques. Les résoudre, c'est se livrer à la mutation. La femme de ton essai, celle qui médite près de Bouddha, quand elle réalise l'ignorance s'ignore elle-même. Elle découvre alors qu'elle est Bouddha... Tu veux t'éveiller ? Oui ou non ?

– Oui ! » m'exclamai-je.

J'ôtai mes chaussures, m'agenouillai, posai entre mes jambes le seul coussin qui restait, joignis mes pieds derrière mon dos et enfonçai mes genoux dans l'estrade de bois comme s'ils étaient une ancre qui m'attachait aux profondeurs de la planète. En même temps j'étirai ma colonne vertébrale et, aussi dressé que le permettaient mes os, j'imaginai qu'on me tirait d'en haut par les cheveux. Ainsi, tendu entre terre et ciel, j'étais comme un arc prêt à darder sa flèche. Je joignis les mains à plat, la droite sur la gauche, et unis mes deux pouces par une pression infime, ni trop haut ni trop bas, « ni montagne ni vallée ». Je ne fermai pas les yeux, les fixai sur le sol à environ un mètre de distance, les commissures de la bouche relevées en un léger sourire. Ejo Takata fit de même. Cependant, bien que nous ayons tous deux la même position, comparé à lui j'étais un tas de gélatine à côté d'un bloc de granit.

Il alluma un bâtonnet d'encens de couleur verte, à l'aide d'une baguette de bois il frappa un bol de métal en produisant un son apaisant, et sans autre forme de procès donna le départ de ma torture.

Nous étions dans une semi-pénombre. La fenêtre fermée atténuait à peine le bruit des voitures, des camions et les cris de la rue. De la cuisine, au rez-de-chaussée, nous parvenait le délicat affairement de la compagne du maître et aussi, avec beaucoup de discrétion, le rythme d'un disque de rock de style japonais que la petite avait apporté de son pays... Tous ces bruits disparaissaient quand le vrombissement d'un moustique venait irriter mes tympans.

Vaillamment, avec un enthousiasme frisant le délire, j'entrepris la méditation, décidé à me changer en statue. Au bout d'une heure, je commençai à flancher. La douleur de mes jambes augmenta de minute en minute. Lorsque je n'en pus plus, j'essayai de m'installer autrement. Ejo lança un rugissement de lion qui me paralysa. Pour fuir mon corps, je me réfugiai dans mon mental. J'imaginai des paysages, des voyages interstellaires, des nuages aux formes multiples, zzzzz... Un autre rugissement terrifiant me réveilla. Ejo se leva, me donna trois coups de bâton sur l'omoplate droit et trois autres sur l'omoplate gauche. Je me sentis reposé et, enthousiaste, me remis à méditer... Une heure... une autre heure... une autre... une autre. J'avais soif, j'avais faim, j'avais tout le corps endolori, j'avais le ventre plein de gaz... Ejo se pencha sur la droite, souleva légèrement une fesse et lança la chaîne de pets la plus sonore que j'aie jamais entendue de ma vie. Il revint à sa position de granit et continua à méditer. Mon orgueil blessé au plus profond, je me mis à me libérer de mes vents... Alors que j'étais au beau milieu de cette occupation peu parfumée, Michiko entra, vêtue d'un sobre kimono, et déposa devant mes genoux et ceux d'Ejo un bol plein de riz bouillant où se lamentaient quelques petits morceaux de carotte cuite, une paire de baguettes de bois et un verre de thé vert. Ejo s'exclama : « Mange vite ! Ne perds pas de temps ! Le principal, c'est de méditer ! »

Comme lui, je dus engloutir le riz, au grand dam de ma langue. Pour ne pas gaspiller un seul grain – Ejo me donna l'exemple (le gaspillage est interdit aux moines) –, je versai un peu de thé dans le bol, le secouai pour qu'il absorbe tous les restes et, d'une bruyante gorgée, l'avalai...

La dame emporta les bols, Ejo alluma un autre bâtonnet d'encens et nous continuâmes ainsi, muets et immobiles. Immobilité que nous interrompions une fois par heure pour nous promener en cercle pendant cinq minutes, dégourdissant nos jambes, que je sentais dévorées de l'intérieur par une armée de fourmis. A minuit, Ejo me dit : « Nous allons dormir quarante minutes, c'est tout », et brusquement, sans quitter sa position, assis, il se mit à ronfler. Moi, désespéré, je regardai en direction de mes chaussures. Deux bouches généreuses qui s'ouvraient, m'incitant à y introduire mes pieds et à ficher le camp, oubliant pour toujours cette folie. Par orgueil, un orgueil monstrueux dont j'avais jusqu'alors ignoré qu'il existait en moi, je décidai de rester cloué là. Je m'allongeai sur le sol, avec l'impression d'être un chien. Habitué à mes matelas mous, j'essayai de m'installer confortablement sur l'estrade. J'eus du mal à m'endormir. Soudain, un fracas terrifiant me sortit de mon assoupissement. Ejo, frappant une plaque de métal flexible avec une barre de fer, produisait des bruits semblables à des coups de tonnerre. Comme j'avais du mal à me lever, il se mit à me donner des coups de pied. « Les quarante minutes sont passées ! Vite, vite, ne perds pas de temps, assieds-toi et médite ! » J'eus envie de le tuer.

Les deux premiers jours, pas un soupçon de sagesse ne calma mon esprit ; ce furent des heures et des heures de lutte avec mon corps, d'engourdissements, de crampes, de douleurs dans les os, de piqûres de moustiques, de faim, de somnolence, de brûlures d'estomac, d'étouffements, de claustrophobie, de rage contre ce maudit Japonais capable de supporter impassible une telle torture et, dans les brefs moments où par miracle la souffrance corporelle se calmait, un ennui profond me plongeait dans une insupportable angoisse.

Le troisième jour, les genoux enflés, les yeux irrités, la peau couverte d'éruptions, les vertèbres cervicales converties en poignards, les intestins remplis d'excréments (aller en courant aux toilettes avec l'obligation de déféquer en quelques minutes me bloquait les boyaux) et chaque nerf transformé en une aiguille électrique, je me laissai tomber sur le dos et d'une voix plaintive, imitant l'agonie, je dis : « J'ai une douleur aiguë au cœur. J'ai un infarctus. Appelle une ambulance. » Avec férocité et mépris, Ejo me jeta à la figure : « Crève ! » Et sans daigner m'aider, plus que jamais bloc de granit, il continua à méditer... Je me roulai par terre, trépignai, pleurai, insultai, pris un soulier et le lui jetai à la figure. Ejo inclina légèrement la tête pour esquiver mon projectile, revint à la verticale et, imperturbable, continua à méditer. La fureur me servit d'aliment. Possédé par une nouvelle énergie, j'envoyai mon corps au diable, l'agenouillai, croisai ses pieds et ses mains, étirai sa colonne vertébrale, relevai les commissures de ses lèvres dans un léger sourire, fixai ses yeux au sol et le changeai en statue. Je me sentis très loin de cette abominable souffrance animale. J'eus l'impression de flotter dans un ciel diaphane... Après une heure de calme, pendant laquelle je me pris pour Bouddha, une profusion d'images envahit mon cerveau. Fantasmes sexuels, désirs de richesse, de célébrité, puis un défilé de plats, de desserts, de boissons, mais aussi de morceaux de succulente chair humaine... J'imaginai toutes sortes de tortures, des hommes, des femmes, des enfants, nus, sanglants, mutilés, et moi volant indemne au-dessus de cet enfer. Je passai des heures à essayer de dissoudre cette dimension diabolique de mon être. Quand je crus y avoir réussi, arrivèrent les souvenirs douloureux, la mère qui ne m'avait jamais caressé, le père infantile et compétitif utilisant la terreur comme méthode d'éducation, la sœur aînée égoïste faisant son possible pour m'expulser du monde familial et en être le centre, les camarades de classe, cruels, intolérants, les professeurs névrosés et la solitude, les humiliations, un tourbillon qui fit jaillir de longs filets de larmes et de mucus que, obligé de rester immobile, je ne pouvais dissimuler ni essuyer... Pour me libérer de ce cimetière funeste, j'entrepris d'inventer des poèmes qui furent ensuite des contes, des pièces de théâtre, des romans, des films, des histoires qui venaient, s'ouvraient comme des fleurs et se dissolvaient dans le néant. Je voyageai dans mon cerveau, un univers délirant produisant continuellement des images de toutes sortes, des taches, des êtres, des mandalas, des formes géométriques, des explosions, des glissements, des flots de lumière, des tourbillons changeant d'instant en instant, une folie... Lorsque je revins à moi, je trouvai la maladie, la vieillesse et la mort.

Malgré les merveilles que doña Magdalena avait mises au jour dans l'organisme humain, dont une partie me fut révélée par le contact de ses doigts saints, je découvris que je continuais à m'identifier à mon esprit, voyant mon corps, pour être franc, comme un cercueil... Certes, c'était un beau cercueil, par les richesses qu'il contenait, mais de toute façon il n'était pas mon être, il avait sa propre vie, son propre mystère, sa propre union avec le cosmos. Je végétais dans cette cage merveilleuse, condamné à vieillir et à pourrir, guetté par des armées de microbes, des foules de virus, des inflammations et des cancers... Dormant quarante minutes par jour, ne mangeant qu'un bol de riz, enfermé dans cette pièce obscure où au parfum de l'encens se mêlait la puanteur de centaines d'éructations et de pets, mes défenses mentales étaient un tas de ruines. Je me vis couvert de plaies, dépecé, écorché, étouffé, brûlé, dévoré, dégoulinant de sang par la bouche et l'anus. J'imaginai mille et une manières de périr : incendies, typhons, déluges, tremblements de terre, explosions atomiques... me jeter d'un vingtième étage, remplir mes poches de pierres et plonger dans un lac, ingérer un cocktail de poisons, avaler un kilo de clous, perforer les os de mon crâne avec une roulette de dentiste, m'abandonner à l'étreinte assassine d'un ours, être aplati par une vache congelée tombant d'un avion cargo, être dévoré au sommet d'une montagne par un troupeau d'alpinistes affamés... Je finis par inventer des formes si sophistiquées de suicide que j'éclatai d'un rire difficile à contenir. Ejo, bloc de granit, ne dit rien. Quand je cessai de rire, l'espace et le temps me tombèrent dessus. Je sentis l'immensité du microcosme et du macrocosme et je me vis au milieu d'eux comme un grain de poussière entre deux soleils. Si petit, si petit, si petit, si ridiculement petit, flottant dans cet incommensurable passé et cet interminable futur, l'infini et l'éternité, telles deux lances, me traversèrent la poitrine. Océans d'univers en expansion, implosant pour se répandre à nouveau ; immenses galaxies condamnées à se dissoudre dans le néant, comme moi : terrifiant ! Face à moi et en moi, je vis la mort... Ce que j'étais, ce que je sentais, ce que je croyais avoir, ma mémoire, mon individualité, au puits noir en quelques secondes. Trois mots m'obsédèrent, que j'avais lus dans les notes laissées par Frida Kahlo : « Tout pour rien... » En résumé, aucun être ne possédait quoi que ce fût... Tout nous était prêté, pour plus ou moins d'années, mais à la fin, au puits noir... Je me sentis pris dans un délire universel... Pour me calmer, j'observai mes chaussures, modestes et serviables, avec leurs bouches ouvertes attendant mes pieds. Une rage impuissante me submergea. « Qu'est-ce que diable je fais ici, à côté de ce fou, à me torturer de la sorte ! Je ne suis pas un samouraï ou un bouddha. Je suis un homme libre. Personne ne m'oblige à rester plus longtemps. Ça suffit ! »

Il était deux heures du matin. Je me levai, mis mes chaussures, sortis dans la rue, pris un taxi et demandai au chauffeur de me conduire au Globos, un cabaret situé sur l'avenue Insurgentes où, après le spectacle, de nombreux acteurs et actrices allaient souper et danser, outre les peintres, les écrivains, les chanteurs, les hommes politiques, les trafiquants, les petites putains, etc. Un orchestre venu de Porto Rico mettait de l'ambiance. A la minute même où je pénétrai dans cet antre, ma liberté partit en fumée ; je me sentis comme un extraterrestre qui, après avoir traversé l'interespace, aurait atterri dans une prison. Je vis des galériens en train de danser, de fumer du tabac et de l'herbe, d'absorber de la cocaïne, des pilules, conscients d'un petit bout de cité, d'un tout petit fragment de temps, défunts portant des masques d'immortels, enchaînés au rythme assourdissant, acceptant le monde tel qu'on le leur donnait à avaler, s'imitant et se dévorant les uns les autres, portant un poids de limites converties en identité sous ce plafond de stalactites en ciment, aveugles à la danse de myriades d'étoiles, ayant comme lumière une conscience opaque, mais tragiquement seuls au milieu de la fête, arborant fièrement leurs œillères, des pistolets au lieu de phallus face à des bouches et des seins gonflés, un troupeau d'animaux déments ayant soif d'argent, de pouvoir, de célébrité...

Je m'approchai d'un serveur, lui tendis un billet et lui demandai de me trouver des ciseaux... Je m'enfermai avec dans les toilettes et me coupai les cheveux. Ainsi rasé, je revins au *zendô.* Ejo Takata n'avait pas bougé. Sans décoller ses yeux du sol, il murmura lentement un kôan : « Maître Ummon dit : “Le monde est si vaste, pourquoi, au son de la cloche, choisis-tu de te mettre un habit de moine ?” »

J'enlevai mes chaussures, mon pantalon, ma veste et ma chemise, décrochai une robe noire, l'enfilai et m'assis pour méditer tout en récitant la réponse que j'avais apprise par cœur : « Quand le roi nous réclame, nous devons y aller à l'instant sans attendre un véhicule. Quand notre père nous appelle, nous devons répondre oui sans hésiter. »

Tandis que je répétais ces mots, je pensais avec une étrange accélération qu'être libre dans un monde si vaste ne voulait pas dire exploiter toutes les possibilités de la vie. Ma liberté consistait à être ce que j'étais. Et à ce moment j'étais un moine. Ayant répondu sans hésiter à mon appel intérieur, je n'avais aucune raison, dans cette salle étroite, de me sentir esclave du maître.

Ejo murmura avec satisfaction : « Les branches de tous les arbres soutiennent la même lune. » A cet instant, il se mit à pleuvoir à verse. Sur le toit, les gouttes produisaient un concert fracassant. Ejo, élevant la voix pour arriver à se faire entendre, me posa un autre kôan : « Maître Kyosho[19] demande à un moine : "Quel est ce bruit dehors ?" Le moine répond : "Le son de la pluie." Kyosho commente : "Les gens vivent dans un immense désordre, ils s'aveuglent eux-mêmes en poursuivant les plaisirs matériels." Le moine lui dit : "Et vous, révérend ?" Kyosho lui répond : "Je peux me comprendre presque parfaitement." Le moine demande à nouveau : "Que veut dire se comprendre parfaitement soi-même ?" Kyosho affirme : "Etre éveillé est facile, l'expliquer avec des mots est difficile." D'après le livre secret, pour résoudre ce kôan le disciple doit susurrer : "Thhhttt... Thhhttt..." en imitant le son de la pluie... Ta réponse est-elle celle-là, imiter le son de la pluie ? »

Je ne répondis rien. Je me levai, sortis dans la rue et me laissai tremper par le déluge. Je revins dégoulinant de pluie et m'assis pour méditer comme s'il ne s'était rien passé. Ejo exhala un murmure d'approbation, indiquant ainsi qu'il acceptait ma présence pendant les soixante-douze heures qu'il nous restait pour terminer la *rôhatsu*...

A cause du manque de sommeil et de la fatigue, mon cerveau fonctionnait comme sous l'effet d'une forte dose de drogue. La rapidité de mes pensées avait l'énergie du délire. Dès que le maître m'eut proposé le kôan, je le compris de la même manière qu'un explorateur qui a marché entre les hauts rochers d'une vallée la voit depuis les hauteurs lorsqu'il est emporté par un condor. Je fus en même temps Kyosho, le moine obtus qui répond et interroge, et enfin le disciple compréhensif qui imite le son de la pluie pour résoudre le kôan... Quand le maître demande : « Quel est ce bruit dehors ? », il tend un piège au moine. Et le moine tombe dedans en répondant : « Le son de la pluie... » Je compris qu'il n'y avait ni « dehors » ni « dedans », que Kyosho, étant éveillé, c'est-à-dire en pleine réalité, savait que le monastère où ils méditaient n'était pas séparé du monde, l'univers entier étant une unité. Le moine qui médite se sent protégé dans les limites d'un lieu sacré. Pour lui, les dix mille choses du monde sont séparées. « Dehors » il y a le bruit de « la pluie ». Pour le maître, ici même arrive le bruit du monde entier, monde qui se prolonge dans l'éternel et infini cosmos. Essayant de lui indiquer cela, il parle des gens, c'est-à-dire des millions d'êtres qui ont oublié la recherche spirituelle. Et il lui indique qu'eux deux sont en train de méditer au milieu des rumeurs du monde. C'est pourquoi il omet de faire un commentaire à propos de la pluie et, d'une manière apparemment absurde, répond : « Les gens vivent dans un immense désordre, ils s'aveuglent en poursuivant les plaisirs matériels... » Comment n'aurais-je pas compris cette phrase si je venais de la vérifier lors de ma visite au Globos ?... J'avais cru m'échapper de ce cabaret frivole, me figurant que, plongé dans le *zendô* auprès d'Ejo, je me séparais des plaisirs matériels... Mais Kyosho me révélait que personne n'échappe à rien. Nous étions dans la réalité, déployant la conscience dans un océan d'esprits endormis, devenant les yeux d'un monde aveugle... Quand le moine demande : « Et vous, révérend ? », il démontre qu'il ne comprend toujours pas. De nouveau il divise : d'un côté le monde matérialiste, de l'autre le maître, celui qui s'est libéré du désir... Kyosho, très patiemment, explique : « Je peux presque parfaitement me comprendre moi-même... » A qui fait-il référence avec ce moi-même ? A une individualité limitée ? Pas du tout. En disant « moi-même », il se réfère à toute l'humanité, à l'univers entier et à ce qui donne vie à l'univers. En disant « presque » il affirme que pour l'être humain, parce qu'il est un point de vue obligatoirement subjectif, il n'y a pas de perfection. La perfection ne peut être que divine ; l'être humain mais aussi la matière, permanente impermanence, ne peuvent qu'approcher la perfection. Le moine, têtu, revient à la charge, essayant de tout capter à travers l'intellect, les mots, au lieu de sentir... « Que veut dire se comprendre soi-même ? » Se comprendre soi-même veut précisément dire se sentir au-delà des mots, en se laissant tomber dans l'abîme de l'impensable. Kyosho donne le coup d'épée final : « Etre éveillé est facile, l'expliquer avec des mots est difficile... » Le « Thhhttt... Thhhttt... » du bon disciple imitant la pluie indique que l'illumination, hors de la prison intellectuelle, est un phénomène naturel auquel il faut s'abandonner afin qu'elle nous baigne jusqu'à arriver au cœur...

Nous continuâmes la *rôhatsu*. Au bout de deux heures de concentration, la température de mon corps commença à s'élever. Mon vêtement, dégageant une aura de vapeur, sécha peu à peu. Avec une volonté tenace, j'essayai d'empêcher les mots de distraire mon esprit. Chaque fois que j'étais sur le point d'y parvenir, une confirmation ridicule – « Je suis sur le point d'y arriver » – me faisait échouer. Je choisis un mot quelconque, absurde à ce moment : *guarisapo*, « têtard », et me mis à le répéter mentalement, à maintes reprises, pendant un temps qui me parut une éternité. A minuit, je m'endormis en le répétant. Et pendant les quarante minutes de sommeil je continuai à m'accrocher au *guarisapo* comme à une planche de salut. Quand Ejo me réveilla, sans attendre qu'il me secoue, je me mis à genoux, croisai mes mains, étirai ma colonne vertébrale, relevai légèrement les commissures de mes lèvres et désintégrai le mot *guarisapo*, pour rester enfin l'esprit vide. Ce fut un moment de paix absolue, mais malheureusement très bref. Dès que je cessai d'émettre des pensées, mon cœur occupa le vide mental de ses battements. Je sentis un tambour résonner dans ma poitrine, telle une lente inondation commencèrent à battre mes tempes, les bouts de mes doigts, mon sexe, mes mollets, mes gencives, ma langue, mes pieds. Tout était envahi par ce rythme réverbérant. A la fin, il n'y avait pas une seule partie de mon corps qui ne résonnât... Puis vint s'y joindre le continuel glissement d'un fleuve : mon sang qui circulait. Puis s'ajouta l'air chantonnant de mes fosses nasales à mes poumons et de mes poumons à mes fosses nasales. Et enfin le bouillonnement incessant de mon appareil digestif. Je ne sais ce qui m'arriva, peut-être fut-ce une hallucination auditive, le fait est qu'en dehors de mes bruits corporels je commençai à sentir que tout ce qui m'entourait était doté de son. Le plancher, le toit, les murs vibraient, mais aussi les *zafus* (coussins de méditation), les vêtements ; les tons et les rythmes différents s'unissaient en formant un chœur semblable à celui d'une ruche... La sensation s'étendit à l'extérieur, il me sembla entendre la musique de la ville, de la terre, de l'air, du ciel. Mon impression fut si colossale que je me mis à trembler, sur le point de m'évanouir. Alors Ejo me cria :

« Ne tombe pas ! Répète avec moi les quatre grandes promesses ! Tous les êtres conscients, bien qu'innombrables...

– Tous les êtres conscients, bien qu'innombrables...

– ... je promets de les sauver. Toutes les passions, même inextinguibles, je promets de les éteindre. Tous les dharmas...

– Que sont les dharmas, Ejo ?

– Même si tu ne comprends pas, tais-toi et répète ! Tous les dharmas, même infinis, je promets de les accomplir. Toute la vérité, même incommensurable, je promets de l'atteindre... »

Je répétai tout ce qu'il disait. Ejo récitait les promesses

de plus en plus fort. Bien que je fasse la même chose, il ne cessait de me crier : « Dis-le plus fort ! »

Je finis par crier à tue-tête. Mais il continuait à insister. « Plus fort ! Plus fort ! »

J'eus l'impression que mes cordes vocales allaient exploser. Mes hurlements parurent des vomissements. Il continua à exiger plus de volume. Je désespérai. Vociférant comme un fou, pris d'une crise de rage, je lui jetai mon *zafu*. Le coussin s'écrasa contre sa poitrine. Ejo ne bougea pas, il ne se troubla pas. Il continua à répéter les promesses en exigeant de moi que je les répète plus fort... Voyant rouge, je me jetai sur lui dans l'intention de le mettre à terre... Je ne sais si ce fut une autre hallucination ou si la fatigue m'avait affaibli, le fait est que, bien que je l'aie poussé de toutes mes forces, je ne pus le déplacer d'un millimètre. On aurait dit une statue d'une tonne, soudée au sol. J'eus beau reculer et me jeter sur lui à plusieurs reprises, il résista à mes assauts, imperturbable. Je poussai un dernier cri, si fort qu'une partie du stuc d'un mur tomba en morceaux. Ensuite je m'écroulai, vide.

Ejo cessa de réciter. Avec une baguette de bois il frappa sur une clochette.

« Maintenant oui, tu as cessé de crier en n'utilisant que la moitié de ton cerveau. Tu l'as fait avec les deux hémisphères, plus tous tes viscères. Voilà qui est résoudre un kôan ! Il est minuit. La *rôhatsu* est terminée. Dors jusqu'à demain. »

Telle une plume diaphane, je me laissai tomber dans l'abîme. Quand je me réveillai, les rayons du soleil se glissaient par la fenêtre. Michiko entra, m'apportant une tasse de café ainsi que des petits pains. Souriante, dans un espagnol élémentaire, elle me dit : « Dormi quatorze heures. Vous descendre prendre petit déjeuner. Ejo attendre vous. Vous aller Oaxaca... »

Je n'avais jamais vu Ejo sans sa robe de moine. Impressionné par cet habit, il ne m'était pas venu à l'idée de lui donner un âge : il m'apparaissait comme un être hors du temps, millénaire. Mais maintenant, en le voyant avec un jean, un tee-shirt, des tennis, portant un gros sac à dos et fumant une cigarette, avant de me mettre sur le dos l'autre sac qu'il avait préparé, je ne résistai pas à l'envie de lui demander :

« Maître, quel âge avez-vous ?

– Je suis né le 24 mars 1928 », me répondit-il aussitôt.

Cette information provoqua en moi une étrange surprise. Le guide spirituel que j'avais choisi n'avait qu'un an de plus que moi. C'était un jeune et non un vieux, comme je l'avais imaginé. Ainsi vêtu, il m'apparaissait comme un compagnon de voyage, un ami, un égal... Un diable intérieur me fit changer d'attitude, je me mis à lui parler avec moins de respect. Ejo parut ne pas se rendre compte de ma transformation. Quand je me plaignis du poids du sac à dos, il montra le sien en disant : « Dix kilos. » Puis, montrant le mien :

« Cinq kilos.

– Kilos de quoi, Ejo ?

– De graines de soja.

– Soja ? Pour quoi faire ?

– Nous allons apprendre aux Indiens à le cultiver...

– Temps perdu. Seule les intéresse la culture du maïs...

– Ça, c'est ce que les industriels racontent. Ils veulent maintenir les Indiens dans la misère en ne cultivant que du maïs parce qu'ils peuvent le leur acheter à bas prix...

– Ejo, tu ne connais pas le Mexique. Il y a des coutumes très anciennes...

– Si tu veux retrouver l'intégrité de ton esprit, tu dois le déconditionner. Tu vois mon visage ? Tu entends ma voix ?

– Oui.

– Tu as conscience de tes yeux ? Tu as conscience de tes oreilles ?

– Oui.

– Si tu as conscience de tes yeux et de tes oreilles, peut-être es-tu malade... Tu viens ou tu ne viens pas ? Les maladies sont guérissables, le destin est incurable. »

Je me sentis déconcerté. Essayait-il de me dire que je ne devais pas former de concept de moi-même dans ma conscience ? Je ne sus que lui répondre. Je le suivis en silence.

Un taxi nous déposa devant la gare. Nous voyageâmes jusqu'à Puebla dans un wagon de troisième classe bondé de gens chargés de paquets, de paniers, de poules, d'enfants et de chiens... Tandis qu'Ejo souriait, comme si c'était là le paradis, j'essayai de dormir. Je n'étais pas habitué à avoir un contact aussi proche avec le petit peuple. Après avoir dodeliné deux ou trois fois de la tête, je sursautai lorsqu'un duo d'aveugles se mit à chanter en grattant de petites guitares. Ejo me donna un coup de coude et, se désignant lui-même, puis moi, il chuchota : « Quand un aveugle guide un autre aveugle, tous deux tombent à l'eau. » Il se mit à rire comme un enfant. Moi, de mauvaise humeur, j'enfonçai mes index dans mes oreilles.

A Puebla, nous embarquâmes dans un autocar déglingué, encore plus bondé que le wagon de troisième classe, et nous partîmes en direction des montagnes.

Le voyage allait durer plusieurs heures. Entre le brouhaha des passagers, les aboiements des chiens, le caquetage des poules, les pleurs des enfants, les pétarades du moteur, les mouches, la poussière, la chaleur étouffante, les épaisses puanteurs, il était impossible de dormir. Je fis un effort titanesque et me calmai. Je proposai à Ejo :

« Et si pour profiter du temps on étudiait un autre kôan ?

– Le temps n'est pas une chose. Dix mille fleuves se

jettent dans la mer, mais la mer n'est jamais pleine. Dix mille kôans entrent dans ton esprit, mais tu n'es jamais satisfait. Adapte ta conscience aux circonstances que la vie te présente. Regarde autour de toi, regarde-toi et profite... »

Voyant mon ennui tenace, il haussa les épaules et soupira comme si j'étais un cas désespéré. Puis il récita à contrecœur : « Bouddha, en naissant, montra d'une main le ciel et de l'autre la terre. Il fit six pas en décrivant un cercle et, regardant dans les quatre directions, il dit : "Je suis le seul qui soit honoré dans et sous le ciel." Maître Ummon commenta : "Si j'avais été là, je l'aurais tué à coups de bâton et jeté aux chiens pour qu'ils le dévorent. Il est important que le monde soit en paix." A propos de cela, maître Ryosaku a dit : "Ummon croit qu'on doit offrir son corps et son âme au monde. Cela s'appelle rembourser la faveur de Bouddha." Et toi, que dis-tu ? »

Je ruminai ma réponse. Avant que je pusse prononcer un mot, l'autocar, sans doute à cause d'un trou sur la route, donna une forte secousse. Un paquet tomba sur un enfant, lui ouvrant une blessure au front. Le visage baigné de sang, le petit garçon se mit à pousser des hurlements. Ejo se leva tranquillement, sortit de son sac à dos un tube qui contenait de l'argile verte en poudre, la versa sur la blessure, sur laquelle se forma aussitôt une croûte, et le sang cessa de couler. L'enfant se tut et par les fenêtres ouvertes entra le silence de la Cordillère. Comme s'il ne s'était rien passé, Takata revint s'asseoir près de moi. Je sentis les nuages de mon esprit s'écarter pour laisser passer un rayon de lumière. Avec respect, en réponse au kôan, je murmurai : « Il est important que le monde soit en paix. » Ejo sourit, ferma les yeux et se mit à ronfler. J'eus honte de moi. Je me vis cherchant, par manque d'un père tendre, des gourous, des dieux, des au-delà, toutes sortes d'aspirines métaphysiques. Le kôan conseillait très clairement, dans les paroles attribuées à Ummon, d'arracher à la racine les légendes, les contes de fées, les admirations enfantines, les grands espoirs nés de la peur de la mort. Je n'étais pas un poussin tranquille dans son nid attendant que l'oiselle me jette dans le gosier un ver succulent ; courir derrière un bouddha, c'était comme se rouler dans les excréments d'un chien. Tant que je chercherais la lumière en dehors de moi, le monde ne serait jamais en paix. J'observai mon corps envahi de tremblements nerveux, mon insatiable appétit de connaître, mon désir d'arracher le secret à la horde des maîtres, au lieu de me réaliser en retrouvant l'auto-estime que mon père, comme un enfant compétitif, avait détruite à coups de sarcasmes. Ryosaku affirmait que tout ce qu'on avait obtenu devait être donné : « Rien pour moi qui ne soit pour les autres. » Se trouver soi-même, c'est se donner au monde corps et âme... C'est-à-dire faire partie du monde, laisser les choses couler naturellement, sans efforts inutiles, en s'abandonnant avec confiance au présent. En acceptant Ejo Takata comme maître, du « moi » j'étais passé au « toi ». Cependant, voyant les autres comme « eux », j'avais rejeté le « nous »... En m'attribuant l'étiquette d'« artiste », j'avais fait d'Ejo un refuge idéal, où, taupe sourde et aveugle, je m'écartais du monde en le considérant comme étranger. Cependant, bien qu'étranger, c'était le territoire où je volais des aliments, des applaudissements, des amours, des récompenses, des diplômes, de la publicité. Je n'étais ni plus ni moins qu'un parasite voleur... Prenant sans cesse pour ne donner en échange que mes autographes, portraits littéraires de mon nombril, photographies avec des masques d'artiste, leurres pour attraper les baleines de l'admiration sociale. Pendant ce temps proliféraient la misère, les guerres, les maladies, l'abus des enfants, les industries assassines, l'information vénéneuse, la politique corrompue, les banquiers inhumains... Et moi, dans l'île de mon mental, je créais un art bouffon, vernis brillant pour occulter l'opacité d'autres voleurs comme moi. Des voleurs qui s'emparaient de la terre, de la santé des autres, faisant du temps une carapace personnelle, divisant l'espace en petits cubiculums à peine plus grands que des niches à chiens, où les citoyens, les murs sur les yeux, reçoivent une myopie obligatoire... Rien n'est à moi, tout est prêté, et ce que ne je veux pas lâcher est volé... Je porte un sac plein de graines, ainsi est mon esprit. Si je suis un artiste, je dois semer ; et si je suis un maître, je dois apprendre aux autres à semer, à faire pousser, à récolter... Si j'extirpe mon moi individuel du monde, le monde trouve la paix... Les choses cessent d'être comme je pense qu'elles sont, elles redeviennent ce qu'en vérité elles étaient.

D'Oaxaca, faisant du stop, nous traversâmes d'interminables plantations de maïs et arrivâmes à Santa María Mixi. Un petit conglomérat de maisons aux toits d'herbe et de palmes sur des murs de torchis couverts d'une légère couche de plâtre, avec une seule porte et sans fenêtres.

Un groupe d'Indiens, hommes, femmes et enfants, probablement des Mixes ayant oublié leurs coutumes ancestrales, devenus des « paysans » faméliques, sortit nous recevoir. Notre visite fit sensation : il y avait bien longtemps que personne n'avait rendu visite à ces tristes contrées. Ejo, avec un sourire amical, fit une courbette respectueuse. Je l'imitai. Les Indiens ôtèrent leurs chapeaux de paille. Takata chercha un emplacement dégagé entre les plants de maïs, s'assit en croisant les jambes, caressa la terre en écartant les petites pierres et laissa couler de son sac à dos un tas de graines de soja. Sur ce sol rougeâtre, sphériques et jaunes comme elles l'étaient, on aurait dit des perles pour des colliers magiques. Cela éveilla la curiosité des Mixes. Dans son espagnol rudimentaire, le maître commença à dire des choses qui intéressèrent tellement ces paysans que certains coururent dans les champs et revinrent bientôt avec d'autres, jusqu'à ce que se forme un cercle d'une cinquantaine de personne. Comme la prononciation d'Ejo confondait les *r* et les *l*, je m'improvisai son traducteur.

« Puissante variété de soja originaire du Japon : sa racine atteint un mètre de profondeur, il résiste aux gelées et aux sécheresses. Riche en protéines et en huile, il peut être semé plusieurs fois par an, à n'importe quelle saison. Il n'a pas besoin de riches terrains, il se développe dans des terres peu fertiles. »

Pendant trois heures environ, Ejo expliqua comment semer ce soja, le cultiver, lutter contre les maladies, le récolter et l'utiliser. Il décrivit près de deux cents produits, parmi lesquels l'huile, la lécithine, le fourrage pour les animaux, le fromage, les grains grillés à la manière des cacahuètes, le yogourt, la farine, le lait... Il leur demanda d'apporter un panier, où nous vidâmes les quinze kilos de graines. Ensuite, en dessinant sur le sol avec un bout de bois, il montra comment orienter les maisons par rapport au soleil, en ouvrant des fenêtres et sortant les fours de l'intérieur, parce qu'ils provoquent des maladies pulmonaires. Il leur montra comment les construire dehors, comment tisser des sandales pour la journée avec des végétaux. Il leur transmit les techniques pour fabriquer du gaz butane avec leurs excréments. Puis il leur dit : « Ces terres sont à vous, pas le maïs. Vous le cultivez pour le vendre à bas prix à des industriels qui s'enrichissent sur votre dos. Si tout à coup les commerçants cessent de venir ici et achètent dans d'autres pays, vous mourrez de faim. Voilà le danger de toute économie qui croît sans limites. Devenez indépendants. Ne plantez pas pour vendre mais pour subvenir à vos propres besoins. Le soja est bien plus utile que le maïs... »

Nous étions arrivés à trois heures de l'après midi. Lorsque Ejo termina sa leçon la nuit commençait à tomber. Les Mixes, reconnaissants, nous apportèrent deux bouteilles de bière et des *tortillas* fourrées de purée de haricots. En guise de nappe, ils posèrent sur la terre un vieux journal.

Tandis qu'Ejo mangeait, les paysans s'agenouillèrent. Ils avaient compris que c'était un homme sacré. Ce silence religieux fut interrompu par le bruit d'un camion de l'armée. Dix soldats en descendirent, dirigés par un civil d'une quarantaine d'années, pansu, vêtu d'un costume rayé aux épaulettes volumineuses, d'une chemise noire, d'une cravate verte, d'un chapeau à large bord, avec des lunettes noires et un revolver au ceinturon. Il se présenta en aboyant comme étant Salvador Cepeda, représentant du gouvernement du Mexique. Les soldats, à coups de crosse, chassèrent les paysans, les obligeant à s'enfermer dans leurs maisons, puis ils pointèrent leurs armes dans notre direction tandis que le pansu nous désignait de son index orné d'un gros anneau de bronze. « Sales communistes ! Guérilleros de la grande putain ! Allez vous faire foutre ! On va vous casser la gueule pour que vous appreniez à pas pousser nos travailleurs à la rébellion ! Le maïs, c'est ce qui compte et pas ce soja de merde ! Ici, c'est moi qui commande et je peux tuer qui je veux ! Montrez-moi vos papiers ! J'ai idée que je vais devoir vous fusiller pour donner un bon avertissement à tous les salauds qui voudraient vous imiter ! »

Ejo, sans montrer la moindre peur, gardant les jambes croisées, fouilla dans son sac à dos et en sortit quelques papiers. Je me souvins qu'Ejo m'avait raconté que lorsqu'il était enfant et que les Américains bombardaient le Japon, on lui avait donné l'ordre de continuer à méditer, sans bouger, pendant que les bombes tombaient. Un autre enfant moine, épouvanté, ne put résister et s'enfuit en courant. Une explosion le tua. Quand il m'avait raconté cela il avait dit : « La peur est inutile. »

L'énergumène lut avec difficulté les documents. « Moine... Quoi ? Zen ? Ministère de l'Education... Ambassade du Japon... Evêque de Cuernavaca... Très bonnes recommandations, don Tondu, on voit que vous n'êtes pas un guérillero... Mais votre ami me paraît suspect... Allez, mec, montre-moi tes papiers ! »

Bien que sachant qu'elles étaient vides, je fouillai dans mes poches, tremblant. Je n'avais rien sur moi qui prouvait mon identité...

« Ah ah ! Alors comme ça on voyage incognito, salaud, pour soulever ces Indiens de merde. Si tu me montres pas tout de suite une carte d'identité ou un passeport, je te fais fusiller ! »

Je me rendis compte que le pansu parlait sérieusement, persuadé que j'étais un communiste. Je suppose qu'il se figurait les communistes plus dangereux que des scorpions...

« Monsieur le gouverneur, lui dis-je en essayant de dissimuler le tremblement qui parcourait mon corps de la tête aux pieds, je suis un artiste très connu. Ma mort provoquera un grand scandale. Ne commettez pas cette erreur...

– Putain de ver de terre, comment oses-tu me dire que je me trompe ! Les communistes n'ont de respect pour personne. Un artiste connu, toi, maigre, sale, chevelu ? Et menteur en plus de peureux... Tu mérites pas de vivre ! »

Il sortit son revolver et le brandit devant mon nez. « Sois reconnaissant que mon arme soit pas chargée, tu aurais pu mourir comme un coyote. Tu seras fusillé, et tu tomberas, bien que tu le mérites pas, avec dignité... »

Les soldats se mirent en file en me visant de leurs fusils. Ejo se leva et intervint :

« Monsieur le gouverneur, ce jeune homme est mon élève. Je vous assure que c'est un metteur en scène très connu...

– Taisez-vous, don Chinois ! Vous êtes un moine et en tant que tel vous voulez que ce dangereux individu sauve sa peau ! Retournez vous asseoir et croisez les pattes... Si vous intervenez encore, je vous considérerai complice et je vous ferai fusiller vous aussi... »

Ejo soupira. Puis il me dit avec un pieux sourire :

« La mort n'existe pas. La vie n'existe pas. Tu traverseras le lac du miroir. Tu te poseras sur la plaine du néant...

– C'est tout ce que tu as à me dire ? Ici personne ne plaisante. Ils vont me fusiller ! Je suis un intellectuel, je n'ai pas encore appris à mourir ! Toi qui ne connais pas la peur, apprends-moi comment le faire ! »

Ejo s'assit de nouveau en position de méditation et avec un calme absolu récita : « La vérité ne s'obtient jamais de personne. On la porte toujours en soi. »

C'était incroyable. J'étais plongé dans un cauchemar, il fallait que je me réveille. D'un coup me tomba dessus un intense, un incommensurable amour de la vie. Le rouge de la terre vibra, le jaune du maïs, le bleu du ciel, la blancheur des nuages, la majesté des montagnes, la chaleur de mon corps, la diaphanéité de ma conscience et le chant des oiseaux, les odeurs dansant dans l'air et l'uniforme des soldats dix fois répété comme une phrase musicale, l'éclat sucré des armes et, surtout, cet amour de moi-même. Je compris pourquoi Ejo avait parlé d'un miroir aussi vaste qu'un lac... J'étais cet immense miroir, mon âme avait des racines dans la plaine du néant...

Un brusque coup de vent souleva un nuage de poussière, interrompit l'ordre du pansu et éparpilla les feuilles du vieux journal. L'une d'elles tomba près de moi.

En voyant un portrait imprimé qui occupait la moitié d'une page, je poussai un cri : « Attendez, j'ai ici la preuve de mon identité ! »

Je ramassai le papier et, fébrile, montrai la feuille où j'apparaissais aux côtés de la Tigresse. Tous deux, sous un titre de huit colonnes, annoncions notre futur mariage.

Le fonctionnaire enleva son chapeau, se gratta la tête, souffla et, éclatant de rire, me donna quelques claques dans le dos. « Eh bien ! Alors c'est toi qui baises l'ex du Président ? Tu dois avoir une bite d'or, salaud ! Pourquoi tu me l'as pas dit plus tôt ? Bon, assez plaisanté. Dès que je t'ai vu, je t'ai reconnu... J'ai voulu te donner une bonne frayeur, c'est tout. Ma blague t'a plu, pas vrai ? »

Je ris plutôt jaune.

« Vous avez beaucoup d'esprit, don Salvador. Alors, on peut s'en aller ?

– Bien sûr, mon garçon, mais revenez jamais par ici. Venez pas me mettre de désordre dans le poulailler. Sur ces terres, depuis des siècles, on plante que du maïs... Je veux bien admettre que vous le saviez pas... Une erreur est permise, pas deux. Si vous revenez, un autre coq peut chanter. Et son cocorico sonnera comme un coup de fusil... »

Les soldats arrosèrent les graines de soja avec de l'essence et y mirent le feu. Puis ils montèrent dans le camion. Cepeda nous appela : « Venez avec nous. On vous déposera près d'Oaxaca... »

Les Mixes nous donnèrent une demi-douzaine d'oranges et ils agitèrent leurs mouchoirs rouges, jusqu'à ce que nous les perdions de vue. Dans le camion les soldats, au milieu de rires moqueurs, nous prirent les six fruits. Je me sentis humilié. Plus tard, dans l'autocar qui nous emmenait prendre le train à Puebla, bien que le calme silencieux d'Ejo m'exaspérât, je ne dis pas un seul mot. Dès que nous nous retrouvâmes coincés sur le dernier siège du wagon de troisième classe, ne trouvant rien d'intelligent à lui dire, mais ayant envie de parler, je lui demandai : « Quand, malgré un fait douloureux, ne nous vient aucun commentaire, où est l'erreur ? »

Ejo se contenta de grogner en montrant le paysage : « La montagne ! »

Je fus pris de rage, j'en avais jusque-là des japonaiseries ! A chaque émotion, à chaque doute, les maîtres répondaient : « Le mont Sumeru », laissant entendre que cette masse monolithique ne parlait pas, que les sentiments ne la submergeaient pas, qu'elle ne s'interrogeait pas sur la naissance ou la mort, laissait imperturbablement passer les saisons, ne forçait pas la nature, ne subissait pas la dualité acteur-spectateur. En résumé, la panacée était de croiser les jambes et de rester immobile comme un cadavre.

Me voyant rougir, crisper les lèvres, frapper avec un poing la paume de l'autre main, respirer en ouvrant les ailes du nez comme un taureau qui veut charger, il sortit de son sac à dos, que je croyais vide, son éventail blanc et, s'éventant avec dédain, me posa un kôan. « Les remèdes soignent des maladies. La terre entière est un remède. Quel remède est ton être véritable ? »

Ces mots tombèrent comme la pluie sur un naufragé assoiffé. D'un coup je pris conscience que j'étais vivant pour un temps infinitésimalement petit comparé à l'éternité du cosmos. Et que cette vie était un privilège, un cadeau, un miracle. L'instant dans lequel j'existais était cet instant où dansaient tous les astres, un instant où s'unissaient le fini et l'infini, l'ici et l'au-delà, le parfum de l'air et la mémoire ancrée dans la matière, les dieux inventés et l'énergie impensable, les saveurs et la faim, les lumières et les abîmes, les couleurs et la cécité, l'humble sensibilité de ma peau et la férocité de mes poings. Mais aussi les paysans misérables, les soldats, le crétin pansu, les passagers qui criaient comme des singes, le nuage de poussière qui poursuivait la machine : tout était un remède si je l'acceptais tel qu'il était sans le transformer par ma vision ; le monde était ce qu'il était : remède, et non ce que je pensais qu'il était : poison... Cependant, je ne cessais de commettre une erreur : établissant une frontière mentale entre ce qui était « interne » – ma conception de moi-même – et ce qui était « externe » – le monde sans moi –, je vivais comme un sujet devant un objet. En disant : « La terre entière est un remède », je prétendais utiliser un objet externe pour soigner mon moi individuel, sans me rendre compte qu'en me séparant du monde j'étais sa maladie. « Le monde est la vie et mon être essentiel. Tant que je ne désintègre pas la frontière, je suis un mort. »

Lorsque nous arrivâmes à la capitale, Ejo fit une courbette et me dit : « Yosai, le moine qui fonda le monastère de Shofukuji où j'ai passé ma jeunesse, était un homme simple qui disait : "Je n'ai pas les vertus d'un antique bodhisattva, mais pour propager le zen il est inutile de réaliser des miracles ou des prodiges." Un jour, un pauvre paysan vint l'implorer : "Ma femme, mes enfants et moi, nous sommes sur le point de mourir de faim. Aide-nous, par pitié..." Dans ces années-là, dans le monastère de Yosai, il n'y avait ni vêtements, ni aliments, ni objets précieux. Cependant, le moine trouva un morceau de cuivre qui devait servir à fabriquer les rayons de l'auréole d'une statue de Bouddha. Yosai le donna au paysan en lui disant : "Echange ce morceau de métal contre de la nourriture et apaise ta faim." Lorsque ses disciples se plaignirent de ce qu'il s'était permis de donner une utilité personnelle à un matériau destiné au Bouddha, ce qui était un péché, Yosai répondit : "Le Bouddha offrirait aux êtres qui ont faim sa chair et ses membres. Même si j'avais donné toute la statue de Bouddha à ce paysan mourant de faim devant moi, je n'aurais pas trahi les enseignements de Bouddha. Mais si par des actes semblables je devais subir un destin funeste, je secourrais de toute façon les êtres affamés." Tu comprends ? Le Mexique n'a pas besoin d'un zen pour intellectuels. Je vais ranger mon *kyosaku*. Le *zendô*, c'est fini. »

Je le vis s'éloigner à longs pas énergiques, laissant entre nous une profonde brèche. En me remémorant cette scène, je pense à une phrase du roman 953 de Silver Kane, dans la collection « Bravo Oeste » : « Monté sur un cheval noir qui semblait porter le deuil de son maître, il se perdit parmi les ombres. » Pour des raisons de sécurité, je quittai le Mexique. Très peu de nouvelles du maître m'arrivèrent en France. J'appris que, cessant de s'habiller en moine, il avait déménagé et ouvert dans l'avenue Insurgentes un cabinet de consultation sous le nom de IMARAC (Institut mexicain d'acupuncture Ryodoraku association civile) car en 1975 le directeur de recherche Ryodoraku de Tokyo le nomma professeur d'électro-acupuncture Ryodoraku au Mexique. Il y recevait des malades, donnait des cours d'acupuncture et utilisait son appareil japonais appelé Tormeter. Au lieu que les aiguilles, comme c'était la tradition, restent plantées vingt minutes dans le corps du patient, on les connectait à une pile qui envoyait des décharges électriques. Il suffisait de piquer les centres nerveux quelques secondes... De nombreux malades sollicitèrent ses soins et un respectable groupe d'élèves s'intéressa à l'apprentissage de ces techniques. Vêtu d'une blouse d'infirmier, Ejo dispensait gratuitement ses enseignements... L'institut fonctionna bien jusqu'à ce que les professeurs de l'Ecole de médecine, voyant que certains épileptiques avaient été guéris en quelques séances, accusent Ejo d'exercice illégal de la médecine. Ejo cessa toute activité thérapeutique, il remplit sa camionnette de sacs de graines de soja et partit vivre chez les Indiens de la sierra Tarahumara. Pendant de nombreuses années, personne ne le revit.

# 9

## *Le travail sur l'essence*

> « Il la serra dans ses bras parce qu'il savait que cette condamnée à mort était la femme de sa vie. »
>
> Silver Kane, *Verdugo a plazos* (Bourreau à crédit)

Lorsque je la vis au musée d'Ethnologie de Mexico, Reyna D'Assia expliquait le calendrier solaire aztèque à un groupe d'Américains, hommes et femmes, habillés dans le style des personnages orientaux du peintre Jean-Léon Gérome. Ce matin-là, dans la salle de conférences du musée, je présentais mon film *El Topo* aux journalistes. Par sens de l'humour, j'avais revêtu le costume du cow-boy : pantalon et manteau en cuir noir, chemise de soie également noire, chapeau à large bord et ceinturon avec un revolver à poignée blanche. Quand la projection prit fin et que j'entendis les critiques me traiter d'assassin d'ânes, de pernicieux ver de terre étranger et d'égolâtre délirant, je partis ruminer ma rage dans les salles du musée. De loin mon attention fut attirée par le groupe extravagant de Reyna D'Assia. Elle planta ses yeux dans les miens, poussa une exclamation qui sous la voûte résonna comme un rugissement, ouvrit les bras et se mit à courir. Je ne pensais vraiment pas être le but de cette course. La forte étreinte qu'elle me donna me laissa déconcerté. Malgré son turban ridicule, son chemisier en dentelle, son gilet à paillettes, sa jupe aux mille plis de gaze et ses babouches à la pointe relevée, c'était une femme d'un charme irrésistible. Seins arrogants, fesses débordantes, cheveux frisés se répandant comme une aura de goudron et, à la place des yeux, deux puits d'azur... Sans me lâcher, elle me parla d'une voix profonde à la chaude haleine : « Il y a trois jours, j'ai vu ton film à New York. Je suis tombée amoureuse d'El Topo, ce bandit qui est au fond un rabbin illuminé. J'ai décidé de venir à Mexico en donnant à mon groupe le prétexte de leur révéler les secrets du calendrier solaire aztèque, mais en réalité dans le but de te rencontrer. Et tu vois, quand ton esprit formule un souhait avec passion, le miroir que nous appelons réalité le fait apparaître devant toi. »

Sa peau, intensément parfumée, provoqua en moi une sorte de folie. Je la laissai me prendre par la main, me traîner jusqu'à la rue et arrêter un taxi. Pendant le trajet, elle m'embrassa avec passion ; arrivée dans la suite de son hôtel elle se dévêtit à la hâte, se mit à genoux en me tournant le dos, inclina la tête jusqu'à toucher le sol et, m'interdisant de me déshabiller, comme ça, avec mon costume en cuir, mon chapeau et mes bottes, elle me demanda de la pénétrer.

Avec la démence de l'excitation accrue par l'intense humidité de son vagin, j'entrai dans son intimité en donnant un rude coup de hanches. J'allais commencer mes va-et-vient lorsqu'un puissant « Stop ! » me paralysa. « Ne bouge pas. Je veux que tu sois l'axe de ma passion. » Avec une surprenante agilité, cherchant des appuis précis sur mon corps, elle se retourna de façon à se retrouver face à moi, ses cuisses serrant ma taille, ses pieds croisés dans mon dos et son front appuyé au mien.

Dans cette nouvelle position, je voulus enfin me frotter dans son éden, mais de nouveau elle s'exclama « Stop ! » avec une telle autorité que je me vis contraint d'obéir.

Une minute s'écoula, plus longue qu'une heure. Mon pubis tremblait, voulant reculer pour revenir à la charge. Dans cette torturante immobilité commença soudain un clignotement de parois aqueuses qui acquit peu à peu de la vitesse. Son vagin tout entier, pressant de façon vertigineuse, devint un gant trépidant. Au milieu de cette tempête musculaire je n'eus plus besoin de bouger. En quelques secondes ma semence l'inonda. Lorsque, après trois éjaculations consécutives, je lui dis que je n'avais jamais connu une femme aussi habile, elle me confia : « J'ai eu un maître important. Je veux que tu saches que je suis la fille de Gurdjieff[20]. En 1924, le maître a visité New York avec son groupe de disciples, pour y présenter des danses initiatiques. Ma mère, qui venait alors d'avoir treize ans, lui portait la nourriture qu'il commandait au restaurant russe. Il l'a séduite et lui a appris les techniques vaginales que j'emploie à présent. Gurdjieff disait que, par paresse, la plupart des femmes ont un "athanor" mort. Dès l'enfance on leur apprend que le phallus est puissant, actif, vital, et qu'elles, elles ont entre les jambes une corbeille semblable à un marécage, sans autre possibilité d'action que celle d'être remplie par le semeur de spermatozoïdes. On prend pour acquis que le vagin est un organe passif. Mais il y a un monde de différence entre cette nature passive et un sexe délibérément entraîné. Gurdjieff a appris à ma mère à éveiller et faire croître son âme en développant un vagin vivant. »

Reyna décida de me faire une démonstration. Elle écarta les jambes, contracta les lèvres de sa vulve et, avec un doux *psitt*, se mit à aspirer l'air. Puis elle l'éjecta sous forme d'un puissant soufflement.

« Phase numéro un : apprendre à aspirer et éjecter, comme si le vagin était un poumon. Quand on domine ça, on peut propulser des choses au loin... »

Elle aligna quatre olives et, le périnée frôlant le sol, elle les avala une à une, puis, couchée sur le dos, les projeta en les faisant rebondir sur le plafond. Elle alluma plusieurs bougies et les éteignit d'un seul souffle. Elle s'introduisit un bout de ficelle et au bout d'un moment le déposa dans ma main pourvu d'un nœud. « Mon vagin parvient à réaliser tous les mouvements que fait la langue. Plus encore, je peux à volonté augmenter ou diminuer la sécrétion lubrifiante. » Elle se concentra et fit un effort. Je vis surgir à la base de ses lèvres internes un ovale de petits jets transparents qui inondèrent ses cuisses. Enfin, assise comme une reine, les genoux très écartés, après une longue absorption d'air elle l'expulsa pour produire un bruit musical, mi-métallique mi-organique, qui me rappela le chant des baleines... Mes cheveux se hérissèrent : la légende des sirènes de l'Odyssée attirant les marins de leurs voix pour les faire naufrager était fondée sur quelque chose de réel ! Fasciné par ce chant, j'appuyai ma tête sur ses genoux et me mis à gémir comme un enfant regrettant un paradis perdu.

D'une voix très douce, elle dit : « Dans l'Antiquité la plus reculée, pour faire dormir les petits, les femmes chantaient les berceuses avec leur vulve. Quand elles oublièrent cette capacité, leurs enfants cessèrent de se sentir aimés. Une angoisse inconsciente se fixa à l'âme des êtres humains... Les pleurs qui te brisent expriment la douleur d'avoir eu une mère au sexe muet. Nous allons résoudre cela. »

Elle me déshabilla avec des gestes délicats mais précis, me fit allonger sur le lit et commença par m'embrasser la plante des pieds pour continuer ensuite sur tout le corps : des baisers innombrables, profonds, donnés de toute son âme, patiemment, sur chaque centimètre carré de mon organisme. Des pieds à la tête, pendant deux d'heures, sans oublier le moindre pli, elle m'accorda cette ineffable caresse en murmurant chaque fois : « Tu es aimé. »

Bien des femmes m'avaient embrassé, dans le cou, sur la bouche, le sexe, les mains, mais aucune sur la totalité de ma peau. Je me rendis... Lorsqu'elle termina, me donnant un dernier baiser au bout du nez, je soupirai avec un bonheur mêlé d'une profonde tristesse : « Tu m'as fait connaître le nirvâna... Mais j'aurais préféré qu'au lieu de "Tu es aimé" tu me dises : "Je t'aime"... »

Ses yeux bleus brillèrent d'un implacable dédain. « Au fur et à mesure que je multipliais mes baisers, je t'ai vu reculer dans le temps. De trente ans tu es descendu à vingt, à quinze, à dix, à cinq ans, et soudain tu as eu six mois. Un bébé émerveillé de trouver une mère universelle. C'est ce que tu ressens en ce moment. Dois-je, moi, en te disant : "Je t'aime", accepter ce rôle indigne ? Que désires-tu ? En sollicitant mon amour tu me dis en vérité : "Comme je n'ai pas eu la tendresse d'une mère je suis confus, perdu dans la vie. Le seul refuge émotionnel que j'ai, c'est toi. Voilà pourquoi je m'accroche à toi. Sois autoritaire, dirige-moi, possède-moi, amarre-moi, nourris mon âme, ne m'abandonne jamais, satisfais sans cesse mes désirs, divertis-moi quand je m'ennuie, prépare-moi des plats délicieux, oublie-toi toi-même, admire-moi plus que personne. Deviens mon public." Tu te trompes toi-même en te disant que je suis une projection de cette femme intérieure que tu appelles âme, mais en aucun cas tu n'acceptes de me voir comme le portrait de ta mère. Quand tu me dis : "Je t'aime", lequel de tes multiples moi évoques-tu ? Le moi mental, le moi émotionnel, le moi sensuel, le moi moral, le moi culturel ? Quel est le moi profond qui ne dépend ni de l'âge, ni du sexe, ni de la nationalité, ni des croyances ? Quand tu te définis, quelle est la partie de toi-même qui te définit ? Peux-tu dire, sans te diviser en deux : "Je suis celui que je suis" ? Te rends-tu compte que tu n'es pas un organisme individuel ? Te rends-tu compte que ce corps que tu crois tien est tous les hommes, ceux qui existent, ceux qui ont existé et existeront, et que je suis toutes les femmes depuis le commencement de la création jusqu'à sa fin ? Ton moi essentiel est le cosmos qui se manifeste à travers toi. Si tu entres en contact avec moi, c'est pour t'unir à la totalité du temps à travers notre infime présent... Lorsque tu veux, en me possédant, t'ancrer dans l'avoir, tu te fourvoies. L'amour est une énergie infinie qui survient en toi sans avoir rien à voir avec l'image que tu te fais d'un moi séparé. Dans le nous il n'y a pas de moi. L'amour dépasse les désirs de possession. Lorsque tu demandes "Je t'aime" au lieu de "Tu es aimé", tu ne te rends pas compte que si tu es en ce monde, si tu es né dans un corps de chair et d'os qui engendre une conscience, c'est que la force mystérieuse qui instant après instant crée l'univers t'aime. Tu obéis à un destin divin. A tout moment, maintenant, cellule par cellule, atome par atome, tu es aimé, toi, tel que tu es, avec ta forme particulière, avec ton style, avec tes limites, avec ton aura non reproductible. L'univers a soif de cette conscience que produira ton organisme, conscience dont on te remet une graine que tu dois faire fructifier pour ne pas disparaître sans laisser de trace dans le temps... Mon saint père disait : "Celui qui ne se crée pas une âme vit comme un porc et meurt comme un chien." On t'a appris à penser que tu n'étais personne, qu'aucun dieu intérieur n'habitait au centre de ton obscur psychisme. Tes géniteurs, cherchant en toi une incarnation de leurs projets égoïstes, ne t'ont pas vu et, ne te voyant pas, ne te connaissant pas, t'interdisant d'être ce que tu es pour être ce qu'ils voulaient, ils ne t'ont pas aimé. C'est pourquoi tu te fabriques des imbroglios émotionnels avec des femmes qui jamais ne pourront t'aimer comme tu le voudrais. Un perpétuel état de demande. Ton “Je t'aime” veut dire : “Mauvaise maman, tu ne m'aimes pas. Je cherche en vain ton regard : si tu ne me vois pas, je ne peux me voir, et je suis obligé d'être tel que tu m'imagines. Si tu ne me dis pas qui je suis en réalité, je ne suis pas. Je reste un enfant : je ne suis pas devenu un adulte parce que, pour pouvoir le faire, il fallait que tu me voies tel que je suis. Chose impossible : pour cela, il aurait fallu que tu te voies telle que tu étais, ce qui ne t'est pas arrivé parce que tes parents, mes grands-parents, ne t'ont pas vue. De peur que tu m'abandonnes, avant que tu ne le fasses, c'est moi qui t'éloignerai de moi...” »

Soudain, incapable de me contrôler davantage, je pris une chaise et l'expédiai dans un miroir. Marchant sur les morceaux de verre, je m'habillai en proférant des insultes ; un pied chaussé et une chaussure à la main, dissimulant ma démarche boiteuse, j'ouvris la porte de la chambre. « Insolente, pédante, charlatane ! Tu n'as certainement lu que quelques livres de psychanalyse et tu te fais déjà passer pour un maître ! La fille de Gurdjieff ? A d'autres ! »

J'étais tellement furieux que je prononçai la dernière phrase en criant. A cet instant précis passait une touriste aveugle guidée par un chien. Entendant mes vociférations, l'animal se crut agressé et se mit à aboyer. L'aveugle, effrayée, cria pour appeler la police de l'hôtel. Je fis un bond en arrière et refermai la porte. Reyna D'Assia me reçut en riant aux éclats. « Tu vois ? Tu ne peux pas encore t'en aller. Un chien d'aveugle t'en a empêché. En anglais, chien se dit *dog*, qui à l'envers est *god*, dieu. Le dieu des aveugles, des ignorants comme toi, t'a obligé à m'écouter. Ouvre bien tes oreilles : nous nous mettons toujours en colère pour autre chose que ce que nous croyons. Tu penses que je t'ai offensé, mais en réalité, parce qu'en quelques heures tu as reçu de moi ce qu'elle ne t'a pas donné dans toute ta vie, la haine que tu accumulais contre ta mère est remontée à la surface. Tu réagis comme un barbare psychologique. Sans soupçonner que l'amour entre un homme et une femme est l'expression de la névrose de deux arbres généalogiques, tu aspires à une relation aussi simple que celle des animaux. Comprends : le seul couple possible n'est pas une symbiose, mais la collaboration de deux consciences libres ! Cesse de quémander ! Je ne suis pas ta solution, encore moins ta béquille ! Nous nous sommes rencontrés pour partager le sublime plaisir d'une existence qui n'est ni tienne ni mienne. Un texte alchimique dit : "D'une substance on en fait deux, et de ces deux dernières on en fait une qui ne ressemble en rien à la première." Nous allons établir un contact d'âme à âme afin que cette énergie androgyne se répande dans l'éternel et infini présent. C'est merveilleux de rencontrer quelqu'un qui ait notre même niveau de conscience ! Chose qui ne m'arrive pas avec toi. Ton intellect est semblable à un cheval sauvage, tu ne l'as jamais dompté. Il fait ce qu'il veut, s'impose à toi, te dirige, agit guidé par les idées folles que les ancêtres ont implantées en lui depuis le berceau. Au lieu d'être l'esclave de ses désirs, tu dois lui apprendre à obéir, le développer, en faire une machine sans limites...

– Tes théories ne sont que des mots ! Il te serait impossible de me démontrer que tu possèdes ce pouvoir dont tu te vantes tant...

– C'est possible et je vais le faire ! Vous, les barbares psychologiques, il vous paraît naturel de passer des heures à perfectionner un sport, mais à aucun moment il ne vous vient à l'idée d'entraîner votre esprit. Mon saint père n'a eu que rarement le temps de venir me voir, mais il a chargé l'un de ses meilleurs disciples, Alfred Orage, de mon éducation jusqu'à treize ans. Cet homme remarquable m'a enseigné des exercices psychologiques qui m'ont permis de réaliser ce que tu vas voir et entendre tout de suite... »

Alors, tel un singe devant un cobra, j'assistai à un spectacle fascinant. Reyna D'Assia, se tenant en équilibre sur sa jambe gauche, de la droite dessina sans arrêt un huit en l'air tandis que de la main gauche elle faisait un carré et de la droite un triangle, tout en récitant ce qui au début me parut être une succession de chiffres sous forme chaotique. Sans cesser de bouger, Reyna, interrompant brièvement le vomissement de chiffres, m'expliqua les différents exercices... Ils furent si nombreux que ma mémoire n'a pu les retenir tous, je ne me souviens que de quelques-uns : je l'entendis réciter, à toute vitesse, les tables de multiplication du 2 au 22 d'une étrange façon. Par exemple : 8 × 1 = 8, 8 × 2 = 7, 8 × 3 = 6, 8 × 4 = 5... 8 × 12 = 6, et ainsi jusqu'à 8 × 100 = 8... J'eus la sensation de me trouver devant un ordinateur fou...

« Ecoute bien : 2 × 8 = 16. Si j'additionne le 1 et le 6 j'obtiens 7, tu comprends ?... Non ? Je te donne un autre exemple : 8 × 12 = 96 ; 9 + 6 = 15 ; 1 + 5 = 6 ; donc, 8 × 12 = 6 ! Combien font 7 × 7 ? » Sans me laisser une seconde pour réfléchir, elle me débita : « 7 × 7 = 4 ! »

Je me sentis étouffer. Implacable, Reyna continua ses exercices, de plus en plus compliqués. En même temps qu'elle récitait une table de façon ascendante, elle intercalait la même table de façon descendante : « 8 × 1 = 8, 8 × 100 = 8, 8 × 2 = 7, 8 × 99 = 9, 8 × 3 = 6, 8 × 98 = 1... »

Pour vérifier, tandis qu'elle continuait son hallucinant récitatif, je multipliai mentalement, à grand-peine, 8 × 98 : j'obtins 784. J'additionnai le 7, le 8 et le 4, ce qui me donna 19. J'additionnai le 1 plus le 9, j'obtins 10. Et enfin 1 plus 0 me donna 1. Effectivement, 8 × 98 = 1 !

Pendant une heure interminable Reyna me cloua le bec avec ses jongleries mentales. Certaines aussi absurdes que mélanger les résultats de deux tables : « 7 × 1 = 12 et

$12 \times 1 = 7$... $7 \times 2 = 24$ et $12 \times 2 = 14$... $7 \times 3 = 36$ et $12 \times 3 = 21$... $7 \times 80 = 960$ et $12 \times 80 = 560$... »

Et elle continua ainsi jusqu'à $7 \times 100 = 1\,200$, et $12 \times 100 = 700$. Et comme si ce n'était pas assez, elle recommença en mélangeant de nouveau les deux tables, mais l'une ascendante et l'autre descendante : « $7 \times 2 = 1\,188$ ; $12 \times 99 = 14$... $7 \times 3 = 1\,176$ ; $12 \times 98 = 21$... $7 \times 4 = 1\,164$ ; $12 \times 97 = 28$... »

Ma terreur augmenta quand cette femme, telle une sinistre machine, se mit à danser sur une musique inexistante pour mes oreilles, avec des mouvements complexes et sinueux, dépourvus de toute tentative de séduction. Plus l'étrange chorégraphie se compliquait, plus ses exercices numériques atteignaient au délire. En transe elle cria : « Le numéro un est Tom, le numéro deux est Dick et le numéro trois est Harry ! »

Et elle se mit à compter : « Tom, Dick, Harry, quatre, cinq, six, sept, huit, neuf, Tom-zéro, Tom-Tom, Tom-Dick, Tom-Harry, Tom-quatre... » Et ainsi de suite jusqu'à arriver à des chiffres où au lieu, par exemple, de 531 elle disait Cinq-Harry-Tom... Pour compliquer encore, sans cesser de gesticuler, elle lançait : « Je change : Tom est deux, Dick cinq, Harry sept ! »

Ce qui donnait : « Un, Tom, deux, trois, quatre, Dick, six, Harry, huit, neuf, dix, onze, un-Tom, douze, treize, quatorze, un-Dick, seize, un-Harry... », et ainsi de suite.

Devant de telles complications, je sentis que non seulement mon cerveau mais également mon corps entier allaient exploser. Je me jetai sur elle et l'arrêtai.

« Tais-toi, insensée ! On ne t'a pas appris à développer ton âme, on a fait de toi un phénomène de foire ! Laisse-moi te raconter une histoire. Devant le roi se présente un artiste de cirque qui, après vingt ans d'entraînement, a réussi à exécuter des tours de jonglerie avec cent pois chiches sans qu'aucun ne tombe. Pour le récompenser, le roi ordonne qu'on lui remette un tonneau rempli de pois chiches.

– Bah ! je comprends que tu ne te rendes pas compte de l'importance de ces exercices. Tu es un artiste habitué à sortir de son nombril toutes sortes d'ordures qualifiées d'œuvres d'art, qui ne sont que des concrétisations d'un troupeau d'ego contradictoires que tu appelles Moi. Ton esprit crée une chose, ton centre émotionnel en désire une autre, ton centre sexuel en exige une différente tandis que ton corps avance sur un chemin différent, et ce qui devrait être ton âme est un œuf que personne ne couve. Tu es une charrette tirée par quatre chevaux vers quatre buts opposés, conduite par un cocher endormi. Le joyau intérieur est certes toujours présent, mais voilé par un ensemble de pensées, de sentiments, de désirs et d'actes contradictoires, sans volonté réelle ni but unitaire, un chaos d'objets variables ensevelissant un sujet invariable. Tu ne peux pas entendre les battements de ton cœur dans une ville envahie par le bruit de tant de voitures...

– Présomptueuse, comment sais-tu que je n'ai pas atteint l'unité intérieure ? Tous les matins, de cinq à sept, je médite avec mon maître zen.

– Que cherches-tu ?

– L'éveil !

– Rêveur. Tu crois monter par une échelle qui n'a qu'un échelon, sans te rendre compte qu'il en existe beaucoup plus... Tu aplatis tes fesses et tu t'immobilises sur l'estrade du *zendô* dans l'espoir d'obtenir un mystérieux état qu'on t'a appris à appeler "éveil". Tu ressembles à un perroquet qui salive parce qu'on lui a dit que les nuages sont des bananes. Tu imagines que parvenir à l'éveil, c'est comme obtenir une pièce d'or, un objet précieux que tu peux arborer telle une aura autour de ton crâne. Ridicule ! C'est seulement lorsque tes idées stagnantes deviennent fluides que tu obtiens la première explosion de conscience... que tu crois bien sûr être là pour toujours. Mais tu te trompes. La seule chose permanente, dans cette dimension de la réalité, c'est l'impermanence. Ce qui ne change pas stagne. L'acquisition de la fluidité est comme une pierre qui tombe au milieu d'un lac. De ce choc surgit une onde circulaire qui donne naissance à une plus grande, les cercles continuant à se multiplier jusqu'à couvrir toute la surface de l'eau. L'expansion de la conscience est ainsi, mais avec une différence : le lac mental est infini. Une fois le processus déclaré, tu iras d'éveil en éveil, c'est-à-dire de petite en grande surprise, sans que cesse jamais l'étonnement devant les nouveaux aspects du monde. Tu comprends ? Là où tu cherches un objet immobile il n'y a qu'un événement continu... »

Elle me prit par les épaules et me secoua, en me criant, son visage collé au mien : « La stagnation n'est pas seulement mentale, mais également émotionnelle, sexuelle et corporelle ! Brise tes digues ! »

Une rage dense accéléra les battements de mon cœur.

« J'accepte d'être ton amant, pas ton élève !

– Pourquoi te mets-tu en colère ? Je veux seulement te donner...

– Donner n'a rien à voir avec obliger à recevoir ! Donne-moi quand je te le demande.

– D'accord.

– Alors tais-toi et reviens baiser avec moi ! »

Elle me poussa de dos sur le lit et avec une stupéfiante agilité se mit à caresser mon membre. Ses mains, s'agitant à la manière de papillons, couraient des testicules au gland sans s'arrêter nulle part. Ces tremblements étaient si rapides que ses doigts, devenant transparents, parurent se multiplier. Bientôt elle interrompit ce délice pour me donner des séries de petits coups autoritaires qui allaient de haut en bas et de bas en haut... Puis vinrent des caresses profondes, en spirale, étirant le membre vers l'infini, l'incrustant dans le pubis comme si elle voulait le changer en vagin, le serrant comme un fruit dont on extrait le jus, le lançant d'une main à l'autre, le berçant tendrement comme une mère endormant son enfant, et enfin, après une multitude de caresses différentes, elle le saisit fermement et se mit à le masturber avec une rapidité surhumaine, longuement, sans donner de signes de fatigue, avec de plus en plus de vigueur, jusqu'à ce que, ne pouvant résister davantage, je lance un jet blanc.

Me voyant épuisé, muet de tant de plaisir, elle redevint mon institutrice. « Ce que tu viens de connaître est la première des techniques que toute femme doit développer pour satisfaire ses amants : la technique manuelle. Les trois autres sont la buccale, la vaginale et l'anale. Mon saint père assimilait ces quatre techniques aux centres intellectuel, émotionnel, sexuel et corporel. Bien sûr, la voie manuelle correspond au corps, la vaginale au sexe et la buccale à l'intellect. Il est donc clair qu'en employant la technique anale nous pouvons contrôler les émotions de l'homme. Veux-tu essayer ? »

J'essayai et je devins fou. La barrière qui retenait mes sentiments, créée par l'absence de caresses maternelles, s'effondra. Convaincu jusqu'à la moelle des os que je l'aimais, je lui demandai de rester à Mexico pour toujours. Elle se mit à rire.

« Je te l'ai déjà dit, tu es un barbare psychologique. Faible parce que tu manques de volonté propre, n'importe quoi peut te faire changer d'opinion ou te corrompre. Tu ne domines pas les événements, tout t'arrive sans que tu aies le moindre contrôle. Quelques contractions du muscle anal ont suffi pour t'enchaîner à moi... Ce n'est pas que tu sois bête, tu t'es trompé : à force de méditations, tu as construit autour de ton essence impersonnelle un ego obèse déguisé en bouddha. En Inde, on adore un éléphant, Ganesh ; il est toujours accompagné d'une souris qui se nourrit des offrandes. En réalité, cette image recèle un piège : le véritable dieu n'est pas Ganesh, c'est la souris. L'éléphant s'enfle, se colore de doré, étire ses quatre bras en montrant des objets symboliques, ceint son énorme front d'un diadème ; bref, c'est un mirage destiné à impressionner, mais en vérité c'est la souris qui commande. Personne ne voit un véritable maître. Il est invisible. Il n'a pas de disciple préféré : il enseigne à l'humanité tout entière. Il ne possède pas de temple, la planète et le cosmos sont sa demeure. Il se dissimule sous l'aspect d'un personnage secondaire, c'est le tigre sur lequel Bouddha semble méditer, c'est l'âne qui porte le Christ, c'est le taureau noir qui donne la force à Mithra... Tu auras du mal à comprendre cela parce que tu vis en essayant de sortir de ton corps alors qu'en réalité tu devrais te submerger en lui, te réduire jusqu'à devenir imperceptible, pour enfin parvenir à l'offrande intérieure qu'on nous a réservée : un diamant que, par incapacité de le définir, nous appelons "âme". Ne me dis rien, ne discute pas, je vois ton ego. Cette énergie que tu gaspilles en croyant être ce que tu crois être, un fatras de conduites acquises depuis le berceau que mon saint père appelait "l'éléphant". Et il en distinguait deux types : l'éléphant puant et l'éléphant parfumé.

Le premier, insupportable, ne vit que dans le paraître, achetant applaudissements et récompenses, rabaissant le sage lorsqu'il n'a pas le courage de s'élever à son niveau, se croyant propriétaire de lui-même, volant le bien d'autrui, mendiant déguisé en millionnaire... Le second, supportable, a équilibré ses aspirations et ses besoins, avec humilité il s'est plié devant l'essence et a reconnu qu'il ne s'appartient pas. "Ne soyez pas vôtre, soyez de l'esprit saint", dit la Bible. La domestication de l'ego, qui consiste à le conduire de la puanteur au parfum, a été expliquée au Japon par une série de dessins représentant une vache noire qui peu à peu devient blanche ; en Chine, c'est un cheval et en Inde un éléphant.

Mon saint père, sachant que les animaux furent nos premiers maîtres, entreprit un voyage à Bangalore pour vivre dans une réserve de pachydermes et comprendre leur apprentissage... La première chose qu'il vit, c'est que les cornacs de ces énormes bêtes se faisaient obéir en utilisant une langue consistant en deux vocables : *ara* et *mot*. Pour que l'éléphant se déplace, ils répétaient "*Mot*" avec autorité. Pour qu'il s'arrête, ils répétaient "*Ara*" sur le même ton. C'est sur ce détail apparemment infime que mon saint père établit les bases d'un enseignement. Les deux piliers de son temple furent *Mot* et *Ara*.

L'éléphant puant fait que l'individu, pris au piège de cet ensemble de folles exigences qu'il nomme "réalité", agit, désire, sent et pense sans interruption, oubliant son essence immortelle. Pour que l'homme retrouve à n'importe quel moment le souvenir de lui-même, alors qu'il est le plus attrapé par le monde, il doit se donner l'ordre "*Ara !*", "Arrête-toi !". Et, immobile, observer le torrent d'idées inutiles, d'illusions infantiles, de désirs impuissants, de plans sans direction qui le submergent. Puis, tel un Christ expulsant les marchands du temple, se débarrasser de ce ridicule pullulement où son éléphant puant agit comme s'il était immortel et non l'essence. Cet arrêt, unité au milieu de la multiplicité, en lui faisant comprendre que la seule chose permanente est l'impermanence, parfume peu à peu le pachyderme : la poubelle, étant vidée, montre le joyau qui est incrusté tout au fond. Alors la volonté peut ordonner "*Mot !*". L'éléphant parfumé entreprend des mouvements conscients : la pensée décrit le monde sans croire qu'elle est le monde, les sentiments cherchent à s'attacher par des nœuds qui peuvent se défaire, on désire ce qui est possible et, de possible en possible, on atteint l'impossible : pour s'approcher de la Lune, le dieu Pan s'est déguisé en nuage avec une peau de mouton, et c'est ainsi qu'il put la posséder. Tous les actes que l'on fait sont utiles, entendant par "utile" ce qui aide à développer la conscience. Qui est ici et maintenant ? L'intellect qui veut se remplir et connaître, avorton du passé, doit se vider jusqu'à atteindre l'ignorance. Le cœur désireux d'être aimé, jamais satisfait car il se nourrit du futur, doit accepter ce que l'on peut lui donner, le pain quotidien, coupant à la racine ses quêtes et ses illusions. Ce sexe qui envahit le présent en confondant ses appétits animaux avec la vie, ses enfants et ses œuvres avec l'immortalité, doit apprendre, en cessant de faire, à mourir en paix. Dis-moi, quelle est ta finalité dans la vie ? Etre heureux ? Etre célèbre ? Etre riche ? Etre aimé ? Mourir de vieillesse ?

– Eh bien, pour t'être sincère, tout cela.

– Bien peu est ce que tu veux... Tu ne dois pas te contenter d'espoirs modestes, tu dois t'élever à la pensée où tous les êtres vivants ont besoin d'être libérés. Tu n'as pas transcendé les finalités personnelles. Tu te vis en tant qu'individu et non en tant qu'humanité. La première chose que tu dois te proposer, c'est de voir ce que nous appelons "Dieu" face à face, sans mourir et sans peur. Débarrassé de toute affliction, ton inconscient et ton subconscient devenus des alliés, tu dois être ton propre guérisseur et être également capable de soigner les maladies des autres. Parvenir à une telle force spirituelle que tu ne sois pas surpris, anéanti ou vaincu par les malheurs, les désastres ou les ennemis. Connaître tout le cosmos, son passé, son présent, son futur. Savoir, dans la dimension des rêves, ressusciter les morts. Développer la conscience jusqu'à la faire traverser, sans se désagréger, les morts innombrables pour vivre autant d'années que vit l'univers. Etre capable, par ta seule présence, d'élever le niveau de conscience de n'importe quel être vivant. Enseigner aux hommes à utiliser comme énergie l'intelligence divine enfermée dans la matière. Nettoyer la planète des immondices industrielles. Savoir dire des mots qui apaisent les animaux dangereux. T'immuniser contre les venins. Connaître d'un seul coup d'œil le fond de l'âme et le cœur des hommes et des femmes. Pouvoir prévoir les événements inévitables, prodiguer sur-le-champ des consolations efficaces et des conseils utiles, obtenir que les échecs ne soient que des changements de chemin, transformer les problèmes en difficultés et les vaincre, dompter l'amour et la haine, t'enrichir sans nuire aux autres, être maître de cette fortune et non son esclave. Savoir jouir de la pauvreté sans abjection ni misère. Gouverner les éléments de l'air, du feu, de l'eau, de la terre en calmant les tempêtes, faire jaillir le soleil entre les épais nuages, en provoquant la pluie aux époques de sécheresse. Pouvoir entrer en communication avec la pensée, guérir à distance, être en plusieurs endroits à la fois... et tant d'autres choses qui te paraissent maintenant fantastiques mais que, si tu t'en donnes la peine, tu parviendras à obtenir peu à peu.

– Contes de fées, Reyna ! Finalités cent pour cent utopiques ! Et si c'étaient des vérités, quel est le premier pas qu'il faudrait faire pour y parvenir ?

– Celui qui désire atteindre le but suprême doit d'abord changer ses habitudes, vaincre la paresse, devenir un homme moral. Pour être fort dans les grandes choses il faut aussi l'être dans les petites.

– Comment ?

– On nous a mal éduqués. Nous vivons dans un monde compétitif où l'honnêteté est synonyme de naïveté. Nous devons développer de bonnes habitudes. Certaines d'entre elles paraissent simples, mais elles sont très difficiles à réaliser. Les croyant insignifiantes, nous ne nous rendons pas compte qu'elles sont la clé de la conscience immortelle. Je vais te dicter les commandements que mon saint père m'a enseignés.

« Fixe ton attention sur toi-même, sois conscient à chaque instant de ce que tu penses, sens, désires et fais. Termine toujours ce que tu as commencé. Fais le mieux possible ce que tu es en train de faire. Ne t'enchaîne à rien qui puisse te détruire au fil du temps. Développe ta générosité sans témoins. Traite chaque personne comme si elle était un parent proche. Range ce que tu as dérangé. Apprends à recevoir : remercie pour chaque don. Cesse de te définir. Ne mens pas, ne vole pas : si tu le fais, tu te mens et te voles toi-même. Aide ton prochain sans le rendre dépendant. Ne désire pas être imité. Fais des plans de travail et accomplis-les. N'occupe pas trop d'espace. Ne fais pas de bruits ou de gestes inutiles. Si tu n'as pas la foi, imite-la. Ne te laisse pas impressionner par de fortes personnalités. Ne t'approprie rien ni personne. Partage équitablement. Ne séduis pas. Mange et dors le strict nécessaire. Ne parle pas de tes problèmes personnels. N'émets ni jugements ni critiques lorsque tu ignores la plus grande partie des facteurs. N'établis pas d'amitiés inutiles. Ne suis pas de modes. Ne te vends pas. Respecte les contrats que tu as signés. Sois ponctuel. N'envie pas les biens ou les succès de ton prochain. Ne dis que ce qui est nécessaire. Ne pense pas aux bénéfices que va te procurer ton œuvre. Ne menace jamais. Réalise tes promesses. Dans une discussion, mets-toi à la place de l'autre. Admets que quelqu'un te soit supérieur. N'élimine pas mais transmue. Vaincs tes peurs, chacune d'elles est désir qui se camoufle. Aide l'autre à s'aider lui-même. Vaincs tes antipathies et rapproche-toi des personnes que tu as envie de rejeter. N'agis pas par réaction à ce qu'on dit de toi, en bien ou en mal. Transforme ton orgueil en dignité. Transforme ta colère en créativité. Transforme ton avarice en respect pour la beauté. Transforme ton envie en admiration pour les valeurs de l'autre. Transforme ta haine en charité. Ne t'applaudis ni ne t'insulte. Traite ce qui ne t'appartient pas comme si cela t'appartenait. Ne te plains pas. Développe ton imagination. Ne donne pas d'ordres pour le seul plaisir de te faire obéir. Paie les services qu'on te rend. Ne fais pas la propagande de tes œuvres ou idées. N'essaie pas d'éveiller chez les autres des émotions telles que la pitié, l'admiration, la sympathie, la complicité à ton égard. N'essaie pas de te distinguer par ton apparence. Ne contredis jamais, tais-toi. Ne contracte pas de dettes, acquiers et paie immédiatement. Si tu offenses quelqu'un, demande-lui pardon ; si tu l'as offensé publiquement, fais-lui des excuses publiques. Si tu te rends compte que tu as dit quelque chose de faux, ne persiste pas par orgueil dans cette erreur et retire immédiatement tes propos. Ne défends pas tes anciennes idées uniquement parce que tu es celui qui les a énoncées. Ne garde pas d'objets inutiles. Ne te pare pas d'idées étrangères. Ne te fais pas photographier aux côtés de personnages célèbres. Ne rends de comptes à personne : sois ton propre juge. Ne te définis jamais par ce que tu possèdes. Ne parle jamais de toi sans t'accorder la possibilité de changer. Accepte que rien ne t'appartienne. Lorsqu'on demande ton opinion sur quelque chose ou quelqu'un, ne dis que ses qualités. Lorsque tu tombes malade, au lieu de haïr ce mal, considère-le comme ton maître. Ne regarde pas en te cachant, regarde directement. N'oublie pas tes morts, mais donne-leur une place limitée qui les empêche d'envahir toute ta vie. A l'endroit que tu habites, consacre toujours un lieu au sacré. Quand tu rends un service, ne fais pas remarquer tes efforts : si tu décides de travailler pour les autres, fais-le avec plaisir. Si tu hésites entre faire et ne pas faire, prends le risque et fais. N'essaie pas d'être tout pour ton conjoint ; admets qu'il cherche chez d'autres ce que tu ne peux lui donner. Lorsque quelqu'un a son public, ne va pas le contredire et lui voler son audience. Vis d'un argent gagné par toi. Ne te vante pas d'aventures amoureuses. Ne te glorifie pas de tes faiblesses. Ne rends jamais visite à quelqu'un uniquement pour remplir ton temps. Obtiens pour partager. Si tu médites et qu'un diable arrive, fais méditer ce diable. »

Cette première nuit ensemble – avec quelques intermèdes au cours desquels Reyna me montra son habileté érotique –, nous bavardâmes jusqu'au lever du jour. En réalité, ce ne fut pas une conversation mais un monologue. La fille de Gurdjieff se plut à réciter à toute allure les enseignements de son père. Elle analysa les contes du sage-idiot Mulla Nasrudin, affirma que les pensées masculine et féminine étaient caduques pour ensuite me décrire la pensée androgyne ; se plaignit de ce que l'être humain vulgaire vécût en utilisant ses sens de manière négative – « Il maudit ce qu'il regarde, ce qu'il entend, ce qu'il sent, ce qu'il goûte, ce qu'il touche » – au lieu de bénir tout ce qu'il perçoit ; me révéla des exercices pour apprendre à aimer, pour apprendre à accoucher sans abîmer la semence de l'âme que porte le fœtus, pour développer la créativité, tout cela fondé sur la même attitude : ne pas lutter avec soi-même. « Quand le monde n'est pas ce que tu veux qu'il soit, c'est parce que tu veux que le monde ne soit pas ce que tu veux qu'il soit. »

Voulant vérifier si Reyna maîtrisait vraiment le secret des symboles, profitant de l'intimité de notre relation, je lui demandai la signification du jeu de l'oie : « Ce pauvre volatile avance sur un chemin rempli de pièges, il tombe dans un puits, on l'emprisonne, il va à l'hôpital, au cimetière, à tout moment il doit reculer, recommencer, etc. Que cherche-t-il avec tant d'obstination ? Pendant des années j'ai inutilement tenté de trouver la réponse dans un livre. » Elle me répondit : « Je la connais ! Combien me donnes-tu pour elle ? » Offensé, d'un geste que je voulais majestueux, je lui montrai nos deux corps enlacés. Implacable, elle insista : « Combien ? » Avec rage je grognai : « Vingt pesos. » Elle se mit à rire. « Est-ce là la valeur que tu accordes au secret ? Tu l'as cherché pendant si longtemps, et maintenant que je peux te le révéler, tu te comportes comme un avare. Tu crois que la connaissance doit se donner gratuitement. Tu te trompes : si tu ne paies pas pour elle, tu ne lui donnes aucune valeur. Elle ne te sert à rien. Donne-moi tout ce que tu as ! C'est le seul prix juste. » Je la regardai avec la même haine avec laquelle, parfois, par manque de caresses, j'avais regardé ma mère. D'une poche de mon pantalon, en tas à côté du lit, je sortis cinq billets froissés.

« Voilà tout ce que j'ai.

– Menteur. Je sais que tu mens. Tu as une grosse liasse dans l'autre poche. Tant pis pour toi. Garde-la. Je vais te révéler le secret. »

Elle approcha ses lèvres de mon oreille et susurra : « L'oie passe par tous ces dangers parce qu'elle cherche désespérément un mâle. » Je poussai un gros soupir et m'endormis.

Quand je me réveillai le chant de la volée de grives qui habitait dans le jardin était tonitruant et un éclat rougeâtre envahissait la pièce. Elle bâilla, puis me regarda avec un sourire qui me parut méprisant.

« Que penses-tu de tout ce que je t'ai dit ?

– Je serai franc, Reyna. Tout ce que tu m'as raconté est une révélation et cela va assurément changer ma vie, mais une chose me fait douter de toi : comment est-il possible qu'une femme aussi sage perde ainsi son temps avec un barbare psychologique tel que moi ? Et autre chose : le mal que tu te donnes pour vivre en accord avec ce que tu crois être ta réalisation est immense, mais... peut-on vivre en paix en faisant de tels efforts ?

Où est la tranquillité quotidienne, le simple plaisir de manger un morceau de pain au bord d'une rivière sans rien faire ? De marcher dans une rue en sentant le parfum de l'asphalte mouillé par la pluie ? De regarder passer une bande de moineaux sans te demander où ils vont ? De répandre en pleurant, dans un beau paysage, les cendres d'un être aimé ? De parler de choses sans importance avec un enfant, une vieille femme, un fou ?

– Assez de mauvais goût ! Ou tu appartiens à la masse anonyme, au troupeau de moutons, et tu t'abandonnes à un bonheur vide, assis comme un mollusque avec ton pain au bord de la rivière, flairant comme un chien l'odeur de l'asphalte mouillé, te croyant un poète parce que tu admires le vol de quelques vilains oiseaux faméliques, jouissant de ta douleur lorsque tu répands des cendres qui te confirment que tu es mortel, le malheur des uns fait le bonheur des autres, gaspillant ton temps à dire des bêtises avec des êtres à l'intelligence limitée... remettant ainsi à plus tard, des centaines de milliers d'années peut-être, l'éclosion de la conscience cosmique. Rends-toi compte, s'il te plaît ! L'univers est un être en formation, degré par degré il s'élève de la matière inerte vers la pensée pure... Infime lumière dans l'immensité, la conscience que la race humaine est en train de produire naît de l'effort du cosmos tout entier... Si tu veux appeler Dieu cette volonté de dépasser les limites de la forme, tu peux accepter l'idée que tu fais partie du processus alchimique où, pour des raisons que nous ne pouvons comprendre maintenant, Dieu s'est emprisonné dans la matière pour essayer de se libérer à l'instant même de sa chute. Nous, nous sommes ici, dans ce présent fugace, pour aider Dieu à s'échapper de la cellule organique. Ne pas développer la conscience, c'est trahir Dieu.

– Mais...

– Ne me dis rien, ne discute pas, mets ta raison en

veilleuse et contente-toi d'écouter. Si j'ai décidé de venir te chercher, c'est parce qu'étant l'artiste que tu es, je sais que tu vas réaliser un autre film, plus ambitieux que le premier. Mon saint père a transcendé les intérêts personnels et est devenu un bienfaiteur de l'humanité. Il s'est proposé de réveiller les hommes endormis. Ce que le commun des mortels appelle "mort" ne l'a pas fait s'arrêter dans la grande œuvre qu'il s'est imposée. Dissous dans ses idées, il continue à agir... En faisant l'amour avec moi, tu as reçu son contact : maintenant, que tu le veuilles ou non, tu le portes incrusté dans ton âme. De là, il te guidera pendant la création de ta prochaine œuvre : tous deux, unis, à travers les images cinématographiques, vous apporterez la conscience à ceux qui ont des yeux pour voir et des oreilles pour entendre. »

Comme je n'avais pas encore eu l'idée de me lancer dans l'aventure du tournage de *La Montagne sacrée* – où un maître semblable à Gurdjieff promet à ses disciples de leur révéler le secret de l'immortalité –, ce que Reyna D'Assia disait me semblait du délire. Je pensai que, malgré ses incroyables techniques mentales et corporelles, elle n'avait pas encore vaincu les désirs incestueux. Elle avait beau se présenter comme une adulte, elle n'était qu'une petite fille amoureuse d'un géniteur mythique... Avec un cynisme d'adolescent attardé, je décidai de profiter de sa névrose, jouant le convaincu pour jouir au maximum de ses quatre gammes sexuelles...

Nous avons d'abord pris un petit déjeuner copieux, puis nous sommes enfermés dans un combat de caresses qui ne dura pas moins de cinq heures. Epuisés, convertis en deux pierres repues, nous nous sommes endormis. Lorsque nous nous sommes réveillés, il était déjà minuit. Comme un enfant qui a mangé trop de sucreries, j'ai eu l'impression d'avoir une indigestion. Je tentai de m'esquiver, sous prétexte que je devais aller changer de vêtements.

« Pas question. J'ai semé les idées de mon saint père uniquement dans ton intellect. Maintenant, nous avons besoin de réaliser un acte qui montre à ton inconscient comment le travail initiatique, vainquant le temps, peut accélérer l'épanouissement de l'âme. Tel quel, vêtu de cuir noir, c'est-à-dire déguisé en barbare, tu vas venir avec moi dans un lieu sacré : le mont Albán, centre de cérémonies zapotèques érigé à deux mille mètres d'altitude sur une montagne dont la cime fut arasée. J'appelle tout de suite la direction de l'hôtel afin qu'elle mette à notre disposition une limousine avec chauffeur. Cet endroit se trouve à environ six cents kilomètres de Mexico. Si nous nous arrêtons pour manger, il nous faudra six heures pour y arriver. Pendant le voyage, nous pourrons continuer à parler, ou alors mettre en pratique certaines techniques orales que je ne t'ai pas encore montrées. Tu choisiras. »

Cette promesse me convainquit et, sans protester, je me lançai à l'aventure. Un chauffeur aimable, don Rodolfo, accepta de nous conduire de nuit dans sa Cadillac grise. Dans la pénombre du siège arrière, Reyna me montra comment le larynx peut réaliser des mouvements surprenants si on le fait vibrer à l'aide de mantras tibétains. Après avoir été soumis plusieurs fois à cette jouissance, je fus envahi par une sensation d'intense vide organique et tombai endormi comme une souche dans les bras de mon délicieux bourreau.

Le jour se levait quand la voiture s'arrêta près de la montagne. Don Rodolfo déclina l'offre que nous lui fîmes de nous accompagner et, dissimulant un bâillement, il s'installa dans la limousine pour s'abandonner à une sieste méritée. Tandis que nous montions, Reyna me dit : « On l'appelle la montagne blanche, blanche dans le sens de sacrée. Cinq siècles avant le Christ, les

Zapotèques furent capables de couper la tête d'une montagne. Tu comprends ? Pour approfondir en soi-même, il faut détrôner l'intellect, transformer le cerveau en une esplanade d'où l'on peut voir la totalité de l'horizon. Lorsqu'on vit au ras de terre, on ne peut observer qu'un fragment de confins, c'est-à-dire une image limitée du monde et de soi-même. D'en haut, on vit en communication avec la nature entière, un horizon circulaire qui est l'anneau de mariage unissant terre et ciel. Ces pyramides ou observatoires, ou tombes ou temples, comme les appellent ces nécrophiles qui se donnent le nom d'archéologues, représentent des entités doubles, dieux-démons que l'initié doit escalader, c'est-à-dire dominer, pour danser librement au sommet, en communion avec les étoiles... Ici, il y a neuf constructions principales, qui font référence aux neuf points de l'énéagramme[21] : acceptation-critique, humilité-orgueil, sincérité-vanité, contentement-envie, détachement-avarice, courage-peur, sobriété-gourmandise, innocence-luxure et action consciente-oubli de soi... Viens ! Allons sur la partie la plus haute où, dit-on, on a extrait le cœur de milliers d'êtres humains ! »

A cette heure matinale, il n'y avait pas encore de touristes. Reyna me conduisit vers la pyramide qui se dressait sur un côté de la plate-forme et me fit agenouiller avec elle près de la base. « Aide-moi à creuser, nous allons libérer une pierre. »

Nous plongeâmes les mains dans la terre, jusqu'à toucher les fondations faites de pavés. Unissant nos forces, nous parvîmes à en sortir un. Avec une poignée d'herbe, Reyna nettoya le bloc rectangulaire. La surface de pierre était creusée de légères fissures. Reyna, profondément émue, plaça la paume de sa main droite près de la pierre.

« Dans une vie qui est miracle permanent, comment

parler de hasard ? Compare les fissures de ce pavé aux lignes de ma main : elles sont identiques. Cela veut dire qu'elle m'attendait depuis plus de deux cents siècles. C'était moi qu'avait désignée le destin pour la sortir de l'obscurité. Sans moi, elle serait restée au niveau inférieur pendant encore des milliers d'années. Maintenant, nous allons lui permettre d'atteindre le sommet, d'être la pierre la plus haute de la pyramide. Ce qui résume tous les enseignements de mon saint père : si nous nous en donnons la peine, nous pouvons faire un bond dans le temps, accélérer notre évolution, atteindre la cime de la conscience, le point où se rencontrent la terre et le cosmos, la matière et l'esprit, site sacré qui est un œil de Dieu. Monte avec moi, lentement, très lentement, en faisant de petits pas, dans une ascension cérémonielle, en me tenant par les épaules, tandis que je porte la pierre contre mon ventre, avec le sentiment de l'engendrer peu à peu. Quand nous arriverons en haut, nous la mettrons au centre de la plate-forme et elle sera la reine de toutes les pierres qui la soutiendront d'en bas. Peut-être, quand le soleil la réchauffera, s'ouvrira-t-elle pour laisser sortir un oiseaux phénix... Oui, je le crois avec ferveur : les pyramides sont des monuments qui génèrent la vie. C'est pourquoi elles ne finissent pas en pointe mais en une plate-forme : afin que de là prenne son élan et s'élève l'être conscient qu'elles doivent un jour mettre au monde... »

Tandis que nous montions avec une extrême lenteur, de marche en marche, comme si c'était un mantra magique, elle récita un exercice psychologique, en doublant les chiffres : 2, 4, 8, 16, 32... 128... 512... 134 217 728... 8 589 934 592... et ainsi de suite jusqu'à arriver à d'incroyables séries de chiffres psalmodiées à des vitesses vertigineuses.

Enfin nous arrivâmes au sommet, un carré de deux mètres sur deux, où les pierres étaient couvertes par une sorte de mortier. En silence, les larmes aux yeux, Reyna s'avança vers le centre du carré, elle souleva le pavé et le balança comme si elle voulait le tremper dans le ciel bleu. Puis elle s'agenouilla et tenta de le poser en disant : « Après des siècles, tu arrives au point central pour donner vie à ta pyramide... Tu es l'élu... Puisse notre âme t'imiter... »

Elle allait poser la pierre quand je lui saisis brusquement le bras, l'empêchant de réaliser son acte.

« Que fais-tu ? Pourquoi t'opposes-tu à quelque chose de si beau ?

– Il y a quelque chose de plus beau encore : regarde bien... »

Par une fissure située au centre apparaissait une fleur minuscule ! « La pyramide n'a pas eu besoin de ton aide. Elle-même a produit la vie... Qu'un pavé s'ouvre pour donner le jour à un oiseau n'est qu'une vision poétique. Cette petite fleur, réelle, pure, fragile, donne sens au monument tout entier. Je continue à croire, Reyna, que tu fais trop d'efforts. Ne porte pas tant de rochers, laisse naître en toi ce qui ne dépend pas de ta volonté... »

Elle me jeta le pavé à la tête. Si je ne l'avais pas esquivé, il m'aurait fracassé le crâne. Elle se laissa tomber assise, me donnant l'impression d'une sculpture de glace en train de fondre.

« Quelle monstrueuse vanité : j'ai cru que moi, éphémère ver de terre, j'étais capable d'aider une pyramide, mais elle, d'un geste quasi imperceptible, en donnant le jour à une petite fleur, m'a démontré que je suis semblable à un moustique qui, posé sur la corne d'un bœuf, pense qu'il l'aide à tirer la charrue ! La fondation de mon édifice théorique est pourrie, je le reconnais. Je me suis trompée de chemin. Pour que mes efforts germent, je dois essayer une autre voie... Justement, on m'a parlé d'un guérisseur, don Prudencio Garza, qui vit dans un petit village, à quelques kilomètres d'ici... Je craignais de me soumettre à la terrible expérience qu'il propose, mais après ce signe miraculeux, je dois le faire si je veux démolir le château d'illusions que j'ai eu tant de mal à construire.

– A quelle expérience fais-tu référence ?

– Ce sorcier peut donner à manger des champignons qui produisent une véritable mort. Si dans l'au-delà tu parviens à traverser le fleuve d'acide sans que ta conscience essentielle se dissolve, tu ressuscites... Dans le cas contraire, tu meurs. Ne hoche pas la tête pour t'opposer... Personne ne pourra m'empêcher de passer par cette épreuve définitive. Tu n'as plus qu'à m'accompagner ou à marcher neuf kilomètres jusqu'à Oaxaca pour prendre un train qui te ramènera à la capitale, car je vais prendre la limousine.

– Tu vas faire une folie. Je me sens obligé de t'accompagner. »

Nous descendîmes de la montagne presque en courant. Les quatre roues de la limousine avaient disparu ! La tête appuyée sur le volant, don Rodolfo, la bouche grande ouverte, émettait des ronflements sonores. Quand nous le réveillâmes, constatant le désastre, il perdit son élégance de chauffeur pour touristes, se mit à lancer d'interminables « Fils de pute », fit un nœud à chaque coin de son mouchoir, se le mit comme un calot et, sans cesser de pester contre les canailles et le soleil, se mit à marcher dans la direction d'Oaxaca. Reyna D'Assia, aussi tête de mule qu'avait dû l'être son saint père, décida de marcher les kilomètres qu'il faudrait pour trouver le sorcier. Sans lui montrer mon angoisse – l'homme pouvait vivre bien plus loin qu'elle ne le pensait –, je lui dis :

« Comment s'appelle le petit village que tu cherches ?

– Huapancingo ou Huanotzcan, je ne me souviens pas très bien. Mais cesse de t'inquiéter. Tous les problèmes sont des illusions mentales. Abandonne-toi à la réalité de ce moment. Nous sommes à quelques pas de quelque chose d'incroyable, qu'importe qu'il s'agisse de mille ou de cent mille pas. Allons-y ! »

Nous avions déjà marché plus de quatre heures. Le soleil tapait de plus en plus fort. Le vent, avec ses caresses aiguisées, nous blessait les lèvres. Mes chaussures desséchées me torturaient les pieds. Reyna avançait comme un zombie, en murmurant des exercices de mathématiques. Je m'assis sur un tronc tombé. Je dus l'appeler à grands cris pour la faire sortir de sa transe et s'arrêter.

« On t'a donné des renseignements erronés. Ce chemin ne conduit nulle part. Mieux vaut rebrousser chemin...

– Homme de peu de foi ! Accepte ce qui est maintenant, cesse de penser au futur, libère-toi de la domination de l'esprit, utilise la souffrance de tes pieds pour éveiller la conscience de ton être, alors le miracle se produira. Continuons !

– Pas question de continuer ! Vas-y, toi, si tu veux. Moi je retourne. Ta folie n'est pas la mienne... »

Je me levai et, dans une fureur irrépressible, je donnai un coup de pied au tronc d'arbre. Une partie de l'écorce éclata, laissant tomber des flots de petites araignées noires. Je m'enfuis en courant. Reyna me suivit en m'insultant.

« Lâche ! Ta résistance produit l'échec ! Faute d'ardeur, tu manques l'incroyable transformation ! »

« Ce chemin est très long et il ne traverse que des champs de luzerne. Est-ce que je peux vous aider ? »

La voix du vieil homme résonna à nos oreilles avec une aimable gravité. Nous ne l'avions pas entendu venir. Sans doute se reposait-il à l'ombre d'un arbre. Ses yeux enfoncés, entourés d'un soleil de rides, les pupilles apparaissant entre des cataractes, nous firent penser qu'il était aveugle.

Inquiète, Reyna lui demanda : « Connaissez-vous un guérisseur qui s'appelle... »

Le vieux l'interrompit en poussant un étrange soupir. « ... Prudencio Garza ? C'est moi, ma petite. Le vent m'a apporté des éclats de vos ombres. Je suis descendu jusqu'ici pour vous attendre. Suivez-moi. »

Nous traversâmes un bois de pins, avançâmes sur un sentier qui serpentait entre des collines et arrivâmes enfin dans une petite vallée. Près d'un rocher noir couvert d'herbe s'élevait une cabane. Sa porte était encadrée de becs de vautour. Non loin trois chèvres, aux pattes arrière attachées ensemble, faisaient des bonds maladroits ; un chien noir dévorait un iguane et un cochon enfonçait son groin dans la terre humide d'une fosse fraîchement creusée.

En nous voyant arriver, le chien oublia sa proie. Emettant d'assourdissants aboiements, il se mit à tourner autour de Reyna, dressé sur ses pattes arrière, pour poser celles de devant sur sa poitrine. Reyna, sans aucune crainte, lui caressa la tête.

« Du calme, Mictiani, laisse cette dame tranquille ! »

L'animal, obéissant, s'éloigna de quelques mètres, regardant mon amie avec des yeux pleins d'amour.

« Entrez dans votre humble maison... »

L'intérieur était divisé en salon et cuisine par un fragile mur de vieux cartons. Au centre du salon, sous une lanterne pendant du plafond enfumé, s'étalait un tapis de palmes ; dans un coin, on voyait un autel avec une statue de plâtre représentant la Sainte Mort, squelette couvert d'un manteau semblable à celui de la Vierge de Guadaloupe, quelques fleurs jaunes, une petite boîte de cigarettes de tabac brun, une bouteille d'eau-de-vie, quatre petites cruches de grès pleines de bière de maïs, treize bougies noires et quelques os humains. Parmi eux brillait une calebasse argentée, transformée en coffre grâce à une coupe circulaire.

Après avoir obligé Mictiana à se coucher sur le pas de la porte et m'avoir offert un petit banc à trois pieds dans le coin opposé à l'autel, don Prudencio offrit à Reyna le tapis de palmes.

« Assieds-toi en face de moi, fillette. Je te vois décidée à visiter la terre des morts. Ce n'est pas une chose facile. Le champignon te donnera une mort de trois jours... Tu erreras dans les quatre pétales de la fleur des ténèbres : dans celui de l'est, mille vautours changeront ta chair et tes os en une bouillie obscure ; dans celui du nord, un fleuve bouillant rongera ta mémoire ; dans celui de l'ouest, des meutes de morts videront ton âme ; dans le pétale du sud, les déesses gloutonnes dévoreront ce qu'il restera de toi, le regard. Si tu résistes à tout cela, tu arriveras comme un être aveugle au centre, là où dedans et dehors sont la même chose, et tu connaîtras Talocan, ton dieu interne. Si tu le mérites, il te fera renaître. S'il te méprise, tu ne reviendras pas à la vie. La fosse que tu as vue en arrivant, je l'ai creusée pour toi. Il est possible que tu finisses là... Pour vous, cher enfant, puisque vous venez en qualité de gardien, vous pouvez rester, mais à condition de ne pas parler. Si vous dites ne serait-ce qu'un mot, votre amie se réveillera changée en démon et vous sucera le sang... »

J'étais effrayé. J'eus envie de me mettre à courir en oubliant pour toujours le sorcier et Reyna. Cependant, par curiosité ou par orgueil, j'acceptai l'épreuve en me disant que tout ça, c'étaient des superstitions enfantines, que Reyna ne pouvait pas être un vampire ni cet aimable petit vieux un assassin ; et qu'enfin le pauvre essayait de gagner une poignée de dollars en exploitant les envies d'expériences exotiques d'une touriste.

Quand je lui fis signe que je restais, don Prudencio demanda à Reyna de se déshabiller et de s'allonger sur la natte. Elle, sans la moindre pudeur, se dévêtit et se coucha. Alors, à notre grande surprise, don Prudencio changea d'aspect. Il cessa d'être un humble vieillard, les cataractes de ses yeux parurent se dissoudre, il étira son dos presque bossu, acquit des gestes élégants, félins, se mit une cape de laine portant des motifs aztèques, brandit un couteau d'obsidienne verte et, tandis qu'il allumait trois bougies noires, récita une prière à la Sainte Mort.

« Sainte Mort, puisque tu fus créée par Mandat divin pour renouveler la vie, par charité efface de l'âme et du corps de cette pauvre femme toute trace de souffrance, honte, peine et peur, produites par les traitements cruels qu'elle a reçus dans son enfance.

« Sainte Mort, que la Faux céleste que tu portes coupe à la racine l'amertume, la douleur, la peine, le désespoir, la rancœur, la tristesse, la solitude, la confusion et les autres afflictions causées par le venin qu'on a versé dans l'esprit de cette pauvre femme, lui permettant, à travers toi, de connaître Celui qui voit tout et peut tout. »

Avec l'autorité d'un grand prêtre, il ouvrit la calebasse argentée et en sortit un morceau d'excrément de bovin sur lequel poussaient en tas quarante champignons blancs semblables à de petits phallus. L'énergie que dégageaient ces vibrantes thallophytes parut emplir toute la pièce. Avec son couteau vert, le sorcier les coupa une à une, patiemment, avant de les introduire dans la bouche de Reyna. Lorsqu'elle eut avalé le dernier champignon, celle-ci commença à transpirer et à trembler. Au bout de quelques minutes, elle vomit. Le sorcier compta les champignons qui flottaient dans ce qu'elle avait recraché. « Le corps a ses mesures exactes. Il a rejeté dix petits enfants... C'est une femme vigoureuse : elle a gardé dans l'estomac la dose la plus élevée à laquelle on puisse résister. » Il s'agenouilla devant l'autel et tandis que Reyna tombait en léthargie, de plus en plus pâle, il se mit à réciter des louanges à la sculpture de plâtre.

« Louée sois-tu, Sainte Mort, car ta divine beauté est la récompense que Dieu donne aux justes.

« Louée sois-tu, Sainte Mort, car sans ton aide l'humanité ne pourrait se délivrer de l'orgueil.

« Louée sois-tu, Sainte Mort, car ta perfection est comparable à celle de la vie que Dieu te fait renouveler. »

Ainsi à genoux, le guérisseur continua ses prières et louanges jusque très tard dans la nuit. Il semblait que Reyna, changée en sculpture de cire parcourue par un essaim de mouches, ne respirerait plus jamais. Moi, assis là, mal à l'aise, tremblant d'un froid qui était plutôt de l'anxiété, hypnotisé par la voix monotone du sorcier, je finis par m'endormir. Au petit matin, je fus réveillé par les assourdissants croassements d'une bande de vautours. Reyna était toujours morte. Le sorcier lançait des imprécations à l'extérieur de la cabane. Je me levai avec difficulté, j'avais des crampes dans les jambes, et je sortis de la cabane. Armé d'un bâton, le sorcier chassait les vautours qui recouvraient comme un tapis le cadavre de Mictiani. L'animal avait les orbites vides et sanglantes. Les tripes pendaient de son ventre ouvert. Les rapaces, ainsi battus, s'envolèrent.

« C'est pas ces envoyés du diable qui ont mis fin à ses jours. Il s'est laissé mourir. Aidez-moi à le mettre dans la fosse. »

Le chien était grand. Le guérisseur le saisit par le cou, moi par les pattes arrière, et nous le jetâmes dans le trou. Il le couvrit peu à peu avec la terre entassée sur les bords.

« Je n'ai jamais pensé creuser cette tombe pour toi, mon frère. Tu es si bon que tu as décidé de mourir à la place de l'étrangère. Dans le sous-monde, tu dois protéger son âme... Loué sois-tu d'avoir sacrifié ton bonheur pour adoucir la douleur de l'étrangère, d'avoir tout donné en échange de rien. »

Il remplit d'air ses poumons et prononça un « Amen » qui me parut interminable. Il me regarda en souriant, mais avec des yeux tristes. Je vis réapparaître ses cataractes. Son dos se courba peu à peu et bientôt il cessa d'être le féroce sorcier pour devenir un aimable vieillard.

« Grâce à Mictiani, ton amie ne court plus aucun danger. Hier, elle a traversé deux pétales. Aujourd'hui, elle en traversera deux autres. Demain, de bonne heure, elle arrivera au centre de la fleur et reviendra à la vie... Quelque part par là j'ai des tortillas, du fromage de chèvre et beaucoup de figues de Barbarie. Mange tranquillement. »

La nuit allait être longue. Don Prudencio, à genoux, avait commencé une autre série interminable de louanges à la Sainte Mort. Allongée sur le sol, d'une blancheur terrifiante, Reyna D'Assia ne respirait toujours pas. Allongé moi aussi sur le sol, la tête appuyée sur le petit banc, j'essayais de dormir, mais j'avais beau m'efforcer de vider mon esprit, un fleuve de mots m'inondait. J'avais cru résoudre le kôan, faire des pas dans l'abîme, réaliser ce que le moine chinois Dazu[22] avait écrit dans un poème, le jour de sa mort :

*Dans l'aspect réel sont annulées la parole et la réflexion.*
*Dans l'identité véritable sont éliminées toute vision et toute audition.*
*Telle est la place de la calme paix.*
*Toute autre étude n'est que divagation verbale.*

Ou bien comprendre ce qu'écrivit le philosophe Seng Zhao, condamné à mort par son souverain, avant d'être exécuté :

*Lorsque la lame nue s'approchera de ma tête,*
*ce sera comme pour décapiter le vent printanier.*

Mais le courage de Reyna mettant sa vie entre les mains d'un guérisseur primitif provoqua en moi une crise intense. Quand Ejo m'avait dit : « Intellectuel, apprends à mourir ! », insinuait-il que je devais cesser de m'identifier à mes pensées ou accepter la mort physique, comme était en train de le faire mon amie ? Par ailleurs, son état cataleptique était-il une véritable mort ? Les délires produits par une intoxication pouvaient-ils être considérés comme une exploration de l'au-delà ? Dans cette longue nuit, qui était Reyna ? Son corps inerte ou son esprit voyageant dans un monde mythique ? Quand, avec Ejo, nous avions lu le livre secret des kôans, nous en avions trouvé un qui pouvait évoquer la situation actuelle[23] : « Il était une fois une femme du nom de Seijo dont le corps et l'esprit s'étaient séparés. L'une des Seijo s'enfuit pour se marier avec son amant Ozu, tandis que l'autre Seijo resta au foyer de ses parents, malade et sans parler, gisant sur un lit. Maître Goso Hoen demande à un moine : "Si le corps et l'esprit de Seijo se sont séparés, lequel des deux est-il la vraie Seijo ?" Le moine lui répond : "Lequel des deux est vrai ?" »

Au début, il me sembla que le moine rendait évident qu'il ne s'agissait pas de la réalité de l'une ou l'autre Seijo, mais de celle des concepts de *corps* et d'*âme*. Plus tard, je me rendis compte que le moine se référait à l'esprit et au corps de Goso Hoen... « Au moment où tu me poses le kôan, voulant me faire tomber dans le piège métaphysique consistant à établir une dualité corps-esprit, lequel des deux es-tu ?... En vérité, tu es une unité : bien que tu établisses des noms différents pour elle, celle-ci ne change pas. »

A son tour, Goso Hoen répond à la question du moine par une autre question : « L'état de l'existence de Seijo, quel est-il ? » Réponse :

*Lamentable, désirable, odieux, enchanteur...*
*Bien que mon anneau d'or ait grandi d'un pouce*
*je dis aux gens que je ne suis pas amoureux.*

L'existence ne peut se diviser en parties, elle est tout à la fois.

*Maitreya, le véritable Maitreya,*
*Divise son corps en mille, cent fois cent mille fragments.*
*De temps en temps, il apparaît devant des gens soumis au temps.*
*Les gens soumis au temps ne le perçoivent pas.*

Le modèle de la réalité n'est pas la réalité. Un anneau croissant symbolise un amour croissant, mais il n'est pas l'amour réel. Le mot qui décrit le monde n'est pas le monde. L'existence peut être l'esprit et le corps unis, ou n'être ni l'esprit ni le corps : elle est ce qu'elle est et non telle que notre intellect l'analyse et la perçoit... Ce corps couché à terre n'est pas séparé de son esprit, et l'esprit n'erre pas au loin dans une autre dimension. Tous deux ne sont qu'une seule chose... Demain, quand Reyna se réveillera, croira-t-elle avoir vraiment voyagé dans un autre monde, être arrivée au centre où règne le Dieu mythique ? Et si elle ne revient pas à la vie ? Ce vieux fou l'a peut-être empoisonnée !

Don Prudencio interrompit ses prières, il alla à la cuisine et en revint avec une petite cruche pleine de lait. « Il vient de mes chèvres. Bois-le pour t'endormir tout de suite. Tes pensées font beaucoup de bruit. »

Dès que j'eus avalé le délicieux liquide, je sombrai dans un profond sommeil.

Je me réveillai à midi. Reyna était vêtue, prête à partir. Don Prudencio avait disparu.

« Le vieux est allé faire paître ses chèvres. Partons ! »

Nous marchâmes trois heures durant sans qu'elle prononce un mot. Je respectai son silence. Elle ne semblait pas être la même : son visage avait changé – autrefois plein de grimaces, il ressemblait maintenant à une surface polie à laquelle on aurait arraché un masque –, mais aussi les mouvements de son corps. Elle marchait avec une telle délicatesse que ses pas, quoique très énergiques, ne faisaient presque pas de bruit. La colonne vertébrale bien droite et le menton légèrement relevé, elle donnait l'impression de porter une couronne.

Lorsque nous aperçûmes le mont Albán et ses pyramides, elle décida enfin de parler.

« Comme tu t'en es sans doute aperçu, étant la même je suis autre. Ne pense pas que je croie être morte et avoir ressuscité. J'ai voyagé vers moi-même, je suis entrée dans le sous-monde de ma raison, essayant d'arriver au centre de l'inconscient. Comme l'a dit le sorcier, ses champignons m'ont d'abord fait perdre la sensation de ma chair et de mes os : je me suis rendu compte que j'avais toujours vécu dans mon corps comme dans une prison. En le perdant, j'ai ressenti pour lui un amour intense et de la compassion. Puis ma mémoire s'est effacée : à mesure que les liens émotionnels disparaissaient, j'ai compris combien j'avais été attachée à des personnes, à des lieux, à des faits. Chaque être, chaque chose, chaque acte, s'était greffé sur ma personne, tendant à s'amalgamer avec mon essence et, pour cela même, l'étouffant. En oubliant, j'ai pu être moi-même. Mais ce "je suis" fut également annihilé : j'ai perdu toute définition, tout contenu, toute forme. J'ai cessé de posséder. Je n'ai été qu'un impersonnel point de vue, qui n'a pas duré longtemps : l'œil a cessé d'être séparé du monde pour ne pas se voir ni voir, seulement être... J'ai retrouvé l'innocence et la pureté, j'ai été la créature ingénue avant de naître et la créature sage après la mort. Lumière fondue avec l'ombre, harmonieuse union de tous les contraires, amante de moi-même, je suis devenue un soleil. Et alors, avec une clarté effrayante, je me suis rendu compte que mon corps, l'autre, m'attendait. Le moment de revenir était arrivé... Ce fut facile, il me suffit d'ouvrir les yeux... Je me suis retrouvée allongée par terre, nue, les jambes écartées et don Prudencio sur moi incrustant son phallus dans mon vagin. Je l'ai repoussé. Le vieux, très calmement, a fermé sa braguette, éteint les treize bougies et m'a tendu sa paume ouverte. Je lui ai donné une poignée de dollars. Il les a fourrés dans un sac et il est parti avec ses chèvres...

– Vieille canaille. Il m'a donné du lait avec un somnifère ! Allons à sa recherche : je vais le piétiner !

– Attends. Je ne sais que penser. Il est étrange que je sois revenue à la vie juste au moment où il éjaculait. Peut-être l'a-t-il fait pour me sortir de la mort. Laissons-le tranquille. Ce qui est arrivé est arrivé parce que cela devait arriver. Je ne regrette rien. Cette expérience m'a libérée. Je ne serai plus jamais la même. Les enseignements de mon saint père ont été la barque qui m'a aidée à traverser le fleuve : maintenant que je suis sur l'autre rive, il serait stupide de vouloir continuer à vivre dans cette barque... Le passé est mort. Et tu fais partie de ce passé. Tenons notre aventure pour terminée. Je vais disparaître un temps. Un jour je t'écrirai... Dès maintenant nous allons cesser de nous parler. »

Et ainsi, muets, mêlés à un groupe de touristes venus visiter le mont sacré, nous avons regagné la capitale en autobus, assis loin l'un de l'autre. En arrivant à Mexico, nous ne nous sommes même pas dit adieu. Je ne l'ai plus jamais revue. Quelques années plus tard m'arriva une enveloppe expédiée de Bali. Elle contenait une missive laconique accompagnée d'une photographie. « Moi avec Ivanna, ma fille. Je ne sais si son père est toi ou don Prudencio. »

# 10

## *Maître à disciple, disciple à maître, disciple à disciple, maître à maître*

« Tout à coup, cet homme sentit que la plaine faisait un tour complet et que le ciel et les nuages semblaient se poser sur ses pieds. »

Silver Kane, *Un collar de piel de serpiente*
(Un collier en peau de serpent)

« Au-dessus de l'endroit où s'était trouvée sa tête flottait une sorte de petit nuage de sang... On aurait dit que le sang avait sa propre force. »

Silver Kane, *Con permiso del muerto*
(Avec la permission du mort)

Lorsque dix ans plus tard, déguisé en metteur en scène, je revins à Mexico, je fus invité à donner une conférence dans un théâtre de la Cité universitaire. Voyant sur la façade dix-neuf grandes lettres TEATRO JULIO CASTILLO, je compris qu'avec cette causerie allait se refermer un cycle de ma vie. Le jeune homme qui des années plus tôt était venu me demander de lui apprendre l'illumination (théâtrale et non pas spirituelle) avait dirigé par la suite de nombreuses œuvres, puis était mort en plein triomphe. Son apport au monde du spectacle avait été tel que l'Université autonome de Mexico avait baptisé de son nom la plus grande de ses salles. En hommage à Julio Castillo, je déchirai mes notes et décidai de répéter la même erreur que j'avais faite avec lui, mais cette fois de façon volontaire. « Ils veulent que je leur parle de techniques cinématographiques, mais je vais leur parler de l'illumination spirituelle et de mes expériences avec les kôans. » Je proposai aux mille jeunes gens qui remplissaient les gradins : « Je vais poser des énigmes qu'il vous faudra résoudre. Vos réponses épuisées, je vous donnerai mes solutions. » A leur grande perplexité, je commençai avec : « Ceci est le son de deux mains, quel est le son d'une seule main ? » Au milieu des éclats de rire, les réponses fusèrent : faire claquer les doigts, se donner une tape sur le front, étendre la paume en avant en émettant un pet... Lorsqu'ils se déclarèrent à bout d'inspiration, je leur fis lever la main droite comme s'ils juraient et, levant la mienne, je répétai ce que j'avais dit des années auparavant à Ejo Takata : « Le son de cette seule main est semblable au son de ta seule main. » Ils applaudirent avec enthousiasme. Inspiré par ce bon public, j'inventai des kôans et leur donnai des solutions.

« Pourquoi les montagnes ont-elles des rochers ?

– Les montagnes n'ont pas de rochers : ce sont eux la montagne. »

« Pourquoi la bouche est-elle sous les yeux ?

– Parce que la bouche est pour embrasser la terre et les yeux pour embrasser le ciel. »

« Pourquoi est-ce que je ne cesse pas de penser ?

– Je ne pense pas : les pensées me pensent. »

Porté par l'enthousiasme, j'avançai jusqu'à me mêler aux mille spectateurs, de dos à la scène. Soudain, les regards cessèrent de se fixer sur ma personne : il se passait quelque chose sur la scène. Je me retournai et vis ce qui me parut être un rêve : Ejo Takata, vêtu en moine, assis, les jambes croisées en position de méditation, me souriait. Il était là, dix ans plus tard, comme toujours, semblable à lui-même, l'esprit généreux, le visage sans âge, ancré à la terre, poussant le ciel avec sa tête !

Aussitôt il entra dans le jeu et, menaçant, levant son bâton de bois (sur lequel est écrit en caractères japonais, sur le côté qui frappe : « Je ne peux rien t'enseigner. Apprends par toi-même », et de l'autre côté : « La plante fleurit au printemps »), il me demanda :

« Quel est le son d'un esprit vide ?

– Le son de cette voix qui interroge », répondis-je aussitôt.

Ejo lança un joyeux « *Kwatzu !* ».

« D'où jaillit une pensée et qu'est-ce que c'est ?

– Les idées n'ont pas de propriétaire, elles sont dans le monde : ce sont des graines d'action... »

Il ouvrit son éventail et s'éventa le front. Je compris que j'étais tombé dans le piège intellectuel. Je me prosternai trois fois devant le maître (*sanpai*), répétant l'un de ses proverbes : « Un bateau peut trouver appui sur l'eau ; l'eau peut le retourner », et j'attendis la question suivante.

« Quand le mental est vide, que voit-il ?

– Tout sauf lui-même.

– *Kwatzu !* Quand une pensée jaillit, d'où vient-elle ?

– Si tu me dis où elle va, je te dirai d'où elle vient.

– *Kwatzu !* Si tu vois qu'une pensée excessive est artificielle, penses-tu qu'il existe aussi une pensée naturelle ?

– Le paysan attend la pluie, le voyageur attend le beau temps.

– *Kwatzu !* Que représente pour toi le jour de ton anniversaire ?

– On ne naît pas, on ne meurt pas. »

Il me fit signe d'approcher. Je montai sur la scène, m'agenouillai devant lui et par trois fois inclinai la tête jusqu'à toucher le sol. En me relevant, je vis un sourire sur ses lèvres. Tenant le *kyosaku* en position horizontale, il me l'offrit. Je sentis mes mains brûler et mes pieds se glacer. Je n'avais jamais espéré recevoir un tel honneur. Sans bien me rendre compte de ce que je faisais, comme dans un rêve, je reçus le bâton et l'appuyai contre ma poitrine. Les étudiants se mirent à applaudir. Je dus me lever pour remercier en faisant des révérences. Moment dont profita Ejo pour s'éclipser. Au bout d'une minute, je revins à moi et courus dehors pour tenter de le rejoindre. Par chance, de nombreuses voitures attendaient leur tour de sortir du parking. Dans une vieille voiture à la peinture écaillée, conduite par un chauffeur au visage d'Indien, se trouvait Ejo. Lorsqu'il me vit arriver il remonta la vitre. Je brandis le *kyosaku* en lui criant : « Je ne le mérite pas ! Tu as dit : “Si tu as le bâton, je te le donne. Si tu ne l'as pas, je te l'enlève.” Ton bâton, tu dois le donner à celui qui l'a ! Et moi je ne l'ai pas ! J'exige que tu me l'enlèves ! »

Ejo baissa la vitre et, au lieu de prendre le bâton, il me jeta son éventail au visage. Il remonta la vitre. La voiture partit. Je courus derrière elle. Je ne pus l'atteindre. Le souffle court, je m'éventai. Sur le papier de l'éventail était écrit : « Forêt de Chapultepec, endroit habituel, même heure, demain. »

Je ne pouvais en croire mes yeux. Au fond de moi, j'avais toujours aspiré à devenir un maître, à jouir du respect inconditionnel de centaines de disciples ; non seulement cela, mais aussi être capable de croiser les jambes pendant des heures dans un *zendô* jusqu'à mourir comme un bouddha souriant. Objectif que je savais inaccessible : je connaissais ma honteuse faiblesse, l'imperfection de mes réussites, mon ignorance de microbe dans le cosmos infini... Perdre Ejo m'était devenu insupportable. « Un maître est pour toute la vie. » S'il me donnait son bâton et son éventail, il faisait de moi non seulement son égal, mais son continuateur. Cela signifiait qu'il s'en allait, ou qu'il était malade ou qu'il pensait mourir. Je me sentis nauséeux. J'avais perdu mon appui, on me menaçait d'enlever l'axe autour duquel j'avais tourné en me croyant protégé pour toujours. J'avais des questions sans nombre, mais aucune vraie réponse. Ejo était le porteur de la seule réponse à toutes les interrogations... Un voile de brume embua mon regard. Si Ejo me reconnaissait la valeur d'un maître, il se trompait. Et s'il pouvait se tromper, il n'était pas un véritable maître. J'eus envie de vomir. Je tombai assis sur un banc de ciment. Avec l'éventail, je m'éventai. Avec le bâton, je me donnai des coups sur les omoplates.

« Maître... »

Un garçon d'une maigreur extrême aux yeux brillants venait à ma rencontre. Me sentant ridicule, je cessai aussitôt de me frapper et de m'éventer. Je fis un sourire forcé. Il s'agenouilla devant moi.

« Permettez-moi de me présenter, je m'appelle Daniel. J'ai vu votre film, *La Montagne sacrée.* Il a changé ma vie. J'ai réalisé un court métrage en m'inspirant de cette œuvre. Je veux vous dire merci... »

Son admiration arrivait à un mauvais moment. Je répondis en affectant une grande amabilité :

« Lève-toi et assieds-toi à côté de moi. Merci de me dire merci. Veux-tu un autographe ?

– Eh bien, cela me ferait plaisir, maître. Mais si vous me le permettez, j'oserais vous demander une faveur...

– Demande-moi ce que tu veux, mais ne m'appelle pas maître...

– En réalité, outre cinéaste, je suis écrivain. Je lis depuis que j'ai l'usage de la raison. Cependant, je ne sais rien du zen. Je n'avais jamais entendu parler de ces étranges kôans. Lorsque vous nous en avez posé quelques-uns, je n'ai su que répondre, et ensuite je n'ai pas compris vos réponses. Je n'ai pas compris non plus les réponses que vous avez données au moine. Pourriez-vous m'expliquer la signification de tout cela ? »

Je dus faire un effort pour ne pas me mettre à pleurer. La réalité, avec sa danse absurde, alors que mon esprit ressemblait à un miroir brisé en mille morceaux, m'envoyait un garçon qui me prenait pour maître. Son désir de comprendre était si naïf et sa confiance en mon masque d'artiste si grande que je me sentis incapable de le décevoir. Donnant à ma voix un ton assuré, je prononçai une suite de mots : « Les montagnes n'ont pas de rochers, pas plus que le monde n'a d'individus. Les rochers sont la montagne, les individus sont le monde. L'univers est une totalité. La bouche est sous les yeux, les oiseaux volent dans le ciel, les poissons nagent dans l'eau, tout occupe naturellement sa place, sans effort, avec bonheur. L'oiseau se noie sous l'eau, de même que le poisson dans le ciel. Le bonheur, c'est d'être nous-mêmes dans le milieu qui nous convient. Nous pensons, mais nous ne sommes pas nos pensées. Lorsque nous nous identifions à elles, nous cessons d'être nous-mêmes. Les pensées sont ; nous, nous ne sommes pas. Le son d'un mental vide est le bruit que font les mots de celui qui pose des questions. "D'où jaillit une pensée et qu'est-ce que c'est ?" est un ensemble de mots auquel il n'y a pas lieu de répondre par un autre ensemble de mots. D'une pensée surgit une autre pensée, et ainsi de suite jusqu'à l'infini. Mais dire "pain" ne rassasie pas. Pour toute réponse, j'aurais dû pousser un cri... Dans un mental vide, la dualité spectateur-acteur cesse. Si nous nous voyons nous-mêmes, nous ne sommes pas vides. Personne ne vient, personne ne va, tout est toujours ici. Chaque pensée est un mirage. Il n'y a pas de cause première, ce n'est ni l'œuf ni la poule, cela n'a ni début ni fin, permanente impermanence, présent informe. Accepte le changement apparent ! »

Daniel essaya de me remercier. Je m'éloignai en courant.

Un brouillard matinal, vénéneux, grisâtre cachait à moitié les arbres du bois. Dans une clairière éloignée des troupeaux de voitures qui avançaient comme des moutons vers l'abattoir, Ejo et moi, à six heures du matin, avions l'habitude de méditer deux heures durant. Je le trouvai assis en zazen. Il portait un jean et un tee-shirt noir ; près de lui, un sac de toile. Je me prosternai devant lui et déposai le bâton et l'éventail à côté de ses genoux. « Tu te trompes, Ejo. Je ne serai jamais un maître. »

Il me lança au visage un « *Kwatzu !* » qui dut s'entendre à un kilomètre à la ronde. Puis il me saisit par les épaules et m'obligea à m'asseoir à sa place. Il s'agenouilla face à moi et, appuyant le front sur le sol, murmura : « Parfois nous sommes le disciple, parfois nous sommes le maître. Rien n'est fixe. »

Je ne voulus pas accepter ce qu'il me disait. Je le pris par les épaules et l'assis de nouveau à sa place. Je me prosternai encore une fois devant lui en appuyant avec obstination, par trois fois, mon visage sur le sol. Alors, poussant un soupir d'accablement, Ejo récita un texte apparemment appris par cœur :

« Sommes-nous nous-mêmes ? Où sommes-nous quand nous sommes ? Si je ferme mes mains, l'eau s'échappe. Quand ces mains jouent du luth sous la lune, elles sont semblables aux mains du Bouddha. Maître Rinzaï dit : “Parfois un cri est comme une épée précieuse moulée dans la partie la plus pure de l'or. Parfois un cri est comme un lion magnifique blotti dans les buissons. Parfois un cri est comme une canne à pêche au milieu de l'herbe flottante à l'ombre de laquelle les poissons se rassemblent. Parfois un cri ne fonctionne pas comme un cri." Un moine lui demanda : "Que signifie la première maxime ?" Rinzaï dit : "Quand le sceau est enlevé, l'encre rouge devient visible. Bien que la lettre n'ait pas encore été lue, le rôle de l'amphitryon et celui de l'hôte sont déjà décidés." Le moine demanda de nouveau : "Que signifie la deuxième maxime ?" Rinzaï dit : "Imprudent ! Pourquoi le travail serait-il inférieur à l'idéal ?" Le moine insista : "Que signifie la troisième maxime ?" Rinzaï dit : "Quand la marionnette s'agite sur la scène, le mouvement est donné par la main qu'un acteur cache dans son vêtement." Et il ajouta : "Si tu comprends la première maxime tu deviendras le maître de Bouddha. Si tu comprends la deuxième maxime, tu deviendras un maître d'hommes et de dieux. Mais si tu comprends la troisième maxime tu ne seras même pas capable de te racheter toi-même." Puis il poursuivit : "Parfois tu retires l'homme sans retirer le terrain ; parfois tu retires le terrain sans retirer l'homme ; parfois tu retires les deux, le terrain et l'homme ; parfois tu ne retires ni le terrain ni l'homme." »

Ces mots, récités rapidement par Ejo, se gravèrent dans ma mémoire. Je les vis depuis d'innombrables points de vue. Leurs éléments, apparemment différents, s'emboîtèrent comme les pièces d'un puzzle. Une compréhension qui à travers les mots m'arrivait sous forme (je ne trouve pas d'autre métaphore pour mieux l'expliquer) d'éclats lumineux. Ejo était en train de me révéler le niveau supérieur des kôans !

« Sommes-nous nous-mêmes ? » Il est impossible de nous définir, nous ne nous appartenons pas, nous sommes le monde.

« Où sommes-nous quand nous sommes ? » La réalité est abstraite et fluide, changement constant. La feuille sèche qu'emporte la rivière est dans l'eau, pas dans un lieu.

« Si je ferme mes mains, l'eau s'échappe. » Si mon intellect s'identifie à un moi individuel, il ne capte pas la vérité éternelle.

« Quand ces mains jouent du luth sous la lune, elles sont semblables aux mains du Bouddha. » Le Bouddha imaginé par notre intellect est manchot. Lorsque mes mains produisent de la beauté, ce sont les mains du cosmos. Toutes les choses sont une seule chose, et une seule chose est toutes les choses !

« Parfois un cri est comme une épée précieuse moulée dans la partie la plus pure de l'or. » Le maître transmet son satori directement au disciple sans paroles, à la manière d'un électrochoc.

« Parfois un cri est comme un lion magnifique blotti dans les buissons. » Le maître cherche à ouvrir le mental stagnant de son disciple : parce qu'il a les yeux fermés, il croit que le monde est obscur.

« Parfois un cri est comme une canne à pêche au milieu de l'herbe flottante à l'ombre de laquelle les poissons se rassemblent. » Le maître pénètre dans l'inconscient du disciple en essayant d'amener à la lumière son trésor caché, l'être essentiel.

« Parfois un cri ne fonctionne pas comme un cri. » Le maître crie sans finalité, de façon naturelle et spontanée, du plus haut du firmament à la strate la plus profonde de la terre. Tonnerre qui résonne dans le ciel bleu où règne un soleil éclatant. Il n'y a pas de disciple. Il y a deux maîtres.

« Que signifie la première maxime ? » Le moine cherche la « vérité », le sens des enseignements de Rinzaï. Celui-ci lui dit de ne pas lui poser de questions, d'avoir confiance en son trésor intérieur et de se livrer à la méditation.

« Quand le sceau est enlevé, l'encre rouge devient visible. Bien que la lettre n'ait pas encore été lue, le rôle de l'amphitryon et celui de l'hôte sont déjà décidés. » Bien que je ne sois pas capable de comprendre l'enseignement, je dois me livrer au travail qui me submerge dans l'être essentiel. Ejo est le sceau, je suis la lettre scellée. Je dois ôter le sceau pour me trouver moi-même, sachant que ce moi-même est le même que celui d'Ejo, le même que celui de Bouddha.

« Que signifie la deuxième maxime ? » Le moine reste prisonnier de la recherche d'une vérité idéale, d'un moi personnel.

« Pourquoi le travail serait-il inférieur à l'idéal ? » Sans nourrir de mots l'intellect vorace, assis, calme, concentré, observe le déroulement de la vie jusqu'à parvenir à être toi-même la vérité, voilà le chemin.

« Que signifie la troisième maxime ? » Il n'y a pas de distinction entre une première, deuxième ou troisième vérité. Il n'y a pas de degrés. L'unité agit de manière contondante. C'est un coup de maillet qui nous fend la tête.

« Quand la marionnette s'agite sur la scène, le mouvement est donné par la main qu'un acteur cache dans son vêtement. » Au début, le maître est le marionnettiste et l'élève, la marionnette. A la fin, le disciple comprend que le maître est une force intérieure qui le meut. Force qui ne lui appartient pas.

« Si tu comprends la première maxime tu deviendras le maître de Bouddha. Si tu comprends la deuxième maxime tu deviendras le maître d'hommes et de dieux. Mais si tu comprends la troisième maxime tu ne seras même pas capable de te racheter toi-même. » La réalité qui nous paraît différente en telle ou telle situation n'est toujours que ce qu'elle est, ni plus ni moins. En récitant des maximes, tu peux te croire un maître supérieur à

Bouddha : comme un chien d'aveugle, tu penses conduire à l'Essence. Tu établis des différences entre hommes et dieux, tu as l'impression que l'éveil a deux visages, tu te prononces sur ce qu'est le bien et sur ce qu'est le mal, pour finir par ne pas être capable de te trouver toi-même.

« Parfois tu retires l'homme sans retirer le terrain. » Une attitude du mental où l'objectif domine le subjectif. Tu fais abstraction de l'homme (le sujet), mais pas des circonstances (l'objet).

« Parfois tu retires le terrain sans retirer l'homme. » L'esprit accentue le subjectif. Tu nies le monde objectif.

« Parfois tu retires les deux, le terrain et l'homme. » Etat de vacuité dans lequel tu élimines la distinction entre le moi et l'autre.

« Parfois tu ne retires ni le terrain ni l'homme. » En complète unité avec toi-même, comme un enfant, tu agis spontanément, tu reviens au monde ordinaire. Le sujet et l'objet sont reconnus « tels qu'ils sont ».

Face à moi, Ejo méditait, aussi indifférent qu'une montagne. Mais je savais que, d'une façon ou d'une autre, il m'attendait. La situation était si importante que mon esprit se détacha du temps. En quelques secondes je pus penser ce qui en d'autres circonstances m'aurait demandé des heures. Les concepts d'amphitryon et d'hôte m'interpellèrent. Lequel de nous deux était une chose ou l'autre ? Aussitôt je pensai qu'Ejo représentait l'amphitryon, celui qui accordait la connaissance, et moi l'hôte, celui qui la sollicitait. Cependant, cette relation de maître et disciple, sujet et objet, me confondit. L'un de nous représentait le monde des circonstances, était-ce moi ? L'autre, l'être qui les produisait, était-ce Ejo ? Il était le seul homme véritablement honnête que j'avais connu dans toute ma vie. Je l'aimais d'un amour d'orphelin, avec une soif de père. Lui savait tout, moi rien... Arrête-toi Alexandro ! Assez de marmelades sentimentales ! Est-ce que je cherche la vérité, ou un géniteur aimant qui apaise ma tristesse d'enfant abandonné ?... Mon esprit fit de nouveau un bond : maître et disciple sont en réalité deux symboles d'un processus intérieur. L'être essentiel et l'ego. Dans ce cas, l'amphitryon est le premier et l'invité le second. Mais je ne suis pas le propriétaire de la maison ou la maison elle-même. Ma raison est un simple invité, un fantôme éphémère dans une conscience éternelle. Avant de rencontrer Ejo, je considérais mon intellect comme la réalité, tout ce qui ne pouvait être traduit par des mots n'était pas sûr. L'hôte usurpait la place de l'amphitryon. N'ayant rien ou peu à offrir, il ne pouvait que s'exhiber devant lui-même, aveugle, sourd et muet pour l'autre. Quand je m'étais pour la première fois approché d'Ejo, je l'avais fait comme un mendiant, en ayant le sentiment qu'il était le généreux amphitryon et moi un puits avide et sans fond. Ma demande n'avait pas de limites, elle était infinie. Avec une bouche ouverte de bébé affamé je voulais sans arrêt qu'il me nourrisse, car j'avais envie de dévorer tout l'univers ; hôte illusoire d'un amphitryon absolu, je vivais comme le sage soufi qui ne cesse de pleurer en pensant qu'il a un besoin absolu de Dieu mais que Dieu n'a aucun besoin de lui. Lorsque j'avais compris que l'esprit ne pouvait se saisir lui-même, je m'étais rendu compte qu'au lieu de le vider, je devais simplement le lâcher en laissant aller et venir les pensées et les impressions sans m'identifier à elles. Ejo et moi étions à la fois maître et disciple. Mon ego créait l'être essentiel, mon être essentiel créait l'ego. Je sus enfin que je me trouvais devant Ejo non pour obtenir quelque chose, mais pour le plaisir d'être avec lui, vibrant au même niveau de conscience, lui avec son ego et moi avec le mien, comme deux aveugles qui ont réussi à voir, mais qui gardent leur chien guide, non parce qu'ils en ont besoin mais parce qu'ils ont de l'affection pour lui.

Un vent frais emporta la brume grisâtre ; les feuilles des arbres, en tremblant, émirent un murmure apaisant. De toute la forêt jaillit une musique semblable à la surface d'un lac agité par des bancs de poissons. Les oiseaux se mirent à chanter. Le bruit des voitures devint harmonieux. Le monde se changea en un orchestre d'anges. Je cessai de voir Ejo à la cime du firmament ou au fond de la terre. C'était un homme comme moi, un clown comme moi, un bouddha comme moi.

« Ejo, c'est mon ego angoissé qui m'a conduit vers ton enseignement. Grâce à toi, être essentiel, amphitryon, aujourd'hui l'hôte est un bon disciple qui a appris à être miroir. Il ne s'approprie rien, il reçoit ce qu'on lui donne sans essayer de le garder, il enfonce ses pieds dans la boue mais ne laisse pas d'empreintes. »

Heureux, montrant ses dents serties de platine, Ejo me dit :

« Alors que décides-tu avec le *kyosaku* ?

– Je l'accepte, maître, mais je ne vais pas le garder. Je n'ai aucun désir de donner des coups de bâton à des moines somnolents. Quand Bodhidharma[24] s'est assis pour méditer devant le mur d'une grotte pendant neuf ans, gardant le silence, il n'a pas eu besoin qu'on frappe ses omoplates. Eka non plus n'en a pas eu besoin, lui qui fut capable de se couper un bras pour convaincre Bodhidharma de l'accepter comme disciple. Ni Sosan non plus, le disciple lépreux d'Eka, qui mourut debout en méditant sous un arbre. »

Je crus qu'Ejo, furieux, allait pousser un cri qui épouvanterait, outre moi, des centaines d'oiseaux. Il n'en fut rien. Il ferma les yeux et se mit à se balancer en s'éventant. Soudain il ferma son éventail d'un geste brusque et s'exclama :

« Tu as raison ! A partir de Doshin[25], le quatrième patriarche, la vie errante a pris fin. Le zen est devenu une religion d'Etat et les monastères ont accepté les enfants. Il a alors fallu implanter une discipline de fer. On a frappé les tout-petits qui s'endormaient en méditant. Mais en vérité, est-il important de s'endormir pendant la méditation ? Il n'y a rien à perdre, rien à trouver, on ne va ni ne vient, l'être essentiel est toujours là. Quand tu manges, tu manges. Quand tu médites, tu médites. Quand tu dors, tu dors. Les coups de bâton n'apportent rien. Ils ne servent qu'à discipliner des esprits d'enfants. Dans la sierra Tarahumara, j'ai souffert d'une inflammation du myocarde. Accompagné de disciples indigènes, je suis revenu en ville. Je dois suivre un traitement médical, peut-être me faire opérer. Celui qui souffre et qui est blessé, c'est mon cœur d'enfant. A neuf ans, quand les portes du monastère se sont refermées, la première chose que j'ai faite a été de crier : "Je ne veux pas rester ici ! Laissez-moi sortir !" On m'a mis dans un dortoir collectif, avec des enfants plus âgés que moi. A l'aube, comme je n'avais pas entendu la cloche, ils m'ont réveillé à coups de pied. Pendant que les autres petits méditaient, j'ai dû laver les sols. Comme je ne l'ai pas fait assez bien, j'ai reçu d'autres coups de pied. On m'a fait asseoir à côté de mes camarades pour prendre une soupe de riz en guise de petit déjeuner. Le cuisinier m'a frappé avec une louche en bois parce que je faisais du bruit en buvant. Il a exigé que je mastique dans un silence total, sans perdre un seul grain. Il m'a été impossible de ne pas faire tomber quelques gouttes de bouillon. Encore des coups. Puis on m'a emmené dans la cour, on m'a donné une hache, un tas de gros rondins de bois et on m'a obligé à les couper en petits morceaux. Des échardes me sont entrées dans les mains. On m'a traité de maladroit, on s'est moqué de moi. Je travaillais toute la journée. Le soir, un moine de vingt ans, chef de notre groupe, m'a demandé de le masser. Mes compagnons, laissant fuser des rires effrontés, se sont mis dans la position obligatoire pour dormir en se couvrant la tête de leur unique couverture. Le moine m'a dit : "Tu vas passer la nuit avec moi. Je t'apprendrai nos coutumes. Désormais, ton devoir sera de me soulager." Il a saisi l'une de mes mains et l'a placée sur son sexe en érection. "Pense que tu es en train de nettoyer une carotte. Mets-y toute ton énergie." Pendant un an, j'ai dû satisfaire ses caprices. Que pouvais-je faire ? Les problèmes sexuels des moines, comme dans les bateaux, les prisons, se résolvaient en abusant des plus faibles. Cette torture a cessé lorsque est arrivé un nouvel enfant. D'autres ont suivi. Je ne pensais pas à m'illuminer. Tout ce que je voulais, c'était jouer. Je n'ai jamais pu.

– Ejo, je te propose que nous enterrions le bâton au milieu des arbres, comme si c'était une plante. Peut-être produira-t-il des branches et ensuite des fruits... »

C'est ce que nous fîmes. Mon ami soupira comme s'il se libérait d'un poids d'une tonne. Il éclata de rire. Puis, du sac de toile, il sortit son habit de moine. « Ce *kesa*[26], c'est mon maître, Mumon Yamada, qui me l'a donné. Il l'a confectionné avec les suaires de son père et de sa mère. Tu comprends ? On parle beaucoup de la transmission de la lampe, de la lumière, mais le vrai maître transmet le linceul des morts. Nous devons voir la vie, la nôtre et celle du cosmos, comme une agonie. Tel est le message du Bouddha Shakyamuni. Après avoir obtenu le satori, il s'est rendu à l'endroit où l'on incinérait les cadavres, il a ramassé des morceaux de tissu, les a lavés, teints et cousus ensemble, lentement, en mettant tout son être dans chaque point. Ce *kesa* s'est transmis de patriarche à patriarche. Chacun d'eux, lorsqu'il s'immobilise en zazen, vêtu de ces dépouilles funéraires, a été corps et esprit en train de brûler. Pour parvenir à la moelle de l'âme, le superflu doit être changé en cendres. Le Bouddha, vêtu des dépouilles de tant de morts, en réalisant la libération l'obtient aussi pour eux. Lorsqu'une fleur s'ouvre, c'est le printemps sur toute la terre. Si un seul homme s'éveille, tous les êtres s'éveillent. Le Bouddha est la brillante figure de proue qui conduit le bateau et son équipage d'aveugles vers le port du salut. Je sais que mon chemin n'est pas le tien, plus que la méditation t'attire la création artistique. Mais tu sais qu'entre toi et moi il n'y a pas de différence. La compassion nous habite tous deux. Pour une seule fois, donne-moi le plaisir de revêtir mon *kesa.* »

A cette heure matinale, aucun visiteur ne se promenait dans le bois. Je me déshabillai lentement. Voyant un abîme derrière moi et un autre devant moi, inspirant profondément chaque bouffée d'air pour l'éjecter sous forme de dernier soupir, tel un fugitif qui fatigué de fuir s'arrête pour se livrer aux gardiens, je pénétrai dans l'habit. Bien que sa couleur soit unie, un ocre de terre sèche, il était composé de morceaux de tissu de tailles différentes, unis les uns aux autres par des points grossiers qui les dissolvaient dans la forme de l'habit. Aussitôt il se colla à ma peau. J'absorbai les années de méditation d'Ejo, celles de son mentor, celles des maîtres et patriarches successifs, jusqu'à arriver à l'origine de tous, le Bouddha Shakyamuni. La sensation de mon corps changea, enfin je sus ce que c'était qu'avoir la sensation d'être une montagne. Il n'y eut plus d'espace, il n'y eut plus de temps. La voix du premier éveillé continuait à résonner : « Ne rien prétendre qui ne soit certain. Il n'existe pas un ego substantiel ni aucun objet qui ne soit impermanent. Les perceptions, les sentiments, les visions sont des processus vides de substance réelle. La vie est souffrance. La naissance, la maladie, la vieillesse et la mort sont souffrance. Etre séparé de ceux que nous aimons est souffrance. Devoir être avec ceux que nous n'aimons pas est souffrance. Ne pas pouvoir satisfaire nos désirs est souffrance. »

Mais le *kesa* d'Ejo parut me dire : « Ne reste pas à la surface. Au-delà des paroles du Bouddha, sous le fond ultime et sur la plus haute cime habite la grande passion. Ecoute ce que la conscience cosmique, oiseau Phénix surgissant du mental en flammes, te dit : la vie est pur bonheur. La naissance, la maladie, la vieillesse et la mort sont quatre cadeaux aussi merveilleux que le cycle des saisons. Tu ne peux jamais être séparé de ceux que tu aimes, ils vivent en toi pour toujours. Devoir être avec ceux que tu n'aimes pas est impossible parce que tu as cessé de détester ; comme celle du soleil, ta lumière est pour tous, tu aimes même ce qui paraît odieux. Ne pas pouvoir satisfaire les désirs n'est pas souffrance parce que ce qui importe, c'est le prodige d'avoir des désirs ; que tu les satisfasses ou non, ils te donnent le sentiment d'être vivant. Va au-delà de : *La cause des souffrances est l'attachement aux désirs, aux choses,* parce que l'attachement aux désirs et aux choses, lorsqu'il n'est pas possessif, est bonté sublime. Tout ce qui paraît impermanent reste gravé dans la mémoire de Dieu. Chaque seconde est éternité. Va au-delà de : *En mettant fin à ces attachements on peut mettre fin aux souffrances.* On ne peut mettre fin à ces attachements car, le tout n'étant qu'un, comment l'unité se détacherait-elle d'elle-même ? L'attachement par amour est le chemin de la réalisation. L'être éternel, avec une infinie tendresse, est attaché à toi. Va au-delà de : *Pour mettre fin aux souffrances, il faut suivre l'Octuple Sentier : vue, pensée, parole, comportement, vie, effort, attention et concentration adéquates.* Libère-toi des chaînes conceptuelles, aie confiance en la sage Création, car tu ne fais pas partie d'elle, tu es elle. Pour vivre en plein bonheur, marche dans la plaine infinie dépourvue de sentiers, laisse tes yeux voir ce qu'ils t'invitent à voir, ne leur mets pas d'œillères ; permets à ta pensée d'errer dans toutes les dimensions, donne à chaque parole des racines dans ton cœur, comporte-toi comme un enfant aimé de ses parents, vis mille vies en une seule vie, ne fais pas d'efforts, laisse les choses se réaliser à travers toi, car chaque acte naturel est un cadeau, l'attention et la concentration sont filles d'un amour passionné, pense, sens, désire, vis avec plaisir. Un chat ne fait aucun effort pour se concentrer lorsqu'il regarde une souris... Va au-delà de : *Tout vient de l'ignorance. Pourquoi devons-nous naître ? Pourquoi devons-nous mourir ?* L'unité est connaissance totale, lorsque tu t'intègres à elle il n'y a pas d'ignorance. Lorsque apparaît le soleil, l'obscurité s'évanouit. Nous devons mourir pour pouvoir naître. L'existence ne nie pas la mort, elle la vénère. Il n'y a pas de volonté d'exister lorsqu'on existe éternellement. L'angoisse de vivre est engendrée par le manque de contact généreux avec le monde, qui n'est ni extérieur ni intérieur, étant donné qu'il n'y a pas de séparation. Regarder, c'est bénir ; entendre, toucher, sentir, goûter, c'est bénir. Le corps, l'âme, l'esprit, les fonctions mentales sont une même chose. L'ignorance, c'est vouloir se séparer d'eux. Va au-delà de : *Tout change sans arrêt. Tout est impermanent et passe. Il n'y a rien de permanent.* En Dieu rien ne change sans arrêt. Tout est permanent, éternel, infini, ça ne passe jamais. Va au-delà de : *Notre ego n'a pas de substance.* Notre ego indélébile, nous étant donné par Dieu, est notre différence. Sa substance est divine. Il n'y a rien qui n'ait pas de substance divine. Va au-delà de : *Tout est vacuité,* ku, *point zéro.* Rien n'est *ku,* la vacuité est une illusion. Tout est rempli de Dieu. »

En cet instant crucial, alors que l'habit rugueux adhérait à ma peau en faisant pression sur elle, en se collant à ma chair et à mes os, en m'immobilisant dans une position qui avait des siècles d'existence, et que mes pensées se répandaient comme un torrent dans toutes les directions, soumettant légendes, préjugés, idéaux écrits sur de la peau de momie, Ejo Takata me dit d'une voix pleine de douceur : « Tu construis tout ce que tu penses sur le mot “Dieu”. Si je te le retire, tu te retrouveras sans rien. Réponds : qu’est-ce que Dieu pour toi ? »

La première chose qui me vint à l’esprit fut la définition qui avait fasciné poètes et philosophes, de Hermès Trismégiste à Borges en passant par Parménide, Alain de Lille, Maître Eckhart, Giordano Bruno, Copernic, Rabelais, Pascal et tant d’autres. Je répondis : « Dieu est une sphère infinie dont le centre se trouve partout et la circonférence nulle part. » Avant qu’Ejo ne vienne avec son sempiternel « Intellectuel, apprends à mourir ! », je criai : « *Kwatzu !* » et me mis à grogner : « Je ne peux accepter cette définition parce qu’à l’instant où elle se forme dans mon esprit, elle devient une prison de plus. Si, pour des penseurs séduits par la beauté géométrique, une sphère est la forme la plus parfaite, pour un amoureux de la beauté organique la feuille d’un arbre ou un insecte peut incarner la perfection. Dire que Dieu est une sphère infinie est aussi absurde que dire que Dieu est une mouche infinie... De toute façon, ce qui est infini, n’ayant pas de limites, est dépourvu de forme. De plus, la circonférence n’existant pas et le centre étant partout, il ne peut y avoir de parties. Si tout est centre, de quoi est-ce le centre ? Pour qu’il y ait un centre, il doit y avoir quelque chose de plus. Il est absurde de parler de centre en affirmant que la seule chose qui existe est ce centre. C’est comme dire : “Dieu est un corps humain infini dont le nombril se trouve partout et la peau nulle part.” »

Ejo fut pris de fou rire. Puis il redevint sérieux.

« Tu n’as pas répondu à ma question, tu n’as fait que critiquer la réponse d’autres personnes. Consulte ton *hara*[27] et réponds.

– Ejo, ma raison, toujours en quête de différences et de limites, ne peut ni définir, ni expliquer, ni comprendre une réalité où absolument tout est uni et forme une Vérité unique. Mais si l’on accepte que chaque concept n'est pas la réalité, qu'il en est un portrait limité, je peux apprendre à utiliser les mots non comme des définitions du monde mais comme des symboles de celui-ci. Un symbole permet une innombrable variété de significations, aussi nombreuses que les individus qui le perçoivent. Pour moi, le “personnage” Dieu, principal acteur de toute œuvre sacrée, ne peut avoir de forme géométrique, ni un nom, ni un aspect minéral, végétal, animal ou humain, ni race, ni sexe, ni âge. Il ne peut être propriété exclusive d'aucune religion. N'importe quelle dénomination ou qualité que je lui donne ne sera qu'une approximation superstitieuse. Impossible à définir avec des mots ou des images, inaccessible si je le poursuis, étant tout, il est absurde d'essayer de lui donner quelque chose. Seule possibilité : le recevoir. Mais comment, s'il est inconcevable, impalpable ? Je le reçois uniquement par les changements et mutations qu'il apporte à ma vie sous forme de clarté mentale, de bonheur amoureux, de capacité créative et, malgré n'importe quelle souffrance, d'un sain plaisir de vivre. Si je l'imagine éternel, infini et tout-puissant, c'est seulement par contraste avec ce que je crois être : fini, éphémère et impuissant devant cette transformation qu'on appelle mort. Si tout est Dieu et que Dieu ne meurt pas, rien ne meurt. Si tout est Dieu et que Dieu est infini, rien n'a de limites. Si tout est Dieu et que Dieu est éternel, rien ne commence ni ne finit. Si tout est Dieu et que Dieu est tout-puissant, rien n'est impossible... Etant incapable de le nommer et de croire en Cela, je peux le sentir de manière intuitive au plus profond de mon être ; je peux accepter sa volonté ; volonté qui crée l'univers et ses lois, et l'imaginer comme allié, quoi qu'il m'arrive. C'est tout, je n'ai pas besoin d'en dire plus ; les mots ne sont pas le chemin direct, ils l'indiquent mais ne le parcourent pas. J'accepte d'appartenir à cet incommensurable mystère, entité sans être ni non-être, sans dimension. J'accepte de m'abandonner à ses desseins, d'avoir confiance en ce que mon existence n'est ni un caprice ni une plaisanterie, ni une illusion ni un jeu cruel, mais une inexplicable nécessité de son Œuvre. Savoir que cette permanente impermanence fait partie de ce que mon esprit conçoit comme projet cosmique. Croire qu'étant un infime engrenage de l'incommensurable machine je participe de sa perfection, que cette destruction de mon corps est la porte que je dois traverser pour me submerger dans cela que mon cœur sent comme amour total, que mon centre sexuel conçoit comme orgasme infini, que mon intellect appelle vacuité illuminée et que mon corps considère comme son mystérieux foyer. Si nous sommes unis à l'univers, il est notre temple. Nous sommes locataires d'un Propriétaire qui nous nourrit, nous soutient et nous maintient en vie pour le laps de temps que sa volonté décide. De cette maison, refuge sûr, nous pouvons faire un éden ou une poubelle, un lieu où fleurit notre créativité ou un coin obscur où règnent le mauvais goût et la puanteur ; entre ces murs impassibles, nous pouvons procréer ou nous suicider. La maison-Dieu ne se comporte pas, elle est là, sa qualité dépend de l'usage que nous faisons d'elle. »

Ejo Takata sourit et, imitant ma façon de parler, il dit : « L'esprit ne se comporte pas, il est là, sa qualité dépend de l'usage que tu fais de lui... Je vais te rappeler un kôan du livre secret : le disciple Hokoji[28], agité, vint voir son maître Baso pour lui demander : "Qu'est-ce qui transcende l'existence ?" Baso dit : "Je te répondrai quand tu boiras d'un seul trait les eaux du fleuve Ouest." Hokoji, se calmant d'un coup, s'inclina respectueusement, prit une tasse de thé et en but une gorgée.

– Je sais, je sais, Ejo. Il est impossible de répondre avec justesse à cette sorte de questions. Comment définir ce qui est par essence indéfinissable, comment décrire l'impensable ? Au lieu de donner une solution, Baso demande à son disciple une chose impossible : avaler un fleuve. Hokoji se rend compte qu'au-delà de l'existence il y a "rien" et, en buvant une "gorgée" de thé, il adopte le naturel contre le métaphysique... Oui, je le sais, mais je ne suis pas un moine, je suis un poète. Et l'idéal du poète (bien que se sachant condamné à l'échec), c'est d'exprimer par des mots le silence éternel...

– Nous ne sommes pas des moines, Alexandro, nous ne sommes pas des poètes, nous n'avons pas de définitions... Quand je t'ai demandé de définir Dieu, j'espérais qu'au lieu de développer tes théories "artistiques", tu me dirais : "Je te répondrai lorsque tu boiras tout un fleuve, ou que tu mangeras un troupeau d'éléphants, avec les os et tout"... Nous serions tranquillement allés boire une tasse de thé ou manger quelques tacos. »

J'eus la sensation qu'un éclair me traversait la langue et l'envie me vint de me la mordre jusqu'à la couper. Je comprenais bien sûr que le mot « Dieu » et le mot « esprit », de même que « cercle infini » et « mouche infinie », pouvaient être échangés. Mais je fus pris de rage ! Une rage immense que j'avais accumulée pendant toutes ces années ! De quel droit ce Japonais se moquait-il de moi alors qu'il était pris dans la toile d'araignée du bouddhisme ? Je commençai, en mâchant mes mots, à dire ce que, malgré ma colère, je considérais comme des idioties. Si je les ai prononcés, ce fut avec l'orgueilleux désir de vaincre cette granitique assurance qu'il avait en lui.

« Tu n'as pas cessé de répéter : "Si sur ton chemin tu rencontres un bouddha, coupe-lui la tête." Pourtant, tu médites dans la même position que le premier patriarche, toute ta vie tu as été vêtu de ce *kesa* qui imite son renoncement au monde, tu répètes comme un perroquet ses paroles changées en sûtras fanatiques, tu remplis tes journées de cérémonies inutiles qu'on t'a inculquées depuis l'enfance, tu vis dans un passé qui n'est même pas le tien. Parmi des millions de pauvres, Shakyamuni était un fils de riche. Son père, le roi, lui a tout donné : un palais entouré de merveilleux jardins, d'exquises nourritures, des vêtements somptueux, la plus belle des épouses, des centaines de domestiques. Enfermé dans sa prison de luxe, il n'a pas connu la misère de ses innombrables vassaux. Tout à coup, parce qu'un petit oiseau est tombé mort sur sa tête, le futur Bouddha, telle une dame, a été pris d'une crise d'hystérie... La réalité n'était pas ce qu'il croyait qu'elle était ! Alors, comme tout enfant gâté, au lieu d'apprendre à l'aimer telle quelle, il l'a détestée. “La vie est souffrance ! Quelle horreur que de vieillir, de tomber malade, de mourir ! Et tout cela parce qu'on est né ! Pour me libérer, je dois nier la matière, ne jamais plus me réincarner, ne jamais plus créer de nouveaux corps en cohabitant avec des femmes, ne plus jamais profiter des plaisirs des sens, fuir, fuir, fuir !” Il fut capable d'abandonner son père, son épouse, son fils, de changer son palais pour l'ombre d'un arbre, de se nier lui-même et, par honte de sa richesse antérieure, de devenir le plus pauvre des pauvres, vêtu des restes souillés de suaires qui n'avaient pas brûlé sur les bûchers funéraires. Préoccupation d'un enfant gâté ! Mais nous, qui n'avons pas été élevés entre les hauts murs d'un paradis artificiel, qui avons vu le jour au milieu des conflits du monde, qui chaque fois que nous avons dormi sous un toit nous sommes rendu compte que nombre d'hommes n'avaient pas un abri décent, que chaque fois que nous mangions, des légions d'autres enfants se promenaient comme des fantômes atteints de dénutrition, nous qui avons été élevés au milieu d'égoïstes, de malades, de vieillards, de moribonds, nous avons pourtant été capables de célébrer chaque jour nouveau comme une fête ! Se vêtir des guenilles de cadavres au lieu d'aimer la vie ? Jamais ! Ce *kesa* n'est pas pour nous, parce que nous ne voulons pas fuir.

Si nous concevons l'existence comme une réincarnation perpétuelle, nous ne voulons pas nous libérer de ce cycle sacré. Nous reviendrons maintes et maintes fois. Nous améliorerons peu à peu le monde, nous changerons les lois cruelles du cosmos, parce que nous sommes le meilleur aspect du Créateur, sa Conscience. Conscience que nous devons développer de vie en vie, en la communiquant, en la multipliant. Nous sommes ici, Ejo, avec une incommensurable responsabilité sur nos épaules : nous ne cesserons pas d'exister tant que nous n'aurons pas réussi à ce que cet univers soit parfait, c'est-à-dire que personne ne mange personne, que tout commence et que tout finisse joyeusement, le plaisir de la lumière équilibrée par le plaisir de l'ombre... »

Je ne pus continuer à parler parce que je me mis à pleurer. Ejo me prit dans ses bras jusqu'à ce que cessent mes larmes. Avec délicatesse, il m'aida à me dévêtir. Il étendit le *kesa* sur le sol, le plia soigneusement, comme un origami, comme on le lui avait rituellement enseigné au monastère, le réduisant à un rectangle. Il me dit avec placidité : « Toi, mon ami, tu peux dire que les textes traditionnels sont des mensonges, seulement des mots. Pourtant, ces mots nous proposent des expériences qui peuvent très bien nous plonger dans la grande vérité. Les mythes fondateurs sont essentiels, sans eux on ne peut construire une société. Tenter de les détruire est dangereux, parce que cela signifie ronger les fondations sur lesquelles s'appuient les relations humaines. Mais si l'on ne peut les détruire, en revanche on peut les réinterpréter, d'une manière qui soit plus utile à ce que nous nous proposons. Tu identifies le *kesa* à l'enveloppe d'un cadavre. Des guenilles qui contiennent de la pourriture. Si tu le sens ainsi, tu le vivras ainsi. Pour moi, le *kesa* est la peau corrodée qui, grâce à des mains généreuses, acquiert forme et se fait récipient de la Conscience. C'est une chenille dans laquelle le papillon se prépare à étendre ses ailes. Le *kesa* est donc le lieu sacré où se produit la mutation... Il serait bien sûr idiot de continuer à vivre dans la barque que nous avons prise pour traverser le fleuve au lieu d'en descendre et de vivre sur l'autre rive. C'est pourquoi, bien que je vénère la mémoire de Shakyamuni, sans penser à ce qu'il fut ou ne fut pas, mais à ce que sa figure, mythique ou réelle, a apporté au monde, dans ce que tu dis en tant que poète il y a quelque chose qui m'a révélé ce que moi-même, moine sans imagination, je n'étais pas capable de voir : le patriarche a ramassé des guenilles, il les a cousues avec respect et a fabriqué son habit ; c'est-à-dire qu'il a procédé de manière créative, comme le fait un artiste. Nous, ses adeptes, nous l'avons imité pendant des siècles. Ce *kesa* n'a pas jailli de mon âme, il est l'œuvre de Shakyamuni et, pour cette raison, il lui va à lui, pas à moi. Les temps ont changé, nous ne sommes ni en Inde ni au Tibet, nous ne pratiquons pas non plus le ch'an chinois. Le zen s'adapte à chaque pays et change selon l'idiosyncrasie de ses pratiquants. S'il ne se modifie pas d'un territoire à un autre, il est invasion impérialiste. Le Mexique n'a pas besoin d'un zen japonais, le zen japonais a besoin du Mexique. Les Tarahumaras tissent une toile de lin d'un blanc cru pur. C'est le luxe de la misère, le désir de propreté et d'une vie meilleure. Je confectionnerai mon propre *kesa* avec cette toile. »

Ejo se leva, il ramassa des branches sèches, alluma un feu et y déposa son vieil habit. Il le regarda brûler avec cette tendresse avec laquelle on dit adieu à un ami qui s'en va pour toujours. Les yeux pleins de larmes, il me tourna le dos et s'éloigna par le chemin du bois vers la ville. Les mois passèrent. Je partis en France sans le revoir.

Je revins au Mexique cinq ans plus tard, dans la peau d'un thérapeute, pour promouvoir mon dernier livre.

Les éditeurs m'organisèrent, comme d'habitude, une conférence au théâtre Julio Castillo. Il y avait quinze jours que Teo était mort. Le terrible coup de cette perte m'avait brisé. Quand l'accident avait eu lieu, j'avais de nombreuses obligations, des cours, des conférences, des interviews, des séances thérapeutiques et ce voyage au Mexique. Tout avait perdu son sens, mais je m'obligeais à respecter mes engagements, sachant que si je les abandonnais, jamais je ne recommencerais. Avec un poids secret qui semblait m'enfoncer dans la terre, j'arrivai à Mexico et comme toujours, mettant à profit mon expérience d'acteur, devant une foule d'étudiants et de lecteurs fidèles, je transmis mon message exaltant la joie de vivre. Au milieu de ma présentation, un ressort parut se briser dans ma gorge. Je perdis ma voix. Un sanglot désolé tenta de s'ouvrir un passage. Je serrai les dents et cachai mon visage en l'essuyant avec un mouchoir. Je me sentis incapable de continuer. A cet instant précis, Ejo Takata monta sur scène, il déplia une natte (le tatami mexicain) et s'assit pour méditer. Au lieu d'un *kesa,* il portait un pantalon en lin blanc et une simple chemise du même tissu, comme les Indiens de la sierra. Mon maître était là, égal à lui-même, montagne impassible, ses genoux ancrés dans la terre et poussant le ciel avec sa tête, au centre de l'espace infini et du temps éternel ! Sa présence me donna la force de continuer. A la fin, comme toujours aussi, il profita des applaudissements pour s'éclipser... Je courus à sa recherche. Je ne le trouvai pas. J'avais besoin de ses paroles de consolation, mais je n'avais pas son adresse. Où le trouver dans cette immense capitale ? Je me sentis déprimé... Jacqueline, une belle naine, s'approcha de moi et me dit, avec une grande amabilité : « Je suis une disciple d'Ejo. Il sait que vous avez besoin de le voir. Il m'a chargée de vous conduire là où il habite, en dehors de la ville. »

Après deux heures de voyage dans un taxi déglingué, nous arrivâmes dans la banlieue modeste où Takata vivait habillé en Indien, apprenant à méditer à ses disciples tarahumaras. Par délicatesse, Jacqueline m'attendit dans la vieille voiture. Comme je l'ai relaté au début de ce livre, le maître me consola par un mot : « *Duele* », « Ça fait mal »... Je le quittai et ne le revis plus jamais. Je donnai de l'argent à Jacqueline afin qu'elle achète des fleurs pour sa femme et sa fille adoptive. « La fille et sa mère n'ont pu supporter la vie d'Ejo entre la ville et la sierra. Tomiko s'est mariée aux Etats-Unis. Elle vit au Texas avec son mari, ses trois enfants et Michiko », me dit-elle. Deux ans plus tard, la naine m'appela à Paris pour m'annoncer, en pleurant, la mort d'Ejo. « Oui, Jacqueline, ça fait mal. Ça fait très mal, mais la vie continue. Quand on coupe une branche à un arbre, elle ne repousse jamais, la blessure reste sur le tronc pour toujours. L'arbre la recouvre d'une couche de cellules et il fait de nouveaux rejets. La blessure, sous l'écorce, devient un trou où poussent des champignons qui en tombant nourrissent la terre dont l'arbre se fortifie. »

Je reçus un fax d'un disciple tarahumara qui désormais dirigeait le groupe créé par Ejo. Il avait adopté un titre japonais et un nom espagnol. Roshi Silencio me demandait mille dollars pour édifier un stûpa où reposeraient les cendres du maître et, plus tard, celles de ses disciples. Au lieu de lui envoyer cet argent, je lui répondis par un poème :

*Un kilo de cendres,*
*mille kilos de cendres,*
*quelle différence ?*
*Les cendres du Maître*
*sont mes cendres.*
*Si le vent*
*emporte mes restes,*

*les restes du Maître*
*se dissolvent avec moi.*
*Le stûpa ne calme pas*
*la stupeur de la mort*
*que l'on vit sans maître.*
*Que sa tombe*
*ne soit pas la tombe*
*de ceux qui n'osent pas*
*traverser seuls*
*la dissolution de leur conscience.*

# APPENDICE

## *Recueil d'anecdotes*

« Je ne me suis jamais rendu, car tant qu'on lutte, on a la possibilité de vaincre et de recevoir de l'aide. Toujours dans les derniers moments, quand tout paraissait perdu, arrivait quelqu'un qui m'aidait à me surpasser. »

Silver Kane, *Dispara, dispara, dispara* (Tire, tire, tire)

Il est possible que certains lecteurs se demandent à quoi servent les kôans. S'il est vrai qu'ils posent des problèmes métaphysiques profonds, ont-ils quelque chose à voir avec la vie ordinaire ? Répondre à la question « Quel est le son d'une seule main ? » peut-il servir à conquérir une place dans la société actuelle ? Je réponds oui. Ces énigmes, apparemment insolubles, que pendant un nombre incalculable d'heures, sous la vigilance d'Ejo Takata, j'ai dû résoudre à travers de rudes combats mentaux, ont peu à peu forgé mon caractère. Des années plus tard, j'ai pu les appliquer en bien des occasions, surtout lorsque j'avais à faire un choix vital. La réalité me plaçait face à des problèmes apparemment sans réponse, qui m'obligeaient, guidé non par l'intelligence mais par un je-ne-sais-quoi d'incompréhensible, à guetter comme un chasseur affamé une solution correcte qui émergeait abruptement des profondeurs de mon être... Les occasions au cours desquelles je les ai appliqués sont innombrables. Je vais en donner quelques exemples.

*

En 1967, dans un café de Paris, je rencontrai mon ami Jorge Edwards en compagnie de Pablo Neruda, poète génial mais désespérément égolâtre. Cette rencontre, Jorge la raconte dans son livre *Adiós, Poeta...* (Tusquets, « Adieu, poète... ») : « Une fois, à la Coupole, à Montparnasse, alors qu'il était plus de minuit, nous étions en train de manger un morceau en buvant un peu de vin lorsque je remarquai près de nous Alexandro Jodorowsky, l'un des personnages intéressants de ma génération chilienne, qui avait émigré très tôt et n'était jamais revenu [...]. J'appelai Jodorowsky à notre table et fis les présentations d'usage. "J'ai beaucoup entendu parler de vous, dit Neruda avec les meilleures intentions. – Moi aussi, dit Alexandro, j'ai beaucoup entendu parler de vous." Le bref échange fut glacial, et la conversation, comme on peut s'en douter, n'alla pas plus loin... »

Ejo Takata m'avait cité cette phrase : « Si tu rencontres un bouddha sur ton chemin, coupe-lui le cou. »

*

Alors que je terminais le tournage de *El Topo* et en commençais le montage, je découvris qu'une scène essentielle avait un défaut : une grosse rayure jaune traversait l'image de haut en bas. Federico Landeros, le monteur, s'exclama : « Catastrophe, cette prise ne peut être utilisée ! » Je n'avais plus l'argent ni le temps de la recommencer. Que faire ? La supprimer ? Je lui répondis : « Si ce que je raconte ici est important, personne ne remarquera cette rayure. Pensons qu'elle n'existe pas et conservons la prise. » C'est ce que nous fîmes : trente ans ont passé et jamais personne n'a vu ce terrible défaut.

*

Alors qu'on allait présenter la première de *El Topo* en Angleterre, je fus convoqué au Département de la censure cinématographique. Censure hypocrite, vu que personne ne savait qu'elle existait. Des fonctionnaires très courtois me dirent : « Dans ce pays, il y a de nombreux dépravés. Nous ne pouvons laisser passer la scène où vous essuyez vos mains couvertes de sang sur les seins nus de l'actrice. Nous avons besoin de votre autorisation pour la couper, et de votre promesse de garder le secret. Si vous n'acceptez pas, *El Topo* ne pourra pas être projeté en Angleterre. » Devais-je ou non accepter cette mutilation qui allait à l'encontre de tous mes principes ? Je m'exclamai : « Bien que la Vénus de Milo n'ait pas de bras, elle reste une œuvre d'art ! » Afin que la coupure soit bien faite et que le public ne la remarque pas, je leur proposai de la faire moi-même. Ils me prêtèrent une moviola.

*

Quand George Harrison apprit que, sur la recommandation de John Lennon, sa compagnie Appel allait produire mon film *La Montagne sacrée*, il demanda à lire le scénario. Puis il exprima son désir d'interpréter le rôle principal, celui du « voleur »... Il me reçut dans son élégante suite de l'hôtel Plaza, à New York, vêtu d'un complet blanc. Il m'invita à boire un jus de melon à la cannelle, puis me félicita pour le texte et me dit qu'il était prêt à interpréter le rôle à condition que nous éliminions une seule prise. Il lut : « Au bord d'un évier octogonal, à côté d'un véritable hippopotame, l'alchimiste, après avoir baigné le voleur, le couche sur le dos, les fesses face à la caméra, et il lui savonne l'anus. » Souriant aimablement, il me dit : « En aucune manière je ne suis disposé à montrer mon anus au public. » J'eus l'impression que le ciel me tombait sur la tête. A cette époque, pour moi, filmer n'était pas créer un produit industriel ni non plus produire une œuvre purement esthétique. Je voulais que le film fût la trace d'une expérience sacrée, capable d'illuminer le public. Pour cela, je n'avais pas besoin d'acteurs, mais d'êtres particuliers disposés à sacrifier leur ego. Si Harrison jouait, il était essentiel qu'il donnât l'exemple d'une humilité absolue en montrant son intimité avec la pureté d'un enfant. Cette prise durait tout au plus dix secondes, mais c'étaient dix secondes vitales pour l'œuvre... Par ailleurs, si Harrison jouait, cela signifiait le succès mondial, des millions de dollars. Succès qui affaiblirait l'œuvre en l'adaptant à la délicatesse du musicien. Quel terrible kôan ! Brusquement, désobéissant à mon intellect, j'engageai un modeste comique mexicain pour interpréter le voleur... J'avais compris que, plus que la gloire ou l'argent, je voulais être honnête avec moi-même.

*

Au début du tournage de *La Montagne sacrée*, un jeune Américain, Robert Taicher, s'approcha de moi et me proposa, par admiration pour mon film précédent, de travailler gratuitement comme assistant. A cette époque j'avais besoin de quelqu'un qui, outre solutionner mes petits besoins quotidiens comme m'apporter un sandwich ou une boisson, pût m'aider pour l'anglais, langue que je ne maîtrisais pas, mais que, pour des raisons économiques, j'étais obligé d'utiliser... Ce fut un assistant exemplaire, modeste, intelligent, travailleur, compréhensif, aimable. Il me suivait comme mon ombre, me facilitant l'épuisante tâche du tournage. Lorsque je voulus qu'on lui donne un salaire, il refusa de le recevoir, objectant que pour lui, qui souhaitait devenir cinéaste, notre tournage était la meilleure école qu'il pouvait trouver...

Brusquement, mon producteur exécutif, Roberto Viskin, s'enfuit avec sa famille en Israël en emportant trois cent mille dollars. Ce vol nous paralysa. Il était impossible de continuer le tournage, les acteurs devaient attendre à l'hôtel, les frais commençaient à s'accumuler.

« Maintenant, qu'allez-vous faire ? me demanda Taicher.

– Rien, répondis-je. Les miracles existent. Pour trouver son successeur dans l'immensité de la Chine, Bodhidharma resta assis à regarder un mur. Le disciple tant attendu vint le chercher. Je vais faire pareil : je vais rester enfermé chez moi à attendre que quelqu'un arrive et m'apporte trois cent mille dollars enveloppés dans du papier journal. »

Les paupières de mon assistant s'ouvrirent, transformant ses yeux en deux roues brillantes. « A ton expression, Robert, je suppose que tu penses que je suis fou. Pour ma part, je pense que ne pas croire au miracle est la véritable folie. » Et je fis comme je lui avais dit. Je ne levai pas le petit doigt pour chercher cet argent... En fait, telles que se présentaient les choses, aucune banque n'accepterait de me le prêter... Une semaine passa, pendant laquelle Taicher disparut. Je sus qu'il avait pris un avion pour Miami. Au bout de ce temps, il frappa à ma porte. Heureux de le voir revenir, j'allai lui ouvrir. Il avait dans les mains un paquet enveloppé dans du papier journal. Il me le tendit. Quand je l'ouvris, je trouvai trois cent mille dollars en billets ! (Le père de mon assistant, richissime, était le plus gros fabriquant de chaussures des Etats-Unis. Taicher lui avait demandé une avance sur son héritage et, de simple assistant, il devint mon producteur exécutif.)

*

A Mexico, j'avais inscrit mon fils Brontis, âgé de huit ans, à l'école moderne La Ferrie. Un jour, alors que tout semblait aller très bien, Brontis rentra plus tôt que d'habitude.

« On m'a renvoyé pour trois jours.

– Tu as fait quelque chose de grave ?

– Eh bien, dans les toilettes qui viennent d'être peintes en blanc, il y avait un pot de peinture noire. J'ai plongé ma main dedans et je l'ai imprimée sur le mur. Le directeur m'a appelé, il m'a dit que j'étais un mauvais garçon et, pour me punir, il m'a renvoyé. Il dit que tu dois payer les frais de peinture. »

J'adressai aussitôt cette lettre au directeur : « Les toilettes sont moins importantes que l'esprit d'un enfant. Si les toilettes sont abîmées, elles peuvent être réparées. L'esprit d'un enfant, s'il s'abîme, peut difficilement être réparé. Quand vous avez dit à Brontis qu'il était "mauvais" parce qu'il avait mis l'empreinte de sa main pleine de peinture noire sur un mur blanc, vous avez commis une erreur. Qu'est-ce qu'un enfant mauvais ? Lorsque nous mettons des étiquettes, c'est parce que nous craignons d'affronter la réalité. Un enfant n'est pas "mauvais". Il peut avoir des problèmes, manquer de vitamines, ne pas aimer les matières qu'on lui enseigne ou essayer de rompre les limites d'une éducation caduque. Peut-être Brontis a-t-il voulu s'exprimer de façon artistique. Je comprends combien il doit être ennuyeux de faire chaque jour ses besoins dans une salle de bains blanche. (Si vous avez lu les travaux de Jung sur la signification créative de la défécation chez l'enfant, vous serez d'accord avec moi pour dire que les cabinets des enfants devraient être décorés de toutes sortes de dessins et de couleurs.) Une main pleine de peinture qui s'imprime sur un mur, ou sur un tissu, est la manifestation la plus pure de l'instinct pictural. Vous trouverez des empreintes de main sur les peintures préhistoriques, mais aussi sur des tableaux de Miró, Picasso et bien d'autres peintres célèbres...

« Pour être franc, j'applaudis que l'enfant s'exprime en imprimant sa main, d'une couleur quelle qu'elle soit, sur un mur d'une couleur quelle qu'elle soit. Le fait que la "tache" soit noire et l'endroit "sali" blanc l'a sans doute fait tomber dans un jeu mental plein de symboles qui aggravent le cas : blanc égale fiancée-lait-hymen-asepsie-hôpital ; noir égale tache-sale-pauvreté-maladie-mort. Pour un taoïste – qui accepte la mort comme quelque chose de beau et non comme quelque chose de terrible –, un peu de noir sur une étendue blanche est une manifestation normale de la vie... Enfin, je vous propose une solution. Si vous l'acceptez, je ne retirerai pas mon fils de votre école : nous devons continuer l'œuvre artistique de Brontis. Au lieu de payer la nouvelle couche de peinture blanche, je vais vous envoyer un tas de pots de peinture de couleurs différentes. Vous donnerez à vos élèves la permission de remplir les cabinets de mains imprimées de toutes les couleurs. »

Bien sûr, il me fallut inscrire Brontis dans une autre école.

*

Comme j'ai aimé Teo, mon fils disparu ! Pressentant peut-être sa mort précoce, j'ai fait tout ce que j'ai pu pour lui offrir une enfance heureuse. Le jour de ses sept ans, il me demanda d'aller seul avec moi dans un restaurant chinois. Ce que nous fîmes. En lisant le menu, l'eau lui vint à la bouche lorsqu'il vit qu'il y avait douze soupes. Toutes lui paraissaient délicieuses et il s'angoissa, ne sachant laquelle choisir. Il me demanda de décider pour lui. Je pris conscience que, quelle que soit celle que je choisirais, il se sentirait frustré. Je me souvins d'une blague. Une famille prend place au restaurant pour dîner. La serveuse arrive, elle note ce que désirent les adultes, puis demande à l'enfant : « Qu'est-ce que tu vas prendre ? » Le petit garçon regarde timidement ses parents et dit : « Un hamburger. » Avant que la serveuse ait le temps de l'écrire, la mère intervient : « Pas question ! Apportez-lui un bifteck avec de la purée de pommes de terre et des carottes ! » La serveuse semble ne pas l'entendre :

« Comment veux-tu ton hamburger : avec du ketchup ou de la moutarde ? demande-t-elle à l'enfant.

– Avec du ketchup.

– Je te l'apporte tout de suite », dit la serveuse en se dirigeant vers la cuisine.

Lorsque celle-ci disparaît, il y a un instant de silence produit par la surprise. A la fin, l'enfant regarde tous les présents et s'exclame : « Ça alors ! La serveuse pense que je suis réel ! » Cette histoire me donna la solution du kôan : je devais satisfaire les désirs de mon fils, pas les miens. J'appelai le garçon et lui demandai de servir les douze soupes en même temps. Lorsqu'il vit la table couverte de ces bols exotiques remplis de délicieux liquides, Teo tomba en extase. Il prit quelques cuillerées de chacun. Il fut heureux.

*

Pendant que je réalisais *La Montagne sacrée*, comme j'avais tourné devant la très vénérable basilique de Guadaloupe, des groupes de catholiques fanatiques firent courir le bruit que j'avais dit une messe noire à l'intérieur de l'enceinte sacrée. Un millier de croyants, excités par l'extrême droite, défilèrent en me comparant à l'assassin Manson et en demandant mon expulsion du pays. L'accusation était si absurde que je ne m'en inquiétai pas, pensant qu'en très peu de temps la rumeur faiblirait. Il n'en fut rien. Les journaux s'emparèrent de l'histoire pour créer un scandale, dans lequel j'incarnais l'Antéchrist... Un matin, on frappa à la porte de ma maison. J'ouvris. Trois énormes détectives, assurément des assassins professionnels, me dirent sèchement : « Accompagnez-nous ! » Et sans me laisser aller chercher ma veste, en manches de chemise, ils m'embarquèrent dans une voiture noire. L'un conduisait. Les deux autres, sur le siège arrière, muets, m'écrasaient entre eux.

A aucun moment ils ne me dirent où nous allions. Au bout d'une demi-heure d'angoisse passée à me mordre les lèvres, la voiture s'arrêta devant le ministère de l'Intérieur. « Comme je le craignais, ils vont m'expulser du Mexique. » Je traversai d'innombrables bureaux, avec des salles d'attente pleines de quémandeurs, de secrétaires, de bureaucrates, de policiers, pour enfin arriver devant une imposante porte. Elle s'ouvrit. Très souriant, le ministre de l'Intérieur, Mario Moya Palencia, me reçut. Il m'offrit un fauteuil et, sans me donner aucune excuse pour la façon violente dont il m'avait fait venir devant lui, me dit : « Jodorowsky, notre président, l'excellentissime Luis Etcheverría, connaît très bien votre œuvre artistique et vous admire. Par exemple cette année, dans son rapport présidentiel, il a cité l'une de vos fables paniques, celle de l'archer qui décide de chasser la lune en lançant d'innombrables flèches au milieu des moqueries de ses concitoyens. Il ne l'atteint jamais, mais devient le meilleur archer au monde... Vous voyez ? Le gouvernement est votre ami, très utile, mais il peut aussi être un dangereux ennemi. (A cet instant, je tremblai en pensant aux jeunes étudiants assassinés par le corps paramilitaire des Faucons, le 10 juin 1971. Le gouvernement reconnaissait vingt-cinq morts, le peuple élevait le chiffre à deux mille.) Faites attention. Un tas de plaintes nous est parvenu. Vous ne pouvez pas attaquer nos institutions, c'est-à-dire ni la religion ni l'armée. Si vous voulez que rien de désagréable ne vous arrive, à vous et votre famille, retirez de votre film toute image religieuse, tout uniforme, n'y laissez même pas un uniforme de pompier. Vous pouvez partir. » Je rentrai chez moi à pied : j'étais parti sans un sou en poche... Cette nuit-là, nous entendîmes des voix moqueuses qui criaient sous nos fenêtres : « Nous allons vous tuer ! » Le kôan était grave : si j'obéissais et mutilais mon film, je le ruinais ; si je désobéissais, je risquais non seulement de perdre ma vie mais aussi celle de ma famille. Je passai la nuit sans dormir. Le lendemain matin, très tôt, je mis tous les négatifs – trente-six heures de projection – dans une camionnette et les expédiai, via Tijuana, vers les Etats-Unis. En deux jours, je fermai mes comptes bancaires, les contrats de location, les lignes téléphoniques, rangeai dans des caisses une tonne de livres qui partirent par courrier à l'étranger, etc. Le troisième jour, mes enfants, ma femme, notre chat Mandrake et moi débarquâmes à New York où, grâce à mon producteur Allen Klein, qui à cette époque se comporta comme un excellent ami, sans en couper une scène, je réalisai le montage et la sonorisation de mon film.

*

Alors que je préparais le casting de mon film *Dune*, d'après le roman de Frank Herbert (projet qui ne put voir le jour), Salvador Dalí me soumit à une angoissante épreuve. Je voulais que le peintre interprète l'Empereur fou de la Galaxie... L'idée lui plut et, pour « connaître le talent de ce petit jeune qui croit pouvoir diriger Dalí », il m'invita à dîner dans un luxueux restaurant de Paris. Je me vis assis en face de lui au milieu d'une suite de douze personnes. A brûle-pourpoint, il me demanda : « Quand Picasso et moi étions jeunes et que nous allions à la plage, en posant le pied sur le sable, nous trouvions toujours une montre, avez-vous un jour trouvé une montre sur la plage ? » Les adulateurs de l'artiste me regardèrent avec des sourires cruels. Je n'avais que quelques secondes pour répondre. Si je disais que j'avais trouvé une montre, je passerais pour un prétentieux. Si je disais que je n'en avais pas trouvé, je passerais pour un médiocre. Je ne pensai pas à la réponse, elle m'arriva : « Je n'ai trouvé aucune montre, mais j'en ai perdu beaucoup ! » Dalí toussa, cessa de me prêter attention et se mit à parler avec sa cour. Mais à la fin du repas, il me dit : « Très bien, je signerai ce contrat. » Puis il ajouta : « Je veux être l'acteur le mieux payé au monde : cent mille dollars de l'heure. » Je modifiai le scénario : j'inventai que l'Empereur avait un robot semblable à lui, avec une peau de cire, qui le représentait et j'engageai Dalí pour une heure : il apparaîtrait juste assis dans un laboratoire, en train de manipuler des boutons pour diriger son robot.

*

Pour le rôle du baron Harkonnen, un gigantesque et gros méchant, je pensai à Orson Welles. Je savais qu'il était en France, mais, aigri de ne pas trouver de producteurs, l'homme ne voulait pas entendre parler de cinéma. Où le trouver ? Personne ne sut me renseigner. J'avais entendu dire que le maître adorait boire et manger. Je chargeai un assistant de téléphoner à tous les restaurants gastronomiques de Paris et de leur demander si Orson Welles était leur client. Après d'innombrables coups de téléphone, un petit restaurant, Chez le Loup, nous confirma qu'une fois par semaine, pas un jour précis, l'acteur venait dîner. Je décidai de dîner tous les soirs dans ce restaurant. Je commençai le lundi. Le local était d'une élégance discrète, avec un menu raffiné et une excellente carte des vins. Le patron lui-même faisait le service. Tous les murs, sauf un, étaient décorés de reproductions de tableaux d'Auguste Renoir. Sur le mur d'exception, dans une vitrine, se trouvait une chaise cassée. J'interrogeai le patron sur la raison de cette étrange décoration. Il me dit : « Ce sont des débris qui nous remplissent de fierté : un soir, Orson Welles a tellement mangé que la chaise qui le soutenait s'est cassée. » J'y retournai le mardi, le mercredi, le jeudi... Enorme, enveloppé dans une grande cape noire, l'acteur arriva. Je l'observai avec la même fascination qu'un enfant contemple les grands animaux au zoo. Sa faim et sa soif étaient fabuleuses. Je le vis dévorer neuf plats différents et boire six bouteilles de vin. Au dessert, je lui envoyai une bouteille de cognac dont le propriétaire m'assura que c'était le préféré de son volumineux client. Lorsqu'il la reçut, Orson Welles m'invita très aimablement à sa table. Je l'écoutai monologuer pendant une demi-heure sur lui-même avant d'oser lui proposer le rôle. Aussitôt il me dit : « Jouer ne m'intéresse pas. Je déteste le cinéma actuel. Ce n'est pas un art, c'est une industrie écœurante, un immense mirage fils de la prostitution. » J'avalai ma salive, ma déception était immense. Comment l'enthousiasmer et le convaincre de travailler avec moi ? J'étais tendu, je crus avoir oublié tous les mots, mais soudain je m'entendis dire : « Monsieur Welles, pendant le mois que durera le tournage de votre rôle, je vous promets d'embaucher le chef cuisinier de ce restaurant, qui chaque soir préparera tous les plats que vous lui commanderez, accompagnés des vins et autres alcools de la qualité et dans la quantité qu'il vous plaira. » Avec un grand sourire, il accepta de signer le contrat...

*

Pour réaliser les combats de *Dune*, j'engageai le maître de karaté Jean-Pierre Vigneau, un titan aux muscles aussi durs que l'acier. Tandis qu'il apprenait à combattre à Brontis, qui allait interpréter le rôle principal (le jeune Paul Atréides), Vigneau, devant mon fils et d'autres élèves, décida de me mettre à l'épreuve. « Vous êtes un artiste, ce qui est admirable, mais je me demande une chose : cet intellect que vous appréciez tant vous servira-t-il à survivre si vous êtes attaqué par un ennemi dangereux ? » Et sur-le-champ il se plaça face à moi en position d'attaque. Cet homme me paraissait invincible. Je l'avais vu démolir plusieurs champions de karaté. Je décidai d'accepter le duel, mais en me donnant perdu d'avance. Très vite je me jetai sur lui et m'accrochai à sa poitrine comme le fait un bébé avec sa mère. Je me laissai secouer sans opposer de résistance. Il me posa par terre et, de toute la force de son poids, me fit une prise d'étranglement. Moi, je ne sais pourquoi, je fis un mouvement délicat avec ma main et lui introduisis mon auriculaire dans le conduit auditif. Aussitôt Jean-Pierre frappa le sol, il se leva, s'inclina devant moi et se déclara vaincu. Il dit : « C'est la première fois que je perds un combat. Sans le savoir, mon adversaire a trouvé ma faille : j'ai négligé un point mortel. En introduisant un doigt dans l'oreille de l'ennemi, en lui rompant le tympan et le poussant jusqu'au fond, on peut le tuer. »

*

Au bout de deux ans de travail intense à Paris, alors qu'il semblait que *Dune* allait se réaliser, le producteur interrompit brusquement le projet. Notre déception fut immense. Dan O'Bannon, le futur directeur des effets spéciaux, obligé de rentrer à Los Angeles, dut être interné pendant deux ans dans une clinique psychiatrique. Le peintre Giger, engagé pour imaginer les décors, se plaignit furieusement de cet « échec ». Sans me laisser démonter par les assauts de la réalité, je dis à Moebius, qui avait travaillé au dessin des costumes et dessiné les trois mille images du scénario : « L'échec n'existe pas, c'est une invention mentale. Nous l'appellerons "un changement de chemin"... » Et je lui proposai, puisque nous ne pouvions exprimer nos visions au cinéma, de les réaliser sous forme de bande dessinée. Ainsi naquit *L'Incal*.

*

Quand mon fils Cristobal, qui venait d'avoir douze ans, me dit qu'il ne voulait pas retourner à l'école de Saint-Mandé, je lui demandai :

« Ça t'ennuie d'étudier ? Les professeurs ne te plaisent pas ?

– Non, ce n'est pas ça... On m'a humilié. »

Entre deux sanglots il me raconta ce qui s'était passé. L'élève le plus grand et le plus fort du collège, un certain Albert, jaloux qu'une fille qui lui plaisait ait préféré être l'amie de mon fils, avait couvert les murs de la cour et des couloirs de l'école de photocopies d'une affiche où il y avait un portrait de Cristobal accompagné des mots « Nain, juif et violeur ». Tous les élèves se moquaient de lui. Je lui dis :

« Ceci est un kôan. Ne fuis pas la situation, résous-la. Tu dois punir ton ennemi et retrouver ta dignité devant les élèves.

– Mais que puis-je faire ? Il est bien plus fort que moi. Si je me bats avec lui à coups de poing, il me cassera la figure. Au fond, c'est ce qu'il veut.

– Cristobal, tous les combats ne se déroulent pas dans

des conditions d'égalité. Il y a la stratégie. Tu dois le frapper quand et là où il ne peut se défendre. »

Nous élaborâmes notre plan. Le lendemain, Cristobal retourna à l'école. Il attendit qu'Albert, étant dans une classe supérieure, entre avec ses camarades dans sa salle de classe. Lorsqu'il calcula qu'ils étaient tous assis, sans demander la permission, il ouvrit la porte et, interrompant le professeur, alla directement à la place où se trouvait le grand et, devant tous, commença à lui donner de féroces gifles. La surprise paralysa le puni. Lorsqu'il voulut réagir, le scandale avait éclaté. Lui et Cristobal furent immobilisés par les autres élèves et le professeur, furieux en même temps qu'intrigué, les emmena dans le bureau du directeur. Cristobal montra une copie de l'affiche et se plaignit d'avoir été publiquement humilié. Il déclara qu'il avait frappé Albert pour retrouver sa propre estime. Le directeur convoqua les parents du garçon en menaçant de l'expulser du collège. Cristobal, en accord avec ce que nous avions planifié, dit qu'il était disposé à lui pardonner à condition qu'il lui fît des excuses en public. Les élèves furent réunis dans la cour et Albert présenta ses excuses.

*

Au festival de Cannes, le producteur Claudio Argento organisa une conférence de presse afin que j'y présente le projet de mon prochain film, *Santa Sangre.* Depuis *La Montagne sacrée,* plus de dix ans avaient passé. Les journalistes me considéraient comme un metteur en scène à la retraite. L'un d'eux, se faisant le porte-parole de ses collègues, me dit avec cruauté : « Croyez-vous que vous allez pouvoir tourner ? Vous êtes rouillé. » Je répondis : « Un couteau oxydé a une force double : en même temps qu'il coupe, il empoisonne. »

*

J'étais en train de tourner *Santa Sangre* au beau milieu de la place Garibaldi, à Mexico. Il me vint l'idée de faire chanter un chant religieux à un groupe d'aveugles, dans la scène de l'église que nous devions tourner le lendemain. Mon directeur de casting me dit qu'il était impossible de les trouver dans un délai si court. A la fin de la journée, je décidai de rentrer à pied à l'hôtel. Un aveugle qui arrivait dans la rue en sens contraire, une guitare à la main, me frappa la jambe avec sa canne blanche. Il s'excusa et poursuivit son chemin. Je pensai : « J'ai toujours dit que le hasard est un miracle déguisé. Cet aveugle, c'est ce je-ne-sais-quoi d'impensable que j'appelle Dieu qui me l'a envoyé. » Je courus dernière lui, l'arrêtai et lui demandai s'il connaissait un chant religieux. « Bien sûr, me répondit-il. J'en ai moi-même composé un. J'appartiens à une association musicale d'aveugles, nous sommes trente. Nous pratiquons la religion protestante. Justement, je me rends à une répétition. » Je l'accompagnai. Les trente aveugles, chacun avec sa guitare, me chantèrent une chanson qui commençait ainsi : « La fin du monde est presque là. » Le lendemain, à la stupéfaction de mon directeur de casting, ils vinrent pour que je les filme.

*

Lorsque la première de *Santa Sangre* fut projetée à Rome, les journalistes me demandèrent quel était le metteur en scène de cinéma qui m'avait le plus marqué. Je répondis aussitôt : « Fellini ! » Très jeune, en voyant son film *La Strada*, j'avais compris que je voulais être un jour metteur en scène... Mes éloges parurent dans la presse. L'une des secrétaires du maître m'appela au téléphone. Elle me dit qu'il voulait me connaître. Je fus invité à assister le soir même au tournage d'une scène de *La voce della luna*... Une voiture passa me prendre et m'emmena sur un grand terrain vague en dehors de la ville. Très timidement, j'avançai vers le groupe des techniciens qui travaillaient dans la pénombre, se préparant à brancher les projecteurs. Une ombre qui me parut immense se dirigea vers moi, bras ouverts. Je reconnus Fellini. « Jodorowsky ! » s'exclama-t-il avec un grand sourire. Au bord des larmes, je répondis : « Papa ! » Nous nous embrassâmes. A cet instant se mit à tomber une pluie torrentielle. Au milieu d'un grand désordre, acteurs, techniciens et nous deux courûmes nous mettre à l'abri. Je perdis le génie de vue. Je ne le revis jamais. Mais cette rencontre de deux mots est l'un des trésors que je garde dans ma mémoire.

*

En l'an 2000, l'acteur chilien de cinéma et de télévision Bastian Bodenholfer fut nommé attaché culturel de l'ambassade du Chili à Paris. Il arriva plein d'enthousiasme, décidé à montrer aux Français la culture de son pays, mais se heurta au manque de moyens économiques. On lui demandait de déployer une grande activité sans dépenser un sou. Ayant appris l'existence de mon Cabaret mystique, conférences que je donnais chaque mercredi dans un dojo de karaté très inconfortable, avec l'importante assistance d'un public qui ne voyait pas d'inconvénient à s'asseoir par terre, il me proposa le confortable salon de réception de l'ambassade. Ayant le désir de collaborer avec mon sympathique compatriote, j'acceptai de le faire, gratuitement, tous les quinze jours. Nous nous donnâmes rendez-vous à l'ambassade afin qu'il me montre les lieux. Dans ce salon pouvaient facilement s'asseoir cinq cents personnes, ce qui était plus ou moins le nombre habituel de mes auditeurs. Il me dit, l'air contrit :

« L'épouse de l'ambassadeur veut te voir... Cela te dérangerait-il que nous allions la saluer ?

– Pas du tout, Bastian, allons-y... »

Il m'emmena dans un salon plus petit. Avec patience et résignation, j'assistai à un spectacle pénible : l'ambassadrice, dans l'attitude classique de mépris de certaines dames de l'« aristocratie » chilienne, me soumit à un examen semblable à celui que l'on fait passer à un pauvre qui vient demander du travail. « Quel est votre nom ? Avez-vous obtenu des récompenses ? Parlez-moi du sujet de vos conférences. Comme vous le savez, c'est une ambassade qui ne peut se permettre certaines libertés... » L'attaché culturel était rouge de honte. Je respirai profondément et pris la peine de lui réciter un long curriculum. Elle prit un air distrait. Bastian se leva, lui dit que nous avions un rendez-vous urgent et me sortit de ses griffes. Tandis que nous marchions vers le café du coin, Bastian me fit toutes sortes d'excuses.

« Cette dame se mêle de tout ce qui ne la regarde pas. C'est moi l'attaché culturel. Je n'avais jamais pensé qu'une telle chose allait arriver. Je comprends qu'après ça tu ne veuilles plus donner tes conférences...

– Tu as raison, Bastian. Avec cette dame sur le dos, il me serait impossible de le faire. »

Furieux, mon ami avala son café en tremblant. « Comment puis-je faire un travail décent dans de telles conditions ?... » Je le vis tellement affecté que je lui proposai de lui lire le Tarot. Il accepta avec plaisir. Tandis que je battais les cartes, profitant de ce que son esprit était distrait, je décidai de parler à son inconscient. D'une voix douce et calme, je lui demandai : « Que fait une tortue qui nage sous la mer pour bien respirer ? » De manière automatique, sans chercher beaucoup, il répondit : « Je ne sais pas, que fait-elle ? » Avec le même ton de voix, mais parlant très lentement, je lui dis : « Elle revient à terre... » A l'instant il oublia cette conversation sous hypnose. Après lui avoir lu superficiellement un Tarot, je le quittai. Une semaine plus tard, il renonça à son poste et rentra au Chili pour continuer ce qu'il n'aurait jamais dû interrompre, sa carrière artistique... La tortue avait résolu le kôan.

*

Pour des raisons mystérieuses, le directeur du département des bandes dessinées des éditions Casterman entra en conflit avec mon ami le dessinateur François Boucq. Tous deux réalisions une série, *Face de lune*, que nous avions dû interrompre à cause de cette querelle. François ne pardonnait pas au directeur d'avoir dit : « J'aurai la peau de Boucq. » Un procès nous menaçait. Je le pris comme un kôan. J'allai voir le directeur en question en apportant une peau de bouc tannée. Lorsqu'il me reçut, j'étendis la peau sur son bureau et lui dit : « Vous vouliez une peau de bouc ? La voilà ! Maintenant, faites la paix. » Il se mit à rire. Je lui proposai d'envoyer une bouteille de champagne à mon ami. Ce qu'il fit. Boucq se sentit dédommagé. Le kôan était résolu. Nous continuâmes la série.

*

En 1997, je venais d'avoir soixante-sept ans. Divorcé depuis une quinzaine d'années, je vivais dans un grand appartement avec mon fils Adan. De temps en temps une maîtresse, pour une courte période, pas plus d'une semaine, et la plupart du temps dans une tranquille et solitaire paix émotionnelle. Je donnais un cours de Tarot à un groupe de vingt élèves, dans ma bibliothèque, lorsque Marianne Costa arriva avec un léger retard. Moi, absorbé dans mes explications, je ne la regardai pas. Au contraire, mon chat Moiche, un grand félin au poil roux, fut à ce point fasciné par elle que pendant l'heure et demie que dura ma leçon il ne cessa d'essayer de se fourrer dans son sac. Peut-être mon inconscient capta-t-il la sensualité de cette tentative de viol. A la fin du cours, comme d'habitude, je dis au revoir à mes élèves, filles et garçons, avec un baiser sur la joue. En arrivant au tour de Marianne, sans aucun désir conscient, avant de l'embrasser, je posai ma main sur sa taille, chose que je ne me permets jamais. Un choc électrique me parcourut des pieds à la tête. Je sentis brusquement la beauté de sa nudité et l'intensité de son âme. Marianne murmura : « Ce doit être formidable d'être un chat dans ta maison. » Aussitôt je lui donnai un baiser sur la joue et sans penser à la relation inhabituelle dans laquelle je plongeais – elle avait trente-sept ans de moins que moi –, je lui répondis : « Je t'adopte ! » Et ainsi commença notre étrange, difficile et merveilleux couple. Si j'avais obéi à ma raison et non à mon intuition, je n'aurais jamais fait un pas semblable, perdant la plus belle expérience de ma vie. « Entre faire et ne pas faire, il faut toujours choisir de faire. »

*

L'ego démesuré des vedettes de cinéma me répugne ; malheureusement aujourd'hui, si l'on veut avoir un producteur qui investisse les millions que cet art industriel exige pour être réalisé, il faut lui présenter un casting qui compte deux ou trois stars. A cause de ce dégoût, j'ai perdu pendant plusieurs années le désir de filmer mes histoires. Un soir, fatigué de tant lire, j'allumai la télé et, protégeant mon âme, je parcourus rapidement les chaînes comme je marche en sauvegardant la semelle de mes chaussures dans les rues de Paris, parsemées d'excréments canins. Soudain, au milieu de tant de puanteur, surgit un ego parfumé. Je tombai sur une interview du chanteur de rock Marilyn Manson. Son visage blanc, ses lèvres grenat, son style gothique et ses déclarations sincères n'obéissant à aucune règle me conquirent. Il m'apparut comme un personnage génial. Je m'exclamai intérieurement : « Avec des acteurs comme lui, j'aimerais raconter ! Si un monstre aussi beau acceptait de collaborer avec moi, je retournerais vers le cinéma !... » Je me renseignai dans le milieu cinématographique et musical pour savoir comment on pouvait entrer en contact avec lui. On me répondit que c'était impossible. Ses fans lui envoyaient chaque jour des milliers de messages sollicitant de le voir en privé, messages auxquels il ne répondait jamais. Je me résignai. Quinze jours passèrent. A trois heures du matin, je fus réveillé par la sonnerie du téléphone. « *Mister Jodorowsky ? I am Marilyn Manson.* » Je ne pouvais en croire mes oreilles. Ça me parut une blague de fort mauvais goût. Pourtant, c'était lui ! Je n'avais pu aller à la montagne, mais la montagne venait à moi ! Il m'expliqua que mes films – surtout *La Montagne sacrée* – l'avaient inspiré à tel point que sous forme d'hommage il avait reproduit dans un clip la scène où le voleur se réveille au milieu de milliers de Christs en carton modelés à son image. Mon film, en anglais *Holy Mountain*, l'avait inspiré pour écrire son scénario *Holy Wood.* Il souhaite donc que je le dirige... Je lui demande de me l'envoyer. Je le reçois deux jours plus tard par courrier urgent. Je le lis : c'est un film monumental, féroce contre Hollywood. J'estime qu'il ne pourra pas le tourner à moins d'investir quelque vingt-cinq millions de dollars. Il est évident qu'il ne peut les obtenir qu'avec les producteurs de Hollywood. Et il est également évident que ceux-ci ne lui donneront pas cet argent, car en aucun cas ils n'accepteront d'être critiqués de manière aussi fracassante... Manson comprend que j'ai raison, alors il me propose de travailler sur un projet à moi. Il a entendu dire que je souhaite tourner *Les Enfants du Topo*... Je lui réponds que ce serait pour moi un honneur et une joie de l'avoir comme acteur principal, mais qu'un problème légal m'empêche de réaliser ce film.

*El Topo*, sur la recommandation enthousiaste de John Lennon, fut acheté et distribué aux Etats-Unis et dans le reste du monde par Allen Klein, le président de la compagnie Apple qui commercialisait les disques des Beatles et des Rolling Stones. Toujours sur la recommandation de John Lennon, Klein me donna un chèque d'un million de dollars pour que je tourne ce que je voulais. Je réalisai *La Montagne sacrée*... Le succès de ces deux œuvres enthousiasma le producteur, mais exacerba sa cupidité. Il me proposa sa grande idée : filmer *Histoire d'O*, un roman pornographique sadomasochiste, avec de belles femmes humiliées de diverses façons. Klein avait déjà enthousiasmé des bailleurs de fonds anglais et comptait sur un succès commercial sans précédent. La tentation était grande. J'acceptai de faire avec lui le voyage à Londres. Dans un hôtel tubulaire, semblable à une tour, les producteurs anglais l'attendaient pour signer le contrat. Avant d'entrer dans la salle de réunion, Klein me promit qu'il en ressortirait avec un contrat à la main et que si je le signais je recevrais à l'instant un chèque de deux cent mille dollars correspondant à une avance sur le million de dollars qui serait mon salaire de réalisateur. Je m'assis pour l'attendre dans le hall de cet élégant hôtel. Mon cœur battait à tout rompre. Dans ma balance pesaient sur un plateau la notoriété mondiale et la richesse, dans l'autre mon honorabilité artistique. Au bout d'une demi-heure d'hésitations angoissées, je résolus ce kôan. Je sortis en courant de l'hôtel, rentrai à New York, appelai au téléphone le multimillionnaire Michel Seydoux qui, en France, avait offert de me produire un film. Je lui proposai *Dune*. Il accepta. En quelques heures ma femme et moi fîmes nos valises et partîmes avec nos enfants pour Paris, sans laisser une adresse où Allen Klein pût me trouver. Celui-ci réagit avec une colère terrible. Je sus par l'un de ses employés, un ami, qu'il avait dit : « Pour qui se prend ce traître ? A cause de sa vanité d'artiste, il m'a fait perdre des millions de dollars. Je vais enfermer les négatifs de ses films dans un coffre blindé ; à partir d'aujourd'hui, jusqu'au jour de sa mort, personne ne les verra. » Et c'est ce qu'il fit : il retira toutes les copies qu'avaient les distributeurs dans le monde entier. Chaque fois qu'un festival de cinéma réussissait à trouver entre les mains d'un collectionneur une copie de *El Topo* ou de *La Montagne sacrée* et essayait de la montrer, Klein envoyait ses avocats et interdisait la projection... Je fus moi aussi submergé par la haine : je vis Klein comme un assassin culturel, un vautour répugnant attendant ma mort pour se remplir les poches avec des projections posthumes, bref, un maudit gangster. Je répondis à ses attaques grâce au fait que je conservais des copies de mes films en vidéo, en les donnant gratuitement, dans tous les pays où j'allais, aux vendeurs pirates. Ceux-ci, dans des versions de mauvaise qualité, les vendirent en Italie, au Chili, au Japon, en Suisse, en Russie, etc., pendant une trentaine d'années. Faisant des recherches sur Internet, Klein découvrit l'adresse de l'un de ces pirates et menaça de le poursuivre en justice. Effrayé, le pauvre homme m'appela. Je décidai d'assumer ma culpabilité et de me défendre légalement. Le procès commença en France. J'eus la chance d'être accepté comme client par un avocat génial, maître Bitoun, spécialiste dans les problèmes de droits d'auteur. Je me sentis comme un petit David défiant le plus grand des Goliath. Klein avait déjà été en litige avec les Beatles, les Rolling Stones, Phil Spector, et il avait gagné les trois procès. En réparation, on exigeait de moi plusieurs millions de dollars. Si je perdais le combat, je serais ruiné pour le restant de mes jours. Quand le procès commença, je me vis tremblant de peur. Je me dis : « Il est normal d'avoir peur, mais cela ne m'oblige pas à être lâche. » Les discussions entre les avocats de Klein, les plus chers d'Angleterre, et le mien, un homme affligé d'une maladie musculaire qui le faisait marcher plié sur lui-même, presque comme un estropié, et l'empêchait de parler avec aisance, durèrent deux ans... Alors qu'il semblait que cette bataille juridique n'en finirait jamais, je reçus l'appel téléphonique de Marilyn Manson et sa proposition de tourner *Les Enfants du Topo.* Klein avait les droits non seulement des nouvelles versions de ce film, mais aussi de celles antérieures et postérieures à *El Topo.* Je vis que jamais, si je m'entêtais à combattre, je ne pourrais mener à bien ce projet. Que faire ? Encore un kôan à résoudre... Je pris le téléphone et appelai à New York Jordi Klein, quarante ans, le fils d'Allen. Je lui dis :

« Notre querelle peut durer dix ans ou plus. Bien que vous soyez riches, vous payez des avocats qui vous coûtent une fortune : leur intérêt est de faire durer le procès. Moi, au contraire, j'ai passé un accord avec maître Bitoun : il travaille au pourcentage, je ne débourse pas un euro. Ne serait-il pas mieux que nous arrivions à un accord à l'amiable ?

– Vous avez raison, me répondit-il. Les nouvelles générations souhaitent voir vos films. En ce moment, je m'occupe du secteur DVD de notre société. Il serait bon d'offrir à ce large public une édition avec des copies restaurées, le plus vite possible.

– Et pourquoi, dans ce cas, ne pas nous retrouver quelque part pour mettre fin à cette affaire ? lui proposai-je.

– Je suis d'accord, d'autant que la semaine prochaine

mon père et moi nous rendons à Londres. Nous pouvons nous voir là-bas. »

Ce que nous fîmes. Les trois heures que dura le voyage en Eurostar me parurent des siècles. Je ne pouvais m'imaginer comment allait se passer la rencontre avec mon monstrueux ennemi... Un taxi me déposa dans un hôtel du centre. Jordi descendit dans le hall pour me recevoir. Je vis un homme gentil, calme, robuste, au regard intelligent. En silence il me conduisit jusqu'à la suite de son père. Nous frappâmes à la porte. J'entendis des pas. Je transpirai. « Allons-nous nous insulter, nous taper dessus, aurai-je un tel dégoût en le voyant que je vomirai ? Ce sont trente ans de haine mutuelle ! » Lorsque Allen Klein ouvrit la porte, je vis un monsieur de mon âge, pas du tout obèse, avec un visage sensible couronné d'une noble chevelure blanche. On aurait dit mon frère. Il me regarda une seconde puis s'exclama avec une grande surprise : « Incroyable ! Je n'aurais jamais imaginé que vous soyez beau ! » Je lui répondis : « Et moi je n'aurais jamais cru que vous ressembliez à un maître spirituel ! » Nous nous étreignîmes. Ma haine glissa de mon corps comme un vieux manteau. Nous nous assîmes, souriants, pour prendre le thé et nous observer. Jordi s'écarta discrètement. Klein me montra avec une grande affection les photos de ses petits-enfants, deux beaux enfants, fille et garçon. Je lui décrivis ma famille. Après avoir bavardé pendant une heure comme de vieux amis, nous en vînmes au problème du litige. Nous nous mîmes d'accord en cinq minutes. Lorsque je le quittai avec une deuxième étreinte, je lui dis : « Si tous deux pouvons faire la paix, je crois que les Israéliens et les Palestiniens peuvent également la faire... »

Le lendemain à Paris, à contrecœur, les avocats arrivèrent à un accord dans lequel il n'y avait pas un gagnant et un perdant, mais deux gagnants... Je compris que se défaire de la haine et transformer l'inimitié en fraternité est l'une des grande joies que peut nous donner la vie. Je compris aussi que mon inconscient avait en partie fabriqué, par un besoin névrotique, un odieux ennemi. Je suppose que Klein lui aussi, fils comme moi d'émigrants martyrisés, avait fait de moi une canaille. Lui pour moi et moi pour lui avions été le reflet d'un monstre que nous portions incrusté dans notre âme après des siècles de pogroms et de persécutions. Maintenant nous étions en paix. En nous réconciliant, nous avions fait du bien à nos familles, au public, au monde.

# *Notes*

1. Mumon Yamada (1900-1988), homme de grande bonté et de grande connaissance, docteur en philosophie d'une université bouddhiste du Japon, fut disciple de Kawaguchi Ekai. En 1953, il entra au monastère Shofukuji en tant que maître.

2. Egalement connu sous le nom de Eisai (v. 1140-1215), il fit, étant jeune, plusieurs voyages en Chine, où il fut en contact avec les enseignements du ch'an (bouddhisme chinois) et de l'école Rinzai, qui lui servirent à revitaliser la tendance zen dans l'école Tendai (fondée en 805) du bouddhisme japonais. Cela suscita une certaine hostilité à son égard de la part des moines tendai.

3. Egalement connu comme Hakuin Zenji (1686-1769), il naquit dans une famille de samouraïs et fut l'un des maîtres qui fit évoluer l'école Rinzai et systématisa la technique du kôan dans les enseignements. Ayant été traumatisé dans son enfance par un sermon sur les tourments de l'enfer, ce qui provoqua chez lui de nombreux doutes sur sa discipline, il fut durement traité par son maître. Etre d'une extrême bonté, il fut un grand instructeur et un grand lettré.

4. Zhaozhou Congshen (778-897), dont le nom japonais est Jôshû Jûshin, rencontra à dix-huit ans son maître chinois Nanquan Puyuan (748-855), connu au Japon sous le nom de Nansen Fugan.

5. *Le Son d'une main. 281 kôans zen et leurs réponses*, de Hau Hoo, édité au Japon en 1916 et traduit du livre japonais *Gendai Sijizen Hyoron* (« Une critique du pseudo-zen actuel ») par Yoel Hoffmann, fut publié par les éditions Basic Books de New York.

6. Rinzai Gigen, dont le nom chinois est Linji Yixuan, est né à

Nanhua et mort en 866. Il entra enfant dans un monastère, et c'est à l'époque de la grande persécution des bouddhistes (842-845) qu'il enseigna et que vit le jour l'école qui porte son nom (Linji ou Rinzai), l'une des grandes écoles du ch'an (c'est-à-dire le bouddhisme zen chinois) à côté de l'école Sôtô. Son école passe pour avoir une discipline particulièrement dure ; elle insiste sur l'importance de transcender la pensée duelle et sur l'enseignement de kôans dans la recherche de l'Eveil, qui doit survenir de façon abrupte et soudaine.

7. Huineng, ou Houei-nêng (638-713), Eno en japonais, le sixième (et dernier) patriarche dans la succession directe de Bodhidharma, considéré comme celui qui donna naissance au zen (voir note 24).

8. Marpa Lotsâva (1012-1097), maître et traducteur tibétain, fit plusieurs voyages en Inde, étudia et répandit le Dharma (l'enseignement de Bouddha) ; la fin de sa vie fut marquée par la mort de son fils Darme Dode.

9. On appelle *sûtra* les textes qui, d'après la tradition bouddhique, recueillent les paroles du Bouddha. Le Sûtra du Diamant (*Vajracchedikâ prajñâpâramitâsûtra*), traduit en chinois vers l'an 400 et en tibétain au IXe siècle, fut largement répandu au Tibet, en Chine et au Japon. Il nous parle de l'inexistence du soi chez les *bodhisattva* (qui sont destinés à devenir des bouddhas en agissant pour le bien du prochain) ou des étapes de l'évolution spirituelle, entre autres thèmes.

10. Caoshan Benji (840-901), en japonais Sôzan Honjaku, maître chinois de l'école ch'an, étudia les classiques confucéeens avant d'être attiré par le bouddhisme. Avec son maître Dongshan Liangqie (Tôzan Ryôkai), il fonda l'école Caodong (Sôtô en japonais) qui eut une grande importance au Japon grâce au disciple Yunju Daoyin (Ungo Dôyô).

11. Le *pinole* est une farine de maïs grillé que l'on adoucit avec du sucre. Il est difficile à avaler à sec et requiert une salivation abondante.

12. Deshan Xuanjian (782-867), en japonais Tokusan Senkan, étudia en profondeur le Sûtra du Diamant, dirigea un monastère et laissa plusieurs disciples, parmi lesquels Xuefeng Yicun (822-908), également connu sous le nom japonais de Seppô Gison, qui fonda ensuite un monastère sur le mont Xuefeng, dont il prit le nom.

13. Nom religieux du fonctionnaire chinois Zheng Ting, qui vécut sous les dynasties chinoises Sui (589-618) et Tang (618-906).

14. Le Sûtra du Cœur (*Prajñâpâramitâhrdayasûtra*) fut traduit du sanscrit en chinois aux alentours de l'an 400 et en tibétain au IX^e^ siècle. Le *mantra* (formule sacrée visant à protéger l'esprit de celui qui le prononce) cité ici veut dire : « Vois, vois, vois plus loin, vois complètement plus loin, Eveil, qu'il en soit ainsi. »

15. Yunmen Wenyan ou Wenyen (864-949), en japonais Ummon Bun'en, a créé l'école zen qui porte son nom. Les réponses qu'il proposait étaient célèbres pour leur précision, leur pénétration et leur adaptation à chaque disciple, utilisant parfois un seul mot.

16. Pour le Tantra, l'Eveil est produit par l'union des énergies masculine (*linga*/Shiva) et féminine (*yoni*/Shakti). Une manière de le représenter est la figure de la déité hindoue Shiva en union conjugale avec Shakti, assis et les visages se faisant face.

17. Ouvrage de Mumon Ekai – en chinois, *Wumenguan* (« Le passe sans porte »), recueil de 48 kôans accompagnés d'un commentaire et d'un poème) – et de Wumen Huikai (1183-1260), à qui son maître Yuelin donna comme exercice le célèbre kôan sur la bouddhéité ou non d'un chien (dans lequel la réponse proposée par le maître chinois Zhaozhou Congshen, ou Joshu Jushin, fut *Mu*, en chinois : *Wu*) et sur lequel il médita six ans. Ce temps écoulé, et après avoir eu une expérience d'éveil, il composa le quatrain pentasyllabique qui figure en page 9 de cette édition.

18. Xiangian Zhixian, en japonais Kyôgen Chikan, mourut vers 898 et apparaît dans l'exemple 5 du *Mumonkan* (ou *Wumenguan*). L'histoire de son illumination est souvent citée parce qu'elle est très édifiante.

19. Jingqing Daofu (v. 865-937), en japonais Kyôsei Kyôshô Dôfu, maître chinois ch'an et disciple de Xuefeng Yicun (voir note 12).

20. George Ivanovitch Gurdjieff (1877-1949), célèbre philosophe occultiste d'origine russe, fonda en 1922, à Fontainebleau, un centre expérimental pour l'étude de la conscience : l'Institut pour le développement harmonique de l'homme. Puis il partit à New York et Chicago et revint à Paris où il mourut.

21. Diagramme en forme d'étoile à neuf pointes dont le

modèle est appliqué pour décrire des processus cosmologiques et du développement de la conscience humaine, surtout pour l'étude du caractère humain et de la connaissance personnelle. Peut-être d'origine perse, il fut introduit dans le soufisme et attira l'attention d'Oscar Ichazo et de Gurdjieff lui-même.

22. On a peu de renseignements sur Dazu. D'après ce qu'a pu recueillir le sinologue Paul Demiéville (in *Poèmes chinois d'avant la mort*, édités par Jean-Pierre Diény, L'Asiathèque, Paris, 1984), grâce à la citation qu'on a donnée de lui dans le *Zongjing* (achevé en l'an 961), il a dû vivre à la période Tang (618-906) et sous les Cinq Dynasties (907-960).

Seng Zhao (374-414) peut être considéré comme le premier philosophe du bouddhisme chinois après avoir lu les taoïstes, le *Vimalakîrti-nirdesa* et suivi les enseignements de Kumârasvîra, mort en 409. Il se vit ensuite condamné, sur l'ordre du souverain, à se suicider à Zhang'an, où l'école de Kumârasvîra avait provoqué envies et opposition.

23. Il s'agit du cas 35, recueilli dans le *Mumonkan*, présenté par Goso Hôen (1024-1104), en chinois Wuzu Fayan, à l'un de ses disciples.

24. Bodhidharma (v. 470-543), appelé Putidamo en chinois et Bodaidaruma, ou Daruma, en japonais, probablement fils d'un roi de l'Inde, est le vingt-huitième patriarche depuis le Bouddha Shakyamuni dans le courant indien et le premier patriarche chinois de l'école ch'an. On raconte qu'il fit le voyage en bateau de l'Inde à Canton en 520 et que l'empereur lui-même l'interrogea sur ses mérites et sur d'autres questions concernant le Dharma. Mais l'empereur ne comprit pas ses réponses, et Bodhidharma partit pour Luoyang où il pratiqua imperturbablement le zazen dans le monastère de Shaolin.

25. Eka (487-593), nom japonais du Chinois Huike, fut le deuxième patriarche du ch'an et laissa plusieurs disciples ; il dut finalement s'enfuir, son éloquence lui ayant attiré l'inimitié et l'envie de plusieurs maîtres rivaux.

Sôsan (mort vers 606), nom japonais du Chinois Sengcan, fut le troisième patriarche du ch'an et disciple du précédent.

Dôshin (580-651), nom japonais du Chinois Daoxin, fut le quatrième patriarche du ch'an, il fut en outre l'un de ceux qui s'adonnèrent le plus à la pratique de la méditation, et disciple depuis son très jeune âge de Sengcan.

26. Tissu qui est le symbole de la transmission d'un maître à un disciple. D'après ce que dit Taisen Deshimaru dans *Questions à un maître zen* (Albin Michel, coll. « Spiritualités vivantes » n° 44)) : « Pour confectionner les premiers kesas, on a ramassé les linceuls des morts, les linges des accouchées, les garnitures périodiques... tout ce qui avait été souillé dont personne ne voulait et qui allait être mis aux ordures. On a tout lavé, désinfecté avec des cendres. On a assemblé tous ces morceaux et ils sont devenus l'habit du moine, le plus haut vêtement. La matière la plus souillée est devenue l'habit le plus pur, car tout le monde respecte la robe de moine et son kesa. »

27. Centre d'énergie dans le bas-ventre où, pour le zen, est supposé se situer le centre de l'être humain. En lui naissent, par exemple, les cris « *Kwatsu !* » ou « *Kiai !* » (dans le karaté).

28. Hôkoji (740-v. 810), Pangyun en chinois, qui avait étudié les classiques du confucianisme, se rendit compte que la connaissance des livres n'était pas suffisante et décida, accompagné de sa fille, de partir en Chine à la recherche des plus grands maîtres zen pour apprendre auprès d'eux. De même, il fut le laïc le plus célèbre du ch'an, disciple de Sekitô Kisen et de Baso Dôitsu (709-788) qui, connu en Chine sous le nom de Mazu Daoyi, contribua définitivement à la réforme du zen chinois grâce à son caractère et à ses méthodes.

## *Table*

## DU MÊME AUTEUR

### BIBLIOGRAPHIE SOMMAIRE

*L'Echelle des anges : un art de penser*, Albin Michel, 2004.
*La Voie du Tarot*, avec Marianne Costa, Albin Michel, 2004.
*Dire ne suffit pas*, trad. de l'espagnol par Martin Bakero, David Giannoni et Emmanuel Lequeux, Le Veilleur, 2003.
*Un Evangile pour guérir*, trad. de l'espagnol par Alex et Nelly Lhermillier, éd. du Relié, 2003.
*La Danse de la réalité*, Albin Michel, 2002.
*Le Théâtre de la guérison*, Albin Michel, 2001.
*Opéra panique : cabaret tragique*, trad. de l'espagnol par Marianne Costa, Métailié, 2001.
*L'Enfant du jeudi noir*, trad. de l'espagnol par Caroline Lepage, Métailié, 2000.
*L'Arbre du dieu pendu*, trad. de l'espagnol par Mara Hernandez et René Solis, Métailié, 1998.
*Le Doigt et la Lune*, Albin Michel, 1997.
*La Sagesse des blagues*, éd. Vivez Soleil, 1994.
*La Tricherie sacrée*, éd. Dervy, 1984.
*Le Paradis des perroquets*, Flammarion, 1984.

### SCÉNARII DE BANDES DESSINÉES

*Bouncer*, Humanoïdes associés, 2001.
*Megalex*, Humanoïdes associés, 2001.
*Technopères*, Humanoïdes associés, nouvelle édition 2000.
*L'Incal*, Humanoïdes associés, nouvelle édition 2000.
*Avant l'Incal*, Humanoïdes associés, nouvelle édition 2000.
*Après l'Incal*, Humanoïdes associés, nouvelle édition 2000.
*La Caste des Méta-Barons*, Humanoïdes associés, nouvelle édition 2000.

*Alef-Thau*, Humanoïdes associés, 1998.
*Anibal Cinq*, Humanoïdes associés, 1999.
*Juan Solo*, Humanoïdes associés, 1999.
*Le Lama Blanc*, Humanoïdes associés, nouvelle édition 2000.

*Composition Nord Compo*
*Impression : Bussière, août 2005*
*Éditions Albin Michel*
*22, rue Huyghens, 75014 Paris*
*www.albin-michel.fr*
*ISBN 2-226-14900-7*
*N° d'édition : 23599. – N° d'impression : 052842/1.*
*Dépôt légal : septembre 2005.*
*Imprimé en France.*